Verena Bachmann
Mondknoten

Verena Bachmann

Mondknoten

So nützen Sie Ihre
Entwicklungschancen
im Horoskop

KAILASH

Bibliografische Information der Deutschen Bibliothek

Die Deutsche Bibliothek verzeichnet diese Publikation in der Deutschen
Nationalbibliografie; detaillierte bibliografische Daten sind im Internet
unter http://dnb.ddb.de abrufbar.

© Heinrich Hugendubel Verlag,
Kreuzlingen/München 2008
Alle Rechte vorbehalten

Umschlaggestaltung: Weiss/Zembsch/Partner: Werkstatt/München
unter Verwendung eines Motivs von pixelio.de
Satz: EDV-Fotosatz Huber/Verlagsservice G. Pfeifer, Germering
Druck und Bindung: GGP Media GmbH, Pößneck
Printed in Germany 2008

ISBN: 978-3-7205-6034-4

Inhalt

Inhalt

Für Brigitte (Theler)
In Erinnerung an deinen Weg

Einführung

Was ist wirklich wichtig im Leben? Was kann ich tun, wie muss ich sein, um ein »gutes« Leben zu haben? Was bedeutet Selbstverwirklichung? Inwieweit kann ein Horoskop dabei behilflich sein? Solche Fragen stellen sich viele Menschen. Astrologie kann ihnen gute Dienste dabei leisten, die für sie relevanten Antworten zu finden. Das Geburtshoroskop eines Menschen beschreibt seine individuellen Anlagen, seine Natur, die sich daraus ergebenden Bedürfnisse und Verhaltensweisen. Im Horoskop werden das in einem Menschen schlummernde Potenzial und die ihm zur Verfügung stehenden Talente beschrieben. Wenn er ein Leben führt, das seinem Wesen entspricht und die in ihm vorhandenen Möglichkeiten nutzt, hat er beste Chancen auf ein »gutes« Leben.

Sicherlich gilt es dabei, die konkreten Lebensumstände, das soziale Umfeld zu berücksichtigen – die astrologische Symbolsprache erlaubt es jedoch, die vorhandenen Anlagen und Energien in eine Vielfalt von Entsprechungen und Analogien zu übersetzen, sodass dasselbe Prinzip in ganz unterschiedlicher Art zum Ausdruck kommen und damit »gelebt« werden kann. Ein bewusster, kreativer Umgang mit dem Horoskop legt also nicht fest, ermöglicht dem Individuum vielmehr seine Freiheit, seine Gaben und Eigenschaften in jedem Umfeld bestmöglich zu nutzen.

Die Befriedigung der persönlichen Wünsche, die Verwirklichung der individuellen Anliegen und Ambitionen sind zwar wichtige Aspekte des Menschseins. Die Entwicklung eines sozialen Bewusstseins, der Fähigkeit, sich in der Gemeinschaft mit anderen sinnvoll zu verhalten, ist jedoch ebenso bedeutend. Für einige, so auch für mich, existiert jedoch noch eine weitere Ebene, die Teil des Menschseins ausmacht. Ob man diesen Teil als Seele, als Selbst, Bewusstsein oder wahre Natur benennt oder ihm einen anderen Namen gibt – es geht um einen Aspekt unseres Wesens, der mehr ist als die Persönlichkeit. Ein Aspekt, der in und mit der Persönlichkeit in dieser Welt lebt und eine ganz eigene Absicht hat.

Philosophien und Religionen aller Zeiten und Kulturen versuchen diesen Teil zu ergründen. Er kann sich in ganz unterschiedlicher Weise bemerkbar machen. So haben manche Menschen scheinbar alles verwirklicht, führen ein gutes Leben und stellen dennoch fest, dass ihnen etwas fehlt, sie sich nicht wirklich erfüllt fühlen. Andere erleben, dass sie, obwohl sie alles »richtig« machen und mit großem Einsatz und Eifer ihre Ziele verfolgen, immer wieder in Sackgassen landen. Selbst wenn sie genau das tun, was ihre Mitmenschen zum Erfolg führt, scheint das Leben ihnen diesen zu verweigern. Manchmal sorgen auch Schicksalsschläge dafür, dass das Leben eine neue Richtung nimmt, Themen und Herausforderungen bietet, die fremd sind oder bisher vermieden wurden. Oft taucht in solchen Momenten die Frage auf: Was ist der wahre Sinn des Lebens, wozu bin ich hier, was ist der Zweck meines Daseins? Alle diese Menschen möchte ich mit meinem Buch ansprechen.

Die Mondknotenachse kann als Wegweiser für die individuelle Entwicklung genutzt werden, zeigt in der Landkarte des Horoskops an, welche Aufgaben, Lern- und Bewusstseinsschritte sich das Selbst oder die Seele in diesem Leben vorgenommen hat. Sie gibt auch Auskunft über Fähigkeiten und Erfahrungen, die für die Reise durchs Leben mitgebracht wurden.

Die Deutung der Mondknotenachse erlaubt einen Blick auf das Mysterium des Menschseins, jenseits der Persönlichkeit, gibt Hinweise auf das »Woher« und »Wohin« aus einer transpersonalen Perspektive.

Damit wird es möglich, den eigenen Weg etwas bewusster zu gehen, Reaktionen und Erlebnisse in einen größeren Kontext einzuordnen und zu verstehen. Sie ergänzt damit die anderen Horoskopfaktoren und deren Deutung, macht den roten Faden des Horoskops und des Lebensweges deutlich.

Die Kunst des Lebens besteht meines Erachtens darin, ganz bewusst die eigene Persönlichkeit und Natur zu erkennen und gleichzeitig die tieferen oder höheren Aspekte des eigenen Wesens, die Absicht des Daseins wahrzunehmen, und all diesen Faktoren in der irdischen Realität Ausdruck zu verleihen. So wird das Leben zum Entwicklungsweg, bietet die Möglichkeit zu lernen und wichtige Erfahrungen zu machen, das eigene Bewusstsein zu erweitern. In diesem Sinn sind auch meine Ausführungen zu sehen.

Die Leser sind eingeladen, ihren eigenen Weg zu reflektieren, und wahrzunehmen, wo dieser in Resonanz zu den geschilderten Bildern und Erfahrungen steht. Mein Anliegen ist es, dass die folgenden Kapitel das Verständnis für die eigene Entwicklung fördern, gemachte Erfahrungen in einem neuen Licht zeigen und Hinweise geben für ein bewussteres Leben.

Astronomie der Mondknoten

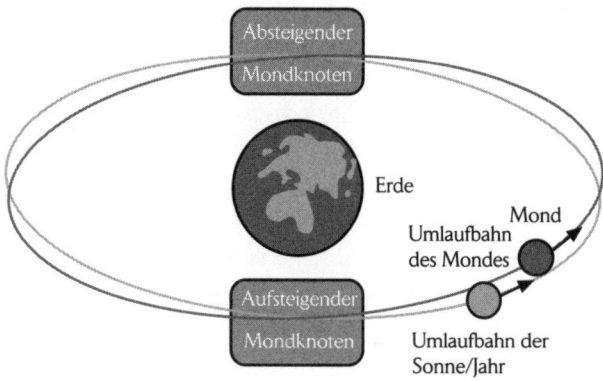

Die beiden errechneten Schnittpunkte der Umlaufbahn des Mondes mit der Ekliptik (scheinbare Bewegung der Sonne von der Erde aus gesehen) nennt man Mondknoten. Aufsteigender oder nördlicher Mondknoten wird dabei der Schnittpunkt mit dem nördlichen Teil der Ekliptik bezeichnet, absteigender oder südlicher Mondknoten jener mit dem südlichen Teil. Die beiden Schnittpunkte liegen sich genau gegenüber, also in einem Winkel von 180°. Man spricht deswegen auch von der Mondknotenachse. Die Mondknoten bewegen sich im Gegensatz zu den Planeten rückwärts durch den Tierkreis und durchlaufen den ganzen Tierkreis in etwas mehr als 18 1/2 Jahren (genau 6793,5 Tage).

Astronomisch gesehen haben die Mondknoten für die Berechnung von Eklipsen (Finsternissen) eine wichtige Bedeutung. Am Schnittpunkt der Bahnen von Sonne und Mond kann es – aus irdischer Sicht – zur Verfinsterung eines der beiden Himmelskörper kommen.

Stehen Sonne und Mond zusammen (Neumond) auf der Mondknotenachse (bis zu einem Abstand von 18°) ist – irgendwo auf der Erde – eine Sonnenfinsternis zu beobachten. Je nach ekliptischer Übereinstimmung des Neumondes mit der Mondknotenachse und der Entfernung des Mondes von der Erde zu diesem Zeitpunkt kann eine partielle (zwischen 9 und 18° Abstand vom MK), ringförmige (Abstand bis 11°, Mond erdfern) oder totale Sonnenfinsternis (Mond erdnah, Abstand zu MK bis 10° immer, Abstand zu MK bis 11° möglich) stattfinden.

Stehen Sonne und Mond im Bereich der Mondknotenachse (bis ca. 11° von der Achse entfernt) einander gegenüber (Vollmond), dann schiebt sich die Erde zwischen Sonne und Mond und der Erdschatten verfinstert so das reflektierte Licht des Mondes. Dann haben wir von der Erde aus gesehen eine Mondfinsternis.

In der Regel findet zweimal pro Jahr je eine Sonnen- und eine Mondfinsternis im Abstand von etwas weniger als 6 Monaten statt. Unter entsprechenden astronomischen Umständen (Neumond in einem Bereich von mehr als 15° von der Mondknotenachse entfernt) ist es auch möglich, dass im Abstand von einem Monat zwei partielle Sonnenfinsternisse stattfinden.

Finsternisse waren schon immer bedeutsame und oft gefürchtete Himmelsschauspiele. Sie erhalten auch heute viel Beachtung, lösen bei den Beobachtern oft Staunen und Ehrfurcht aus. In vielen Kulturen wurden sie als Zeichen des Himmels gesehen, kündeten von einem bevorstehenden Unheil oder vom Zorn der Götter.

In früheren Jahrhunderten gehörte es zu den wichtigen Aufgaben der Astronomen, solche Ereignisse wenn möglich vorherzusehen, um entsprechende (rituelle, religiöse) Gegenmaßnahmen ergreifen zu können. Diese astronomischen Realitäten und die damit verbundenen religiösen und kulturellen Interpretationen haben sicherlich mit dazu beigetragen, dass die Mondknotenachse einen besonderen Nimbus hat, mit überpersönlichen, karmischen und schicksalhaften Geschehnissen in Verbindung gebracht wird.

Die Mondknotenachse schafft auch eine Verbindung zwischen Erde, Sonne und Mond, den für die Menschen bedeutendsten Himmelskörpern. Symbolisch gesehen stellt sie eine Beziehung zwischen der physischen Realität (Erde), der Gefühls- (oder Astral-) Welt (Mond) und dem Licht des Bewusstseins (Sonne) her.

Auch zwischen der Umlaufbahn der anderen Planeten und der Ekliptik der Sonne entstehen jeweils zwei Schnittpunkte. Diese werden als Planetenknoten bezeichnet.

Philosophisches – Geschichten rund um die Mondknoten

Obwohl die Mondknotenachse im Zusammenhang mit Finsternissen von jeher eine wichtige Rolle spielte, hatte sie in der westlichen Astrologie im Unterschied zur indisch-vedischen* bis vor einigen Jahrzehnten im Allgemeinen keine große Bedeutung. Der Schwerpunkt der westlichen Astrologie lag während vieler Jahrhunderte darauf, das Schicksal von Ländern, Völkern und deren Regenten (als symbolische Vertreter des von ihnen beherrschten Landes) zu ergründen. Astrologen waren im Hofstaat von Herrschern als deren Berater zu finden. Sie hatten die Aufgabe, den Landesfürsten vor Gefahren zu warnen, sein Schicksal in den Sternen zu ergründen, und wenn möglich dazu beizutragen, schlimmere Auswirkungen zu verhindern.

Eine individuellere Astrologie existierte kaum. Es kann allerdings angenommen werden, dass im Verborgenen (Okkulten) Astrologie als Bestandteil der hermetischen Tradition in den geheimen Orden durchaus aktiv betrieben wurde, jedoch mit ganz anderen Absichten und Zielen. Hier war die Astrologie Ausdruck eines esoterischen Weges. Ihr Studium diente einerseits dazu, die Kräfte und Energien des Kosmos kennenzulernen und zu nutzen, und andererseits, um den Weg einer Seele, einer Individualität zu erkennen.

Ungefähr zu Beginn des letzten Jahrhunderts setzte ein Wandel im Bewusstsein ein: Das bisher ausschließlich im Geheimen blühende und der Allgemeinheit vorenthaltene »okkulte«, esoterische Wissen gelangte allmählich in die Öffentlichkeit und wurde immer mehr Menschen zugänglich. Dadurch erhielt der esoterisch, spirituelle Aspekt der Astrologie zunehmend auch im Westen Bedeutung.

Im Laufe des 20. Jahrhunderts gewann, parallel zur Entstehung der modernen Psychologie, die heute im Vordergrund stehende Astrolo-

---

* Die heute bekannte westliche Astrologie, die vedische (vor allem in Indien praktizierte) und die arabische Astrologie haben alle ihre Wurzeln in den astronomischen Beobachtungen und astrologischen Studien und Lehren Babyloniens, dem Zweistromland, der Gegend des heutigen Irak, vor ca. 3000 – 4000 Jahren. Von da aus verbreitete sich das Wissen in die verschiedenen Gebiete und entwickelte sich eigenständig und der jeweiligen Kultur entsprechend weiter (siehe Vortrag/Texte von Demetra George, amerikanische Astrologin und Wissenschaftlerin).

gie an Aufmerksamkeit. Das Horoskop wurde zu einem Instrument, das die psychische und reale Entwicklung eines individuellen Menschen beschreiben konnte, seine Stärken und Schwächen, die möglichen Konflikte und Probleme ebenso wie das vorhandene Potenzial: Die psychologische Astrologie war geboren.

Neben dem Zeitgeist und der Entwicklung der Psychologie erlebte auch dieser astrologische Zweig eine vielfältige Entwicklung. Ging es zu Beginn hauptsächlich darum, anhand des Horoskops den (feststehenden) Charakter eines Menschen zu beschreiben und die aufgrund seiner Konstellationen zu erwartenden Prägungen und die sich daraus ergebenden – je nach Skript – ablaufenden und kaum veränderbaren Lebensmuster zu erkennen, so entwickelte sich analog zu dem psychologischen Trend allmählich eine andere Betrachtungsweise. Sie besagt, dass zwar je nach Konstellation gewisse Prägungserfahrungen zu erwarten sind, diese jedoch je nach sozialem Umfeld und Zeitgeist unterschiedlich ausfallen.

Zudem wird dem Menschen immer mehr die Möglichkeit zugestanden, destruktive und problematische ursprüngliche Prägungen zu wandeln, das »Skript« neu zu schreiben. Die Aufgabe der Astrologie besteht unter diesen Umständen darin, einem Menschen aufzuzeigen, welches seine psychischen Anlagen sind, welche möglichen schwierigen Erfahrungen daraus resultieren können, aber auch, wo sein Potenzial liegt, das verwirklicht werden will und kann.

Für das Thema dieses Buches ist jedoch der andere Trend, der die Entwicklung im Zusammenhang mit den spirituellen Traditionen betont, bedeutsamer. Während bereits zu Beginn des 20. Jahrhunderts diverse westliche spirituelle Bewegungen sich von östlichen Traditionen inspirieren ließen, begann in den 60er-Jahren ein wahrer Boom. Schamanen, Weise und Gurus der verschiedensten Kulturen fanden im Westen Gefolgschaft, lehrten ihre Wege und Traditionen. Die Lehre einer unendlichen Folge von Wiedergeburten bis zur Befreiung der Seele von den irdischen Ebenen und Illusionen gewann immer mehr an Bedeutung. Unter anderem fanden auch Ansätze der vedischen Tradition den Weg in den Westen. Und in der vedischen Astrologie spielt die Mondknotenachse schon immer eine wichtige Rolle. Sie ist dort bekannt als Rahu Ketu – die beiden Teile der Schlange –, und für das Schicksal eines Menschen von ebenso großer Bedeutung wie die anderen Faktoren eines Horoskops.

Rahu Ketu

Obwohl die Geschichte von Rahu Ketu indisch-vedischen Ursprungs ist, beinhaltet sie auf der Symbolebene doch viele Parallelen zu westlichen esoterischen Traditionen, psychologischen und spirituellen Lehren. Die symbolischen Entsprechungen werden in Klammern aufgeführt.

Nach einem der Mythen über Rahu Ketu, war dieser ursprünglich eine machtvolle Schlange mit großem Wissen, beherrschte als solche die Ebenen der »Niederwelt«. Im Kampf zwischen den Göttern der Ober- und der Unterwelt wollten beide die Herrschaft über das Universum gewinnen. Im Zentrum des Machtkampfes standen die im Ozean (Symbol für das kollektive Unterbewusste) verborgenen Schätze, unter anderem auch der Nektar der Unsterblichkeit (der Stein der Weisen, das ewige Leben). Rahu Ketu war maßgeblich am Fund des Nektars beteiligt. Er wollte ebenfalls am Erfolg teilhaben und die durch das Trinken des Nektars verheißene Unsterblichkeit erringen.

Dafür hatten die Götter der Oberwelt aber kein Gehör – sie bestimmten, dass nur jemand mit der richtigen Gesinnung ewiges Leben erringen dürfe, und Rahu Ketu als Vertreter/Herrscher der Unterwelt gehörte nicht dazu. Da er jedoch äußerst schlau war, gelang es ihm trotzdem, vom Nektar zu trinken und dadurch die Unsterblichkeit zu erlangen. Sonne und Mond beobachteten dieses Geschehen und verrieten Rahu Ketu an Vishnu, den Schöpfergott. Dieser schnitt Rahu Ketu im Zorn in zwei Teile – Kopf (Rahu) und Schwanz (Ketu). Seine Unsterblichkeit verhinderte jedoch seinen Tod.

Seither existiert Rahu Ketu zweigeteilt am Himmel, erinnert daran, dass es darum geht, auf dem Weg zur Unsterblichkeit die Dämonen der Unterwelt zu besiegen. Seine Feindschaft zu Sonne und Mond kommt darin zum Ausdruck, dass er regelmäßig einen der beiden verschlingt (anlässlich von Finsternissen). Dadurch kommt auch ein kosmisches Gesetz zum Ausdruck, das besagt, dass alles und jedes, was in unserer Welt existiert, inklusive Sonne und Mond als Hauptlichter der irdischen Existenz, den großen Zyklen und Gesetzen des Universums unterworfen sind. Rahu und Ketu werden in der vedischen Tradition als »Schattenplaneten« bezeichnet und haben als solche neben den normalen Planeten und Wirkkräften in Bezug auf den Lebensweg eine herausragende Bedeutung.

Wird dieser Mythos auf einer symbolischen Ebene untersucht, fällt auf, wie viele Analogien zu Mythen anderer Kulturen und Religionen zu finden sind. So spielt die Schlange immer wieder eine wichtige Rolle, allerdings mit ganz unterschiedlichen Bedeutungen: So ist sie Trägerin von großer Weisheit und Heilkraft (vor allem in matriarchalen und schamanistischen Traditionen), aber auch Verführerin (die Schlange im Paradies), Dämon/in, Vertreterin der niederen Instinkte, die es zu bekämpfen und zu besiegen gilt.

Das Zerschneiden in zwei Teile und die folgende ewige Existenz der beiden Hälften am Himmel kann auch als Symbol für die (ewige) Dualität gesehen werden, die auf der irdischen Ebene gilt. Ob es sich dabei um die Dualität zwischen Gut und Böse (Oberwelt und Unterwelt), Himmel und Erde (Geist und Körper), Licht und Schatten, männlich und weiblich handelt – immer sind zwei Pole vorhanden, die beide Beachtung verlangen.

So symbolisiert auch die Mondknotenachse (Rahu Ketu) diese Zweiteilung der menschlichen Existenz. Die Seele strebt nach Ganzheit und Vollkommenheit. Diese beinhaltet je nach Perspektive einerseits die Erlösung und Befreiung von der irdischen, polaren, der materiell verhafteten, sündigen, von Illusionen geprägten Realität, andererseits die Vollendung des Seins, das Ende der Dualität, das Erreichen der Ganzheit, die alle Aspekte des Lebens umfasst. Aus der ersten Perspektive gesehen geht es je nach kultureller und religiöser Prägung darum, für die begangenen Sünden zu büßen, das Karma abzuarbeiten (diese Themen werden durch den absteigenden Mondknoten symbolisiert) oder sich durch die Hinwendung zum Göttlichen, dem Streben nach Entwicklung, Licht und Erkenntnis vom Alten zu befreien (diese Themen werden durch den aufsteigenden Mondknoten repräsentiert). Aus der Perspektive des Strebens nach Ganzheit und Wiedervereinigung des Getrennten hingegen gilt es, beide Pole zu kennen, zu leben und durch die Erfahrung und Akzeptanz dessen, was ist, neue Wege zu finden, sich in Richtung Ganzheit zu bewegen. Nach dieser Sichtweise ist die Mondknotenachse als Ganzheit zu sehen, Vergangenes zu erkennen und zu erlösen, Potenzielles ins Leben zu integrieren und ein Gleichgewicht herzustellen – eine Balance zwischen absteigendem und aufsteigendem Mondknoten zu finden.

Im Mythos würde dies wohl die Wiedervereinigung von Rahu Ketu bedeuten – diese jedoch könnte nur dann wirklich Sinn machen, wenn gleichzeitig Oberwelt (Himmel) und Unterwelt (Hölle, Tiefen des Unterbewussten), Zukunft und Vergangenheit als Teile eines viel größeren Ganzen gesehen werden.

Neben Rahu Ketu sind auch andere, ähnliche Symbolfiguren und ihre Mythen eng mit der Thematik der Mondknoten verbunden, so auch die Figur des Drachens.

Der Drache

Die beiden Pole der Mondknotenachse werden auch als Drachenkopf (aufsteigender Mondknoten) und Drachenschwanz (absteigender Mondknoten) bezeichnet. Dadurch entsteht ein Bezug zu den zahlreich vorhandenen Geschichten und Mythen über die Drachen. Sie waren als Fabelwesen geachtet und gefürchtet. Drachen werden oft als Tiere dargestellt, die eine gewisse Ähnlichkeit mit Dinosauriern haben, sie sind verwandt mit Reptilien, aber auch mit Vögeln. In den meisten Fällen werden sie als feuerspeiend beschrieben. Bereits in diesem Attribut zeigt sich die enorme Bandbreite der Drachensymbolik. Feuer hat eine mehrschichtige Bedeutung: Es steht einerseits für die Triebkräfte und Instinkte des Lebens, andererseits ist es aber auch Symbol für das Göttliche, den göttlichen Funken.

Drachen verkörpern (ähnlich wie Rahu Ketu) große Macht und haben ganz unterschiedliche Rollen und Funktionen. So sind sie einerseits die Hüter großer Schätze (das im Unterbewussten verborgene Potenzial), oft auch die Wächter am Tor des Paradieses, den Pforten zur Ewigkeit. Kein Weg führt an ihnen vorbei. Wer zu den Schätzen gelangen und sie heben will oder durch das Tor zur Ewigkeit schreiten möchte, muss sich ihnen stellen.

Andererseits verkörpern Drachen auch die niederen Instinkte, die Kräfte des Bösen, Dunklen. In vielen Heldensagen steht der Drachenkampf im Mittelpunkt des Geschehens.

Der Held muss siegreich daraus hervorgehen, um seinen Weg fortsetzen, sein Ziel erreichen zu können.

Anderen Entsprechungen zufolge sind Drachen Symbole für das Urweibliche. Meistens werden in diesem Zusammenhang vor allem die bedrohlichen und gefährlichen Seiten des Weiblichen gesehen (Lilith als Dämonin). Dabei kann es sich um das triebhafte Verlangen, die durch das Weib als Verführerin ausgelöste sexuelle Lust handeln, um den verschlingenden Aspekt der Großen Mutter oder die verlockende und bedrohende Kraft der Sünde, die den Zugang zum Paradies verhindert.

Es ist vorstellbar, dass in den Zeiten und Traditionen des Matriarchats, der Dominanz des Weiblichen, der Zeit der Großen Göttin, der Drache ein heiliges Tier war, Vertreter und Wesen der Großen Göttin symbolisierte, dafür zuständig, ihr Reich und damit die Urkräfte des Lebens und der Natur zu beschützen. Aus dem ursprünglich geachteten und verehrten Tier, das die Kraft des Lebens, der Erneuerung, die unendliche Weisheit der Natur symbolisierte, wurde im Laufe der Zeit das dämonisierte, gefährliche Wesen, das um jeden Preis überwältigt und getötet werden musste.

Wenn auch hier der Blick über die kulturell und zeitgeistbestimmten Interpretationen und vor allem die Teilung in Gut und Böse hinausgeht, so sind in all diesen Drachenmythen und Entsprechungen doch Aspekte von tiefster Weisheit und Bedeutung zu finden. Der Drache wird zum Symbol des irdischen Lebens, all den dort lagernden Kräften und Schätzen, aber auch den dort vorhandenen Instinkten und Abgründen. Es geht darum, sowohl die Talente und Gaben zu finden und zu nutzen, sich aber auch der Auseinandersetzung mit den eigenen Trieben und Schattenseiten zu stellen. Das Feuer des Drachens kann verbrennen und zerstören, kann aber auch reinigen und klären. Es kann für die verzehrenden Triebe stehen, aber gleichzeitig auch für den göttlichen Funken, das Licht des Göttlichen.

Der Drache kann fliegen und ist damit ein Geschöpf des Himmels. Er hütet aber auch die in den Tiefen der Erde verborgenen Schätze und ist damit auch der Unterwelt, dem Unterbewussten zugeordnet. Es gilt sowohl seinen Überblick und seine Weisheit (als geflügeltes Wesen) zu gewinnen, wie auch das im Dunklen verborgene Potenzial (Gold und Diamanten als Symbole für das Selbst im Schoß der Erde) aufzuspüren. Werden all diese Aspekte kombiniert, könnte man sagen, dass die Mythen der Drachen in ganz verschiedenen Facetten die Auseinandersetzung mit der menschlichen Existenz und allem, was

diese ausmacht, spiegeln, um so die (Rück-)Verbindung zum Göttlichen zu finden und wiederherzustellen.
Die Mondknotenachse besteht aus Drachenkopf und Drachenschwanz. Beide beinhalten Gefahren und Fähigkeiten. Der Kopf des Drachens spuckt Feuer, kann verschlingen, hat aber auch den Überblick, ist Träger von Wissen und Weisheit (Bewusstsein). Der Drachenschwanz kann mit einem kräftigen Schlag zerstören, er scheidet zwar all das aus, was unbrauchbar ist – in diesen Ausscheidungen befinden sich jedoch die Samen für zukünftiges Wachstum, bereit, in der Erde zu wurzeln und sich zu entwickeln.
Interessanterweise machen Drachenkopf und Schwanz zusammen noch kein Ganzes – der (geflügelte) Körper fehlt. Es ist denkbar, dass der Körper für das Selbst, die Seele steht. Sie kennt den roten Faden des Lebens, den Weg, die Absicht der Mondknotenachse, verbindet Schwanz und Kopf, das Vergangene am absteigenden Mondknoten mit dem potenziellen Bewusstsein der zu gewinnenden Weisheit des aufsteigenden. Einmal mehr gilt: erst alles zusammen ermöglicht die Ganzheit.

Die Weltenschlange (Ouroboros)

Die Mondknotenachse schafft auch eine Verbindung zum Symbol der Weltenschlange. In vielen – auch sehr alten – Kulturen sind unterschiedliche Darstellungen der Weltenschlange zu finden. In der Regel wird die Schlange dargestellt, wie sie mit ihrem Kopf den Schwanz verschlingt, Anfang und Ende verbindet und dadurch eine Ganzheit bildet.
Die Regenbogenschlange der australischen Aboriginels stellt ein solches Symbol dar. In einigen ihrer Mythen wird beschrieben, wie sie etwas verschlingt und dann gewandelt und erneuert wieder ausspuckt. Ein anderes Bild zeigt eine Schlange, die das Weltenei umfasst, all das in der Welt vorhandene Potenzial. In einem Ei findet – sofern es befruchtet wurde – Wachstum und Entwicklung statt. Von außen ist nicht festzustellen, wie weit diese Entwicklung fortgeschritten ist. Wird versucht, das Ei vorzeitig zu öffnen, stirbt das, was sich in Entwicklung

befindet, ab. Erst wenn das Wachstum abgeschlossen, die Entwicklung vollendet ist, öffnet sich das Ei von innen, befreit sich das darin gewachsene Wesen. In diesem Sinne ist die Weltenschlange ein wunderbares Symbol für die Entwicklung und das Wachstum der menschlichen Seele, die in und mit einem Körper, in und mit dem Horoskop in der Welt lebt. Niemand kann von außen beurteilen, wo sich diese Seele in ihrem Entwicklungszyklus befindet. Der Versuch, die schützende Hülle zu durchdringen, würde die Entwicklung unterbrechen. Erst wenn diese abgeschlossen ist, befreit sich das Selbst, die Seele aus dem von der Weltenschlange gehaltenen Ei der Existenz. Ähnlich kann die Mondknotenachse als Symbol für die Weltenschlange gesehen werden, sie begleitet und umfasst den inneren Entwicklungsweg des Menschen.

Die Weltenschlange, die generell den ewigen Zyklus von Werden und Vergehen repräsentiert, hat aber nicht nur einen horizontalen Aspekt (sie beißt sich in den Schwanz und umfasst das Weltenei), sondern auch einen entwicklungsorientierten. Hier kann dieser Stirb-und-Werde-Zyklus zur Spirale der Involution und der Evolution werden. Man sieht zwei Schlangen, die sich um den Caduceus (Stab) des Merkur winden. Eine Schlange bewegt sich in den Tiefen des Lebens, des Dunklen, die andere weist in die Gegenrichtung, die Höhen des Himmels und des Lichts. Beide zusammen symbolisieren die Ganzheit der Entwicklung. Entsprechend bilden erst absteigender und aufsteigender Mondknoten zusammen das Symbol des Ganzen – hier als zwei Schlangen, die in Verbindung stehen – die Schlange des Dunklen und die Schlange des Lichtes.

Mondknoten und spirituelle Entwicklung

Mit der steigenden Popularität von allgemeinen esoterischen und spirituellen Themen in einem breiteren Kreis, fand auch die spirituelle Seite der Astrologie wieder zunehmende Beachtung. Heute sind in der westlichen Welt verschiedene Trends auszumachen, von denen die meisten in direkter Beziehung zu einer spezifischen esoterischen/spirituellen Lehre stehen.

Die astrologische Symbolik wird entsprechend dieser Lehre benutzt, dient als Sprache, um den Weg eines Menschen zu beschreiben, so wie die bereits erwähnte vedische Tradition, die als solche bisher nur einem kleinen Kreis bekannt ist.

Mehr Bedeutung haben die Esoterische Astrologie (beeinflusst durch die Ansichten Alice Baileys), die Lehre der sieben Strahlen der Huber-Schule und die Arbeiten des Psychiaters Roberto Assagioli (Begründer der Psychosynthese). Darüber hinaus besteht auch eine Verbindung zwischen Astrologie und kabbalistischer Tradition. Auch diese arbeitet mit den Planetenkräften, die den zehn Sephiroth des Lebensbaumes zugeordnet sind, und den astrologischen Entsprechungen für die Pfade. Daneben existieren aber auch andere spirituelle Richtungen und Lehren, die sich der Astrologie bedienen und dafür passende Arbeitsmodelle gefunden haben.

All diesen verschiedenen Richtungen und Modellen ist eines gemeinsam: Sie nutzen die Astrologie, das Horoskop, um anhand der dort vorhandenen Konstellationen Auskünfte über den Weg, die Absicht und die Entwicklung der Seele, des Selbst in diesem Leben zu erhalten. Das Horoskop ist damit eine auf dieses Leben übertragene Variante des Seelen-Eies. Es symbolisiert das Laboratorium, in dem die Seele ihre Erfahrungen macht, mit all den ihr zur Verfügung stehenden Faktoren und Elementen.

Die Mondknotenachse erhält in diesem Zusammenhang eine ganz besondere Bedeutung. Sie symbolisiert den roten Faden der Entwicklung über das aktuelle Leben hinaus, fügt die verschiedenen Erfahrungen zu einem Ganzen zusammen, gibt ihnen Ausrichtung und Sinn. Die Mondknotenachse erlaubt damit in einem gewissen Rahmen auch eine Aussage über die Absicht der Seele für dieses Leben.

Im Umgang und in der konkreten Deutung mit dieser allgemeinen Aussage gehen die Meinungen jedoch auseinander. Herrscht die Überzeugung vor, es gelte vornehmlich die Vergangenheit zu klären, altes Karma aufzulösen, sich den gemachten Fehlern zu stellen, Schuld zu sühnen, so liegt die Betonung auf dem absteigenden Mondknoten und dessen Themen. Wird die Ansicht vertreten, der Schwerpunkt sei in der Entwicklung des vorhandenen Potenzials, den neuen Erfahrungen und weiteren Lernschritten zu sehen, so gilt die Aufmerksamkeit den durch den aufsteigenden Mondknoten symbolisierten Themen.

Ich persönlich vertrete die Meinung, dass es darum geht, sich mit beiden Polen zu beschäftigen, die »Vergangenheit« (aus der Sicht unseres Raumzeitkontinuums) und alles, was darin enthalten ist, ebenso zu berücksichtigen wie die »Zukunft«, die zu erlernenden Eigenschaften. Die Erfahrungen der Vergangenheit können, wenn sie bewusst gemacht werden, wo nötig geheilt und die entsprechenden Lehren daraus gezogen werden, wertvolle Unterstützung im Hier und Jetzt geben und für die weiteren Schritte in die Zukunft eine umfassende Bedeutung haben.

Das vorhandene schlummernde Potenzial der Zukunft wiederum, die zu machenden Lernschritte, der Erwerb neuer Fähigkeiten können dabei behilflich sein, die schwierigeren Aspekte der Vergangenheit in einem größeren Kontext zu sehen, zu verstehen und zu heilen. Dies führt letztlich wieder zum Bild der Weltenschlange – wo eines ins andere übergeht, alles sich gegenseitig bedingt und zusammen eine Ganzheit bildet.

Für mich persönlich trifft das Beispiel von Seele und Ei (der Existenz) das Wesentliche. Das Ei wird gleichsam zum Vehikel der Seele. Im Ei wächst sie heran, entwickelt sich, bis sie bereit ist, »auszuschlüpfen« – das wäre dann der göttliche Funke, das wahre Sein, das seine Entwicklung abgeschlossen hat und das Seelengefährt verlässt, um entweder mit einer neuen Absicht einen weiteren Zyklus zu gehen, d. h. sich als »total bewusstes Wesen« freiwillig zu inkarnieren, mit dem Wunsch, den Menschen zu helfen –, oder wieder im All-Eins zu SEIN.

An dieser Stelle sei jedoch nochmals erwähnt, dass auch das beste Verständnis für ein Horoskop und die Aufgabe der Mondknotenachse keine Aussage darüber erlaubt, wo sich die Seele in ihrer eigenen, mehr als dieses Leben umfassenden Entwicklung gerade befindet und welchen Nutzen sie aus der Mondknotenachse und den damit verbundenen Erfahrungen und Absichten ziehen kann. Dies bleibt meines Erachtens ein Geheimnis, das den Augen der Menschen verborgen ist und respektiert werden will.

Die Bedeutung der Mondknoten

Der Unterschied zwischen »horizontaler« und »vertikaler« Deutung eines Horoskops

Ein Horoskop ist ein symbolisches Hologramm. Die in ihm vorhandenen Symbole und Energiemuster können aus ganz unterschiedlichen Perspektiven gedeutet werden. Jede Deutungsart verfolgt eine bestimmte Absicht, ist dazu gedacht, einen Aspekt des (menschlichen) Lebens zu beleuchten. An dieser Stelle wird zwischen zwei verschiedenen Betrachtungsweisen unterschieden. Sie werden als horizontale und vertikale Deutung bezeichnet. Die horizontale Deutung beleuchtet eine bestimmte Schicht der menschlichen Psyche, beschreibt die dort vorhandenen Faktoren und deren mögliche Entsprechungen. Die vertikale Deutung hingegen bezieht sich auf Wachstums-, Bewusstseins- und Entwicklungsprozesse.

Die üblichen Horoskopfaktoren, vor allem das Sonnenzeichen, der Mond und die anderen »alten« Planeten* sowie der Aszendent, beschreiben zunächst und vor allem die Persönlichkeit eines Menschen, das, was als Anlage zur Verfügung steht und nach Ausdruck im Leben sucht. Jeder dieser Faktoren steht für einen vorhandenen Persönlichkeitsaspekt mit ganz spezifischen Energien und Eigenschaften. So beschreibt die Sonne unter anderem das eigene Selbstverständnis, der Mond die Gefühlswelt und der Aszendent das Auftreten. Das Tierkreiszeichen, in dem sie stehen, färbt ihr Verhalten, sie zeigen entsprechende Eigenschaften und Bedürfnisse. Die Häuserstellung wiederum zeigt an, in welchen Lebensbereichen sie bevorzugt zum Ausdruck

---

* Bis vor relativ kurzer Zeit waren nur die sieben am Himmel mit bloßem Auge sichtbaren (alten) Planeten bekannt: Sonne, Mond, Merkur, Venus, Mars, Jupiter und Saturn. Sie stehen für Teilaspekte der Persönlichkeit, beschreiben all die Dinge, die konkreter, irdischer Natur sind. Die erst im Laufe der vergangenen zweihundert Jahre entdeckten neuen Planeten Uranus, Neptun und Pluto hingegen verkörpern überpersönliche, geistige oder kollektive Energien. Als solche sind sie schwer fassbar, haben Qualitäten und Wirkungsweisen, die das normale menschliche Verständnis übersteigen.

kommen. Die Aspekte (Winkelbeziehungen) zwischen den Planeten spiegeln die sich in einem Menschen abspielende innerpsychische Dynamik, wobei ab und zu auch Horoskopteile nach außen verlegt werden. Menschen im Umfeld oder »schicksalhafte« Ereignisse übernehmen dann die Rolle der Planeten eines Horoskops.

Diese Horoskopfaktoren können in verschiedener Weise gedeutet werden, je nach Fragestellung, Alter und Lebensumständen. Beziehungsthemen, Beruf, Gesundheit, psychische Prägungen und Muster sind mögliche Deutungsansätze. Dabei werden immer eine Reihe von Planeten und Faktoren miteinbezogen und kombiniert. Jede dieser Deutungen betrifft eine »Schicht« der Persönlichkeit, eine Facette des menschlichen Lebens. Man könnte eine Horoskopdeutung dieser Art als *horizontal* bezeichnen.

Die *horizontale* Deutung bezieht sich auf das biografische Leben, den gelebten Alltag, die für eine Person typischen Verhaltensweisen, die Qualitäten, Stärken und Schwächen der Persönlichkeit. Es geht hier um die Frage, wie die angelegten Faktoren im Leben zum Ausdruck kommen, mit der Absicht, eine möglichst umfassende und erfüllende Verwirklichung als Mensch zu finden. In einer solchen Deutung ist die Mondknotenachse sekundär, spielt nur punktuell eine Rolle. Sie gibt in diesem Fall Hinweise auf typische Gewohnheiten und Muster, die unter bestimmten Umständen jedoch einen starken Effekt auf die übrigen Aspekte der Persönlichkeit haben können.

Im Unterschied dazu ist die *vertikale* Deutung eines Horoskops zu sehen. Sie tritt dann in den Vordergrund, wenn eine entwicklungsorientierte Perspektive eingenommen wird. Diese beruht auf der Annahme, dass das Leben eines Menschen in einem größeren Kontext zu sehen ist, eine Ausrichtung und einen Sinn hat, der über die unmittelbare Verwirklichung der Persönlichkeit hinausgeht. Die *vertikale* Deutung beschäftigt sich mit der Frage des »Woher« und »Wohin«, mit dem Lebens- und Entwicklungsweg eines Menschen.

Entsprechend setzt diese Deutung zwingend die Annahme eines Selbst oder einer Seele voraus, eines Bewusstseins, das mehr beinhaltet als die menschliche, irdische Realität. Das Leben eines Menschen ist folglich der in dieser Welt stattfindende Ausdruck der Absicht dieser anderen Ebene. Aus dieser Perspektive wird das menschliche Leben als Möglichkeit gesehen, Erfahrungen und Lernschritte zu machen, es dient der Bewusstseinsentwicklung.

Das Horoskop wird in diesem Zusammenhang zur Landkarte für den Lebensweg. Es macht deutlich, wie die in diesem Leben zur Verfügung stehende Persönlichkeit, das irdische »Vehikel«, aussieht und funktioniert. Darüber hinaus gibt es Auskunft über die vorhandenen Werkzeuge und Gaben, die gestellten Aufgaben, die zu absolvierenden Lernschritte und Prüfungen sowie die zu erwartenden Geschenke auf diesem Weg. Es zeigt auch an, wo Verbindungen zu anderen Dimensionen vorhanden sind, Faktoren wirken, die kollektiver, geistiger oder spiritueller Natur sind. Anders ausgedrückt könnte man auch sagen: In der *vertikalen* Deutung beschreibt das Horoskop symbolisch die mythische Heldenreise eines Menschen.

Die Mondknotenachse spielt bei diesem Deutungsansatz eine besonders wichtige Rolle. Sie bildet sozusagen das Kernstück, zeigt den roten Faden der Entwicklung, ist Wegweiser für den Lebensweg. Auch andere Horoskopfaktoren können in dieser vertikalen Deutung mitspielen, die von einigen auch als »karmisch«* bezeichnet wird. Es handelt sich dabei vor allem um die geistigen Planeten Uranus, Neptun und Pluto, um Lilith und Chiron. In der *horizontalen* Deutung sind sie vor allem dann wichtig, wenn sie im Zusammenhang mit den persönlichen Planeten und Faktoren stehen – sie symbolisieren dort besonders schwierige und anspruchsvolle psychische Inhalte und Erfahrungen. In der vertikalen Horoskopdeutung werden sie als wichtiger Bestandteil einer bewussten Entwicklung gesehen. Sie sind verantwortlich für ganz spezifische Wege.

---

* Der Begriff Karma ist in aller Munde. Er stammt ursprünglich aus dem Sanskrit und beschreibt das Gesetz von Ursache und Wirkung des menschlichen Verhaltens. Das Wort Karma ist meist eng mit dem Reinkarnationsgedanken verbunden. Dieser beruht auf der Annahme, dass die Seele in einer Vielzahl von Leben eine »Reise« macht. Wenn alle Aufgaben gelöst, alles gelernt ist, alle irdischen Verknüpfungen geklärt sind, kehrt sie heim ins göttliche Licht. In der Astrologie wird Karma meist im Zusammenhang mit Fragen und Themen verwendet, die das unmittelbare Verständnis über den Sinn des Daseins übersteigen.

Die Mondknotenachse als Lebensweg

Wird die Mondknotenachse als Lebensweg gedeutet, impliziert dies eine Bewegung und eine Richtung. In unserer irdischen, an einen linearen Zeitverlauf gebundenen Realität gibt es Vergangenheit, Gegenwart und Zukunft. Die Vergangenheit beschreibt den bereits zurückgelegten Weg, das, was bisher erlernt und mitgebracht wurde. Informationen darüber sind beim absteigenden Mondknoten zu finden. Die Zukunft betrifft das bevorstehende Wegstück, die zu erwartenden Herausforderungen und gestellten Aufgaben. Diese Themen können anhand des aufsteigenden Mondknotens beschrieben werden. Die Gegenwart bringt beide zusammen. Im Hier und Jetzt gilt es eine Balance zu finden zwischen den mitgebrachten Erfahrungen, den damit verbundenen Fähigkeiten und Gewohnheiten einerseits (absteigender Mondknotens) und den anstehenden Lernschritten sowie den sich zeigenden neuen Möglichkeiten andererseits (aufsteigender Mondknoten).

Letztlich geht es darum, die Mondknotenachse als Ganzes ins Leben zu integrieren und beide Pole zu nutzen. Dabei können jedoch die mitgebrachten Fähigkeiten und Erfahrungen des absteigenden Mondknotens erst wirklich genutzt werden, wenn die Aufgaben des aufsteigenden in Angriff genommen, die durch seine Position symbolisierten Qualitäten erlernt wurden.

Aus einer weiteren, multidimensionalen Perspektive gesehen, stellt ein Horoskop einen »Ort« im Raumzeitkontinuum dar. Es ist geozentrisch (die Erde steht als Ort im Zentrum) und bezieht sich auf die geografischen Koordinaten des Geburtsortes. Damit wird der Raum bestimmt. Andererseits fixiert das Radix auch einen präzisen und einmaligen Moment in der Zeit (Datum und Zeitpunkt der Geburt).

Basierend auf der Annahme, dass es eine Existenz jenseits der uns vertrauten (irdischen) Raumzeit gibt, und das Geburtshoroskop eine Landkarte für den Weg in dieser Wirklichkeit darstellt, beschreibt die Mondknotenachse einen Ausschnitt eines umfassenderen Weges. Die Vergangenheit bezieht sich dann auf eine andere Dimension (Raumzeit), die Zukunft letztlich ebenso. Was für uns zählt, ist die Gegenwart des aktuellen Lebens, unsere Existenz im vorhandenen Raumzeitkontinuum. In dieser will ein Stück Entwicklungsweg zurückgelegt werden, und die Mondknotenachse gibt uns eine Anleitung dazu.

Woher komme ich? – Vergangenheit

Zu dieser Frage gibt der absteigende Mondknoten Auskunft. Seine Themen beschreiben die mitgebrachten Erfahrungen, die in unserer Psyche bereits vorhandenen Prägungen, die erworbenen Fähigkeiten ebenso wie Verhaltensmuster und Gewohnheiten. Diese sind Bestandteil unseres Wesens, zwar vertraut, jedoch unbewusst. Sie sind Reflexen ähnlich, laufen automatisiert und unabhängig von unserem bewussten Willen ab. Für die Verhaltensweisen des absteigenden Mondknotens bedarf es keiner Anstrengung, es gibt sie einfach, sie sind selbstverständlich und geläufig. Sie vermitteln auch ein Gefühl der Sicherheit, den Eindruck von »Kennen« und »Können«.

Damit zeigen der absteigende Mondknoten und die mit ihm im Zusammenhang stehenden Faktoren die Verhaltensweisen und Reaktionsmuster, auf die in allen Stresssituationen automatisch zurückgegriffen wird. Da die Erfahrungen und Fähigkeiten des absteigenden Mondknotens jedoch nicht der (biografischen) Realität entstammen, sind sie oft in ihrer Form und ihrem Ausdruck dem aktuellen Umfeld, also der Familie, dem sozialen und kulturellen Umfeld und dem Zeitgeist nicht wirklich angepasst. Die Verhaltensmuster und Annahmen beziehen sich auf eine »andere« Realität, folgen den dort vorhandenen Regeln und Gewohnheiten.

Daher können die am absteigenden Mondknoten zur Verfügung stehenden Fähigkeiten nur beschränkt genutzt werden. Oft stößt das vertraute Verhalten auf Unverständnis oder gar Ablehnung, hat nicht den erwarteten Effekt, führt im aktuellen Leben nicht zum erwünschten Ziel. Deshalb kommt es häufig zu einer frustrierenden Erfahrung: Obwohl etwas natürlich und selbstverständlich erscheint, wird es von der Umgebung nicht so gesehen, sondern kann sogar zum Problem werden.

Eine kleine Metapher kann die durch den absteigenden Mondknoten gegebenen Abläufe illustrieren: Ein Mensch wird in China geboren, wächst dort auf und entwickelt sich zu einem angesehenen Mitglied seiner Dorfgemeinschaft. Später verschlägt ihn das Schicksal nach Europa. Da er intelligent ist, lernt er die Sprache schnell, findet sich in der neuen Umgebung einigermaßen zurecht. Allerdings sind all seine Glaubenssätze und Verhaltensmuster von der Kultur seiner Heimat geprägt. Er hat Gewohnheiten entwickelt, die damals zu Hause absolut angemessen waren. Obwohl er sich also seinem eigenen Empfinden nach korrekt und sinnvoll verhält, begegnet ihm seine Umgebung immer wieder mit Kopfschütteln und Unverständnis, gegen seine Absicht bringt er sich ab und zu sogar in heikle Situationen. All sein Wissen, all seine Intelligenz, all seine Lebenserfahrung können daher nur eingeschränkt zum Zug kommen.

Erst wenn er sich mit der neuen Kultur, dem Leben in Europa auseinandergesetzt hat, die dort vorhandenen Sitten, Gewohnheiten und Abläufe gut kennt und in sein Verhalten integriert, kann er die aus seiner Vergangenheit stammenden Erfahrungen in einer sinnvollen und bereichernden Weise nutzen. Dieser Schritt wird durch den aufsteigenden Mondknoten symbolisiert.

Was bedeutet »Vergangenheit«?

Der Begriff Vergangenheit kann ganz unterschiedlich definiert und genutzt werden. Im allgemeinen Sprachgebrauch bezeichnet er alles, was vor dem »Jetzt« stattgefunden hat, also auf der linearen Zeitachse vor der Gegenwart liegt. Im Zusammenhang mit der Deutung des Mondknotens bezieht sich dieser Begriff jedoch auf einen in unserer Realität »weiter zurückliegenden« Zeitraum. In einigen Fällen wird damit auf die frühe Kindheit und die dort gemachten Erfahrungen verwiesen. Nach einer anderen Betrachtungsweise, der auch ich mich anschließe, greift jedoch diese Vergangenheitsdefinition zu kurz. Die Themen des absteigenden Mondknotens beziehen sich vielmehr auf eine »vorbiografische Zeit«, eine Zeit vor der Geburt, oder multidimensional gesehen auf eine »Zeitrealität« außerhalb unseres Raumzeitkontinuums. Entsprechend kann der Begriff Vergangenheit irreführend sein und Verwirrung stiften. Es bietet sich daher an, die etwas allgemeinere Bezeichnung »mitgebracht« zu benutzen. Sie kann in ganz verschiedenen Zusammenhängen gebraucht werden und erlaubt mehrere unterschiedliche Betrachtungsweisen. Es existieren einige Modelle, die es erlauben, die »mitgebrachten« Themen des absteigenden Mondknotens in einen größeren Zusammenhang zu bringen und entsprechend zu deuten. Einige davon erscheinen besonders hilfreich und sinnvoll.

Verschiedene Modelle
Das Modell von Stanislav Grof

Der international für seine Arbeiten in transpersonaler Psychologie bekannte Psychiater Stanislav Grof hat unter anderem ein Modell entwickelt, das sich sehr gut eignet für die Deutung des absteigenden Mondknotens. Er hat die Bezeichung CoEx-Systeme geprägt (COndensed EXperience) und dazu ein Modell geschaffen (siehe Grafik 1 im Anhang). Es geht davon aus, dass bestimmte Erfahrungen als »energetische Knoten« in unserer Psyche existieren. Diese »Knoten« beinhalten ganz spezifische physische, emotionale und teilweise auch mentale Energien und damit verbundene Reaktionsabläufe. Wenn ein CoEx-System identifiziert wurde, können die damit verbundenen Erfahrungen und Ereignisse in der Zeit zurückverfolgt werden, zunächst in die Kindheit, dann zur Geburt (perinatale Matrizen/Grof) und weiter zurück, in die Bereiche des archetypischen und kollektiven Bewusstseins und entsprechend auch in andere Realitäten. Seine umfassenden und reichen Erfahrungen mit Patienten und freiwilligen Versuchspersonen in diesem Zusammenhang, hat er in verschiedenen Werken publiziert.*

In Zusammenhang mit dem Verständnis für die Themen des absteigenden Mondknotens und deren Effekt auf das Leben, kann dieses Modell in einer leicht abgewandelten Form sehr hilfreich sein. Der Begriff CoEx-System wird in Co-Existing-Systeme (gleichzeitig miteinander existierende Systeme) umformuliert. Auch die Ablauffolge wird umgedreht. Der absteigende Mondknoten beschreibt demnach die aus der transpersonalen, kollektiven Ebene mitgebrachten Energiesysteme, die damit verbundenen physischen, emotionalen und mentalen Prägungen und Reaktionsmuster. Diese mitgebrachten »Energieknoten« manifestieren sich dann in diesem Leben – sind als symbolische Erfahrung oft bereits im Ablauf des Geburtsprozesses (perinatale Matrizen I – IV/Grof) zu beobachten. Vor allem in der Kindheit werden diese mitgebrachten »verinnerlichten Bilder« dann oft deutlich. Bis zum Alter von 5 bis 6 Jahren »leben« Kinder teilweise aus einer anderen Realität heraus.

---

* u. a. LSD-Psychotherapie, Die Psychologie der Zukunft, »Holotropic Breathwork«... Weitere Informationen unter: www.stanislavgrof.com.

Es scheint manchmal, als würden für sie zwei Welten existieren, ihre innere, von mitgebrachten Bildern und Erfahrungen geprägte, und die äußere mit den dort vorhandenen Bedingungen. Ihre Verhaltensweisen spiegeln die Bilder der mitgebrachten Welt. Sie zeigen Kenntnisse und Fähigkeiten, die sie ganz klar nicht in der Familie erworben haben, stellen ungewöhnliche Fragen und machen unerwartete und oft mysteriöse Anmerkungen. Es sind auch einige Fälle bekannt, in denen Kinder ganz konkret eine andere Erfahrung beschreiben, eine andere Sprache sprechen.

Während der ersten Lebensjahre werden dann die mitgebrachten Bilder und Erfahrungen zunehmend ins reale Leben integriert, mit biografischen Erlebnissen ergänzt und teilweise modifiziert. Später verschwinden diese eindeutig nicht der konkreten Realität zuzuordnenden Bilder. Die Reaktionsmuster bleiben jedoch erhalten, können entlang dem Faden der CoEx-Systeme im Leben weiterverfolgt werden. Obwohl auch einige andere astrologische Faktoren Teile von CoEx-Systemen beinhalten können (z. B. Uranus, Neptun und Pluto, rückläufige Planeten), sind die Themen des absteigenden Mondknotens doch besonders auffällig und typisch für solche Bilder und Muster.

Das Reinkarnationsmodell
Viele Autoren, die über die Mondknotenachse schreiben, beziehen sich auf das Reinkarnationsmodell. Sie postulieren, dass dieses Leben Bestandteil einer ganzen Serie von Existenzen sei, und deuten die Mondknotenthemen in diesem Kontext. Nach ihrem Modell beschreibt der absteigende Mondknoten die aus dem letzten Leben mitgebrachten Muster, beinhaltet die Aufgabe, die noch ungelösten Aufgaben weiterzuführen oder »karmische« Belastungen zu erlösen. In einigen Fällen wird dabei das Thema »Karma« als Prinzip von Ursache und Wirkung linear und sehr vereinfacht angewandt. Demnach geht es darum, die in einem anderen Leben angesammelte »Schuld« zu erlösen, für die Sünden der Vergangenheit zu büßen, begangene Fehler wiedergutzumachen.

Mir persönlich scheint dieses Modell etwas sehr vereinfacht, es berücksichtigt kaum die Multidimensionalität des Lebens und arbeitet mit Wertungen, die dem gegenwärtigen Verständnis von Gut und Böse, Schuld und Sühne entstammen.

Das Reinkarnationsmodell an sich ist jedoch äußerst wertvoll für all jene, die sich mit dem Gedanken anfreunden können, dass die Seele, das Höhere Selbst (das, was mehr ist als der Mensch) eine Lern- und Erfahrungsreise macht, und das aktuelle Leben eine Station auf dieser Reise darstellt. Die Mondknotenachse kann dann unmittelbar als Wegweiser für diesen Reiseabschnitt gesehen werden.

Allerdings soll an dieser Stelle das Reinkarnationsmodell in einen multidimensionalen Kontext gebracht und aus dieser Perspektive beschrieben und gedeutet werden. Nach dem in diesem Buch genutzten Modell hat eine Seele / das Höhere Selbst in irgendeinem Moment der Ewigkeit einen Impuls, fasst die Absicht, Erfahrungen zu einem bestimmten Thema (zum Beispiel Liebe, Macht, Erkenntnis, Schönheit, Hingabe etc.) zu machen. Damit setzt sich die Seele in Bewegung, begibt sich auf eine »Reise«. Sie versucht auf dieser »Seelenreise« durch verschiedene Existenzen zum gewählten Thema alle möglichen Facetten kennenzulernen. Sie nimmt diese auf, integriert die gesammelten Erfahrungen in ihrer Essenz und erreicht dadurch zunehmend umfassendere individuelle Bewusstheit. Die Erfahrungsreisen beinhalten auch »Reisestationen« auf der Erde. Diese werden so ausgesucht, dass sie möglichst optimale Bedingungen schaffen, um die gesuchten Erfahrungen im gewählten Thema zu erlangen.

Als Metapher für diesen Vorgang mag das Bild eines Menschen dienen, der eine Ferienreise plant. Er wird sich zunächst fragen, was er auf dieser Reise erleben will, ob es ihm um Ruhe, Genuss, Schönheit, Wissen und Erkenntnis oder Abenteuer und Risiko geht. Er wird abwägen, welche Aktivitäten ihm attraktiv erscheinen und welche nicht, um dann das Reiseziel auszuwählen, von dem er erwartet, dass es ihm erlaubt, die gewünschten Erfahrungen zu machen. Mit der Auswahl dieses Reiseziels, vielleicht auch des Reiseinhalts (Abenteuer-, Kultur-, Fitness-, Faulenzerferien etc.) sorgt er für den gewünschten Rahmen. Es ist ihm jedoch nicht möglich, alle Details vorher zu bestimmen. Genauso wenig machbar ist es, sich bereits im Voraus über die eigenen Verhaltensweisen und Reaktionen im Klaren zu sein.

So kann auch die bestgeplante Tour Überraschungen beinhalten; vor allem auf Abenteuertrips ist es durchaus denkbar, dass die Frage auftaucht, warum genau diese »Tortur« freiwillig gewählt wurde. So ähnlich könnte auch der Prozess aussehen, der auf der Seelen- oder Selbstebene abläuft, wenn sie eine Reise in dieser Welt macht.

Wenn davon auszugehen ist, dass die Seele in einer Dimension jenseits unseres Raumzeitkontinuums existiert, beinhaltet deren »Reiseziel« jedoch nicht nur einen bestimmten geografischen Ort auf der Erde, sondern auch eine ganz spezifische Zeit. Da ein Horoskop, wie bereits erwähnt, eine vierdimensionale Ortsbezeichnung darstellt (einen »Ort« im Raumzeitkontinuum), ist das Geburtshoroskop eines Menschen als ein astrologisch codiertes Raumzeit-Reiseziel zu sehen. Es dient als Landkarte, Wegweiser und Reiseplan für die Seele. Es beschreibt nicht nur den Weg und die zu erwartenden Erfahrungen ganz allgemeiner Art, sondern schafft durch die »karmischen Faktoren«, deren wichtigster der Mondknoten ist, auch eine Rückverbindung zu anderen »Reisestationen« des Selbst und den dort gemachten Erfahrungen.

Der absteigende Mondknoten beinhaltet folgende Aspekte: Die erlernten Fähigkeiten, erlebten Erfolge und das Wissen ebenso wie die schwierigen Inhalte und Stolpersteine, die Fehlleistungen und Schmerzen, all das, was unerledigt blieb. Durch ihn werden sie in diesem Leben zugänglich. Damit verbunden sind jedoch auch alle Prägungen und Verhaltensmuster aus einer anderen Existenz.

Die Aufgabe besteht darin, den bereits anderswo begonnenen Erfahrungs- und Entwicklungsweg in diesem Leben ein Stück fortzusetzen. Die Richtung gibt der aufsteigende Mondknoten an.

Obwohl es mit einer Perspektive innerhalb unseres Raumzeitkontinuums mit einer gerichteten, mehr oder weniger linearen Zeitachse nicht ganz leicht nachzuvollziehen ist, gilt es an dieser Stelle doch nochmals ausdrücklich darauf hinzuweisen: Aus einer Dimension jenseits unserer Raumzeit ist es möglich, in jeden beliebigen Zeitraum (sei es Zukunft oder Vergangenheit) zu reisen. Die Zeit ist aus dieser Perspektive ein durch »Zeitkoordinaten« definierter Ort.* Von ihrem Ursprungsort aus kann die Seele sich in jede beliebig wählbare Zeit begeben, aus der jenseitigen Perspektive auch gleichzeitig; die lineare Abfolge auf der Zeitachse für eine Erfahrungsreise ist also nicht zwingend.

Entsprechend heikel ist es, in Bezug auf Reinkarnationsthemen vereinfachend mit einem linear-kausalen Deutungsmodell, nach dem

---

* Die Astrologie bietet in diesem Zusammenhang ein wunderbares Instrument. Das Geburtshoroskop ist ein ganz präziser, einmaliger Ort in Bezug auf die Zeitkoordinaten. Die Planetenstellungen des ganzen Horoskops wiederholen sich in unserer Wahrnehmungsebene nie.

Prinzip »weil ich im letzten Leben etwas falsch gemacht habe, muss ich in diesem Leben büßen/leiden ...« zu operieren.

Der Wirklichkeit näher kommt wahrscheinlich die Vorstellung, dass der absteigende Mondknoten uns mit einer Erfahrung und einer Zeit in Verbindung bringt, die in diesem Leben relevant ist. Die aus welcher Existenz auch immer mitgebrachte Erfahrung spielt im Hier und Jetzt eine Rolle, ist notwendig für unseren Weg, daher wird sie von der Seele unserem Wesen zugänglich gemacht, in unsere Persönlichkeit eingebaut.

Darüber hinaus sind aus der Sicht des Höheren Selbst auch die in dieser irdischen Existenz für uns durchaus sinnvollen Wertungen – die Einteilung in Gut und Schlecht, Richtig und Falsch – so nicht stimmig. Etwas, das vom menschlichen Standpunkt aus als böse oder schlimm angesehen wird, kann in dem viel größeren Kontext der Seele durchaus sinnvoll oder gar erwünscht sein. Daher wird bei den konkreten Deutungen des absteigenden Mondknoten bewusst darauf verzichtet, urteilende und wertende Formulierungen zu verwenden.

Das bedeutet nicht, dass gewisse Erfahrungen nicht durchaus schrecklich sein können, Verhaltensweisen aus menschlicher Sicht als falsch oder »böse« eingestuft werden. Wenn die Themen des absteigenden Mondknotens solche Erfahrungen beinhalten, geschieht dies in der Absicht, daraus zu lernen, und mit dem, was verstanden wurde, weitere Schritte zu gehen. Dazu ist jedoch zunächst nötig, die weitgehend unbewussten Mechanismen und Reflexe des absteigenden Mondknotens ins Bewusstsein zu bringen – ohne Wertung und ohne Urteil, so schwer das auch fallen mag.

Andere Sichtweisen

Auch die Sichtweise C. G. Jungs kann als Erklärungsmodell für die durch den absteigenden Mondknoten mitgebrachten Erfahrungen dienen. In diesem Kontext handelt es sich bei den uns vertrauten und gewohnten Verhaltensweisen weniger um individuelle Muster, sondern um Inhalte des kollektiven Unbewussten, die in und durch unsere Psyche zum Ausdruck kommen. Nach Jung existieren, etwas vereinfacht gesagt, alle möglichen menschlichen Erfahrungen in Form von Bildern oder Mythen im kollektiven Unbewussten. Zu einigen haben wir eine stärkere Resonanz als zu anderen. Diese Bilder und die Inhalte der entsprechenden Mythen wirken in unserer Psyche, als wären sie Teil der eigenen Erfahrungen, selbst erlebte Geschichten. Diesem Modell entsprechend schafft der absteigende Mondknoten eine Verbindung zu den Archetypen und Bildern des kollektiven Unbewussten, die durch seine spezifische Stellung in Zeichen und Haus symbolisiert werden. Die gemachten Erfahrungen sind dann »mitgebrachter« Bestandteil unserer Psyche.

Der absteigende Mondknoten kann auch in einem christlichen Kontext gedeutet werden, ohne die Reinkarnationstheorie miteinzubeziehen. Wird davon ausgegangen, dass die unsterbliche Seele eines Menschen nur einmal in der Welt zu Besuch ist, um danach wieder ins Haus des Vaters zurückzukehren, könnte man sagen, dass es sich bei den »mitgebrachten« Inhalten des absteigenden Mondknoten um von Gott auf die Reise mitgegebene Bilder und Geschichten handelt. Diese sind dazu gedacht, als »Talente« genutzt zu werden, oder haben die Qualität von Prüfungen.

Welches Denk- und Erklärungsmodell verwendet wird, bleibt dem Einzelnen überlassen. In jedem Fall jedoch postuliert die Deutung der Mondknotenachse, dass es eine Existenz jenseits der irdischen gibt, dass Inhalte und Themen, die aus dieser jenseitigen Ebene stammen, im menschlichen Leben eine Rolle spielen. Die durch den absteigenden Mondknoten im Horoskop dargestellten Themen symbolisieren die von dieser anderen Welt/Dimension mitgebrachten Inhalte. Sie wollen ins aktuelle Leben eingebracht werden und zur Weiterentwicklung beitragen. Dies geschieht mithilfe des aufsteigenden Mondknotens.

Verhaltensweisen und Erfahrungen in der Kindheit

Bei einem erwachsenen Menschen sind auch die Erfahrungen der Kindheit Bestandteil der Vergangenheit. Aus diesem Grund werden sie an dieser Stelle aufgeführt, obwohl es sich hier um einen biografischen Aspekt der Vergangenheit handelt.

In der Kindheit hat der absteigende Mondknoten eine nicht zu unterschätzende Bedeutung. Etwa bis zum 6. Lebensjahr sind die durch den absteigenden Mondknoten symbolisierten Themen und Verhaltensweisen bei Kindern deutlich zu beobachten. Sie kommen manchmal ebenso stark oder noch stärker zum Ausdruck als die gewohnten Horoskopfaktoren (Aszendent, Mond, persönliche Planeten, Sonne). Bei kleinen Kindern liegt die »andere« Welt noch sehr nahe, die von dort mitgebrachten Inhalte vermischen sich mit den Erfahrungen, die sie in der äußeren Wirklichkeit machen. Die mitgebrachte »innere« Welt prallt auf die konkrete äußere, die realen Vorfälle und Erlebnisse werden durch die Brille der mitgebrachten Geschichten und Bilder gesehen und interpretiert.

Entsprechend sind die Reaktionen scheinbar unangemessen und übertrieben – wenigstens aus dem Blickwinkel des Umfeldes. Gerade für Eltern und Erzieher kann es daher lohnenswert sein, nicht erklärbares, rätselhaftes Verhalten von Kindern einmal aus dieser Perspektive zu sehen; also davon auszugehen, dass das Kind sich gemäß einer anderen, mitgebrachten Wirklichkeit verhält. Diese kann in ihrer Intensität und Bedeutung unter Umständen die reale Welt übertreffen.

Mit zunehmendem Alter verblassen diese Bilder und Inhalte allmählich, treten in den Hintergrund, siedeln sich immer mehr im Unbewussten an. Die äußere Realität und die dort gemachten Erfahrungen gewinnen an Gewicht und Bedeutung, bestimmen schließlich vorwiegend das Alltagsverhalten. Unter starkem Stress und in kritischen Situationen tauchen diese Inhalte jedoch wieder auf und steuern oft unbewusst und ungewollt die Reaktions- und Verhaltensmuster, die wie von selbst ablaufen.

Aus der subjektiven Perspektive eines Erwachsenen bleiben von den vielfältigen Erfahrungen der Kindheit nur diejenigen haften, die in Resonanz stehen zum eigenen Horoskop. Man könnte sagen, dass die eigene Psyche über ein Raster verfügt, das unter der unendlichen Fülle von Eindrücken und Erlebnissen jene herausfiltert und speichert, die den Themen, die im eigenen Horoskop vorhanden sind, entsprechen. Die Themen des absteigenden Mondknotens beschreiben in diesem Kontext Verhaltensweisen, die in der Kindheit selbstverständlich und gewohnt waren, sich jedoch unter Umständen deutlich von der Umgebung und den in der Familie gültigen Werten und Gewohnheiten unterschieden.

Wenn kein Planet im Bereich des absteigenden Mondknotens steht, ergaben sich in der Regel zunächst keine weiteren Schwierigkeiten daraus. Erst zu einem späteren Zeitpunkt im Erwachsenenleben werden die Gewohnheiten des absteigenden Mondknotens zunehmend zum Hindernis und Problem. Die damit verbundenen Verhaltensmuster führen in eine Sackgasse, haben nicht den erwarteten Effekt.

Befindet sich jedoch ein Planet im Bereich des absteigenden Mondknotens, dann sind bereits in der Kindheit problematische Erfahrungen gemacht worden. Die Bedürfnisse des entsprechenden Planeten werden nicht befriedigt, die ihm zugeordneten Verhaltensweisen erweisen sich als unangepasst. Selbst intensives Bemühen führt in der Regel nur zu frustrierenden Erfahrungen. Entsprechend sind bei Planeten am absteigenden Mondknoten oft viele schwierige Kindheitserfahrungen zu erwarten.

Wohin gehe ich? – Zukunft

Diese Frage beantwortet der aufsteigende Mondknoten im Horoskop. Seine Stellung beschreibt das, was es zu erlernen gilt, macht die gestellten Aufgaben deutlich und zeigt das Potenzial, das zur Verfügung steht. Entsprechend sind die dort vorhandenen Themen und Qualitäten zunächst wesensfremd und ungewohnt. Es bedarf einer bewussten Entscheidung und viel Anstrengung, sich entsprechend zu verhalten. In der Kindheit und der Adoleszenz spielt der aufsteigende Mondknoten noch eine untergeordnete Rolle. Zunächst geht es darum, in der realen Welt anzukommen, sich in ihr zurechtzufinden und die eigene Persönlichkeit zu schulen. Die individuellen Bedürfnisse wollen befriedigt und die angelegten Fähigkeiten zum Ausdruck gebracht werden (*horizontale* Deutung des Horoskops).

In der Regel werden die Themen des aufsteigenden Mondknotens etwa ab dem 28. Lebensjahr (1. Saturnreturn, Mondknoten 1 $^1/_7$-mal durchgegangen) spürbar, nach dem 37. (2. Mondknotenreturn) immer drängender. Wird die Auseinandersetzung mit der sich dort zeigenden Aufgabe verweigert, wird es immer mühsamer, mit den vertrauten Mustern und Verhaltensweisen ein befriedigendes Leben zu führen. Einerseits fehlen innerer Antrieb und Freude, ein zunehmendes Gefühl von Stagnation macht sich bemerkbar. Andererseits werden die Frustrationen und Rückschläge im Zusammenhang mit den Verhaltensweisen des absteigenden Mondknoten immer häufiger, unangenehmer und schmerzlicher. Vor allem Menschen, die sich bemühen, ein bewusstes und sinnvolles Leben zu führen, erleben immer öfter Zweifel und Krisen, fühlen sich nicht wirklich lebendig, erleben sich festgefahren.

Der Schritt zur Integration der Themen am aufsteigenden Mondknoten erfolgt jedoch nicht automatisch, ist nicht selbstverständlich. Die meisten Menschen reagieren ähnlich, wenn sie mit der Aufgaben-

stellung ihres aufsteigenden Mondknotens konfrontiert werden. Sie
fragen:»Muss das sein?«, und erleben die ihnen gestellte Aufgabe als
besonders mühsam oder schwierig. Dies geschieht unabhängig von
der jeweiligen Stellung.

Oft werden die Qualitäten und Themen des aufsteigenden Mondknotens zunächst auf die Umwelt, auf andere Menschen projiziert.
Diese verhalten sich dann den dort vorkommenden Themen entsprechend, was zwar eine bestimmte Faszination beinhaltet, meist jedoch
als irritierend empfunden wird. Das Unbewusste sorgt jedoch immer
wieder dafür, dass solche Menschen ins eigene Leben treten. Dann
müssen sich die Betroffenen Situationen stellen, die zur Auseinandersetzung mit den Themen des aufsteigenden Mondknotens auffordern.
Somit weist die Psyche indirekt auf die Aufgabe hin.

Wird der Schritt jedoch gemacht, die Aufforderung ernst genommen und befolgt, zeigt sich beinahe unmittelbarer Erfolg. Selbst wenn
es schwerfällt, sich den dort angezeigten Aufgaben zu widmen, und
der Eindruck besteht, in diesen Bereichen stümperhaft und unge-
schickt vorzugehen, erfolgt eine positive Reaktion. Einerseits stellt sich
ein inneres Gefühl der Befriedigung und der Lebendigkeit ein, andererseits reagiert die Umwelt (das Schicksal) zum großen Erstaunen der
meisten Menschen äußerst tolerant und entgegenkommend.

Verhält sich jemand im Sinne seines aufsteigenden Mondknotens,
werden ihm Ungeschicklichkeiten großzügig verziehen, erreicht er
sein Ziel viel schneller und leichter als er oder sie geglaubt hätte.

In diesem Sinn gleicht die Thematik des aufsteigenden Mondknotens einer Bergbesteigung. Sie ist mühsam und anstrengend, kostet
viel Schweiß. Einmal oben angekommen präsentiert sich jedoch ein
wunderbarer Ausblick, macht sich ein Hochgefühl bemerkbar, der
Stolz über die gemeisterte Aufgabe zeigt sich.

Was bedeutet »Zukunft«?

Auf der Zeitachse wird alles, was sich nach dem Punkt der Gegenwart befindet, als Zukunft bezeichnet. Innerhalb des Raumzeitkontinuums ist die Zukunft ein Mysterium, das je nach individueller Ver-
fassung mit Hoffnung belegt ist, beflügelt und antreibt oder aber
gefürchtet wird. Immer wieder versucht der Mensch, die Zukunft zu
ergründen, um sich auf das Kommende vorzubereiten und eine gewisse Sicherheit zu erlangen. In der Regel werden dabei mangels

anderer Alternativen das in der Gegenwart bekannte und die in der Vergangenheit beobachteten Entwicklungen linear weitergedacht.

Dazu kommt eine Tendenz, die vorhandenen Sehnsüchte und Wünsche ebenso wie die Inhalte des Unbewussten und Ängste auf die Zukunft zu projizieren. So entsteht eine Art Erwartungshaltung im Positiven wie auch im Negativen. Diese wiederum prägt oft das Verhalten und sorgt dafür, dass mindestens ein Teil des Erwarteten auch eintrifft.

Solche Effekte sind auch Bestandteil dessen, was in einem anderen Kontext als »sich selbst erfüllende Prophezeiung« bezeichnet wird. Gleichzeitig zeigt das Leben jedoch immer wieder, dass die Zukunft meistens etwas anderes bereithält als das, was erwartet wurde.

Gerade in der Astrologie, die auch zukünftige Konstellationen beschreibt und oft vor allem als Werkzeug für das Erkunden der Zukunft genutzt wird, spielen solche Mechanismen eine nicht zu unterschätzende Rolle. Daraus ergeben sich zwei gegensätzliche Haltungen, die vor allem von Astrologiegegnern, teilweise aber auch von Astrologiekundigen eingenommen werden.

Wäre es tatsächlich möglich, die Zukunft präzise zu beschreiben, wäre das Schicksal eines jeden Menschen bei seiner Geburt absolut festgelegt – gäbe es keinen freien Willen, keine Möglichkeit zur selbstbestimmten Gestaltung des Lebens. Ein Mensch wäre dann – einem Roboter gleich – vorprogrammiert, sein Verhalten bis ins Detail vorhersehbar. Es bestünde keine Entscheidungsfreiheit, keine Wahl in Bezug auf den Weg, die gemachten Schritte, das Leben verliefe nach einem bestehenden, unabänderlichen, festen Plan.

Im Gegensatz dazu steht die Erfahrung und Beobachtung, dass es auch dem besten Astrologen nicht möglich ist, konkret zu bestimmen, was aus einem Menschen wird, welche Zukunft auf ihn wartet. Damit stellen sich die folgenden Fragen: Gibt es so etwas wie ein Schicksal? Wie unabänderlich ist dieses? Oder ist das Leben völlig unberechenbar, die gemachten Erfahrungen und Schritte vom Zufall abhängig? Das Problem dieser Zukunftsbetrachtung liegt in der Tatsache, dass linear-kausal gedacht wird. Ein solcher Umgang mit den astrologischen Konstellationen verneint die Existenz eines Bewusstseins, einer Individualität, die in und mit dem Horoskop lebt und je nach Bewusstheitsgrad mehr oder weniger aktiv den Umgang mit den dort vorhandenen Themen mitgestaltet.

Entsprechend liegt die erfahrene Realität für viele Menschen irgendwo zwischen den oben beschriebenen Sichtweisen. Sie erkennen, dass sie ihre Zukunft bis zu einem gewissen Grad durchaus selbst mitbestimmen können, es ihnen möglich ist, die nähere Zukunft einigermaßen vorhersehbar zu gestalten. Gleichzeitig erleben sie jedoch auch, dass gewisse Themen Teil ihres Lebens sind und sich wiederholen, sie bestimmten Erlebnissen nicht ausweichen können, es Momente gibt, in denen ganz gegen jede Logik und Willensanstrengung das Schicksal die Führung übernimmt und dem Leben eine andere, nicht selbst gewählte Richtung gibt.

Zukunft in einer multidimensionalen Welt

Im hier vertretenen multidimensionalen Weltbild sieht das Thema Zukunft etwas anders aus. Aus der Perspektive einer Dimension jenseits der Raumzeit kann das irdische Leben eines Menschen wie ein Weg von einem Ort zu einem anderen beschrieben werden.

Für dieses Bild wird eine Metapher aus der dreidimensionalen irdischen Realität benutzt. Befindet sich ein Mensch auf einem Weg, einer Straße von A nach B, kann er auf das zurückgelegte Stück blicken, sich an die Erfahrungen und Aussichten, die er bis zu seinem Standort gemacht hat, erinnern (zwei Dimensionen – Fläche). Die vor ihm liegende Straße sieht er nur bis zur nächsten Kurve. Wenn sich der Mensch jedoch in einem Flugzeug oder einem Ballon in einer gewissen Höhe befindet (dritte Dimension), hat er eine neue Perspektive, er sieht dann das ganze Wegstück von A nach B, kann auch erkennen, ob es mehrere Möglichkeiten gibt, die zum gleichen Ziel führen, oder ob irgendwo Abzweigungen vorhanden sind, die zu anderen Orten führen. Aus diesem Blickwinkel heraus kann er eine Wahl treffen, sich entscheiden, wohin er gehen will und wie er dahin gelangen kann. Im multidimensionalen Weltbild hat das »höhere« Bewusstsein, die Seele, das Selbst eine solche Perspektive. Es hat den Überblick, kann auch eine bestimmte Wahl treffen.

Zukunft stellt aus dieser Perspektive einfach das nächste Stück Weg dar oder die weiteren Möglichkeiten, die sich von einem bestimmten Standort aus bieten, um ein Ziel zu erreichen. In der Realität laufen solche Prozesse allerdings meist ohne bewusste Beteiligung der menschlichen Persönlichkeit ab. Diese erlebt dann Wegbiegungen und Abzweigungen als »schicksalhaft«, also ohne eigenes Dazutun. Astrologie als

Wissensgebiet der Zeitqualität, das Horoskop als Landkarte im Raum-zeitkontinuum kann diese Perspektive einnehmen und die Wege, Abzweigungen und Ziele symbolisch beschreiben. Die Metapher weist jedoch auch auf einen weiteren Aspekt hin. Mit zunehmender Höhe (Abstand von der Erde) ist zwar ein größerer Überblick möglich, gleichzeitig wird es jedoch immer schwieriger, die konkreten Details zu erkennen. Zudem bedeutet es etwas ganz anderes, einen Weg auf einer Landkarte oder aus der Höhe zu sehen, als ihn konkret zu gehen. Die auf dem Weg real gemachten Schritte und Erfahrungen sind aus dieser Dimension heraus nicht wahrnehmbar. Dies gilt für die Perspektive der Seele oder des Selbst ebenso wie für die Deutung eines Horoskops. In diesem Sinne zeigt der aufsteigende Mondknoten an, in welche Richtung der Weg der Seele generell führt. Es liegt am Menschen, mehr oder weniger bewusst zu entscheiden, ob und wie weit er den Weg gehen will und welche konkreten Schritte und Entscheidungen er auf diesem zu machen bereit ist.

Die in der heutigen Zeit zur Verfügung stehenden Technologien erlauben es, die Metapher noch deutlicher zu machen und zu ergänzen. Von Satelliten aus kann die ganze Erde betrachtet werden. Per Internet ist es möglich, diesen Blickwinkel auf den Bildschirm zu holen. Eine Zoomfunktion erlaubt es, einen bestimmten Ort immer näher heranzuholen, zu betrachten und sich ein Bild davon zu machen. Diese technisch-realen Möglichkeiten können symbolisch für neue und umfassender zur Verfügung stehende Möglichkeiten des menschlichen Bewusstseins gesehen werden.

Was aber ist der Sinn eines bestimmten Weges, warum wird eine Strecke oder ein Ziel überhaupt gewählt? Hier stellt sich die philosophische oder spirituelle Frage über die Dimensionen des Bewusstseins oder die Absicht der Seele. Persönlich vertrete ich die Meinung, dass das Selbst aus seiner Perspektive den Weg wählt, der am besten dazu geeignet ist, einen Bewusstseinsschritt zu machen, etwas zu erfahren, was der ursprünglichen Absicht des Lebens, der Seele dient. Damit erhält das Ziel, das zu gehende Wegstück – der aufsteigende Mondknoten – auch die Bedeutung eines vorhandenen Potenzials, das erarbeitet, erfahren werden will.

Zukunft – Potenzial

Wird die Zukunft als Potenzial gesehen, enthält sie all die vorhandenen, aber noch schlummernden, nicht entfalteten Möglichkeiten und Qualitäten eines Menschen. Sie beschreibt all das, was theoretisch noch erfahrbar, erlebbar wäre. Es liegt dann beim einzelnen Menschen, ob er sich auf den Weg macht, die vorhandenen »Talente« (Gleichnis der Talente in der Bibel – Evangelium nach Matthäus 25,14) nutzt oder ob er sie vergräbt und schlummern lässt. Werden sie genutzt, findet Wachstum (Vermehrung) statt, bleiben sie vergraben, ist Stagnation oder gar Strafe die Folge. Ähnlich können die durch den aufsteigenden Mondknoten symbolisierten Themen gesehen werden. Sie stehen für vorhandenes Potenzial. Dieses will aber entdeckt, ausgegraben und bewusst genutzt werden. Wird das Potenzial immer wieder aktiviert und angewendet, dann steht es im Leben zunehmend zur Verfügung und bringt (seelischen) Reichtum und Erfüllung. Zudem wird es möglich, die aus der Vergangenheit mitgebrachten Erfahrungen und Kenntnisse in der Gegenwart sinnvoll zu nutzen.

Leben im Hier und Jetzt – Gegenwart

Das Leben im Hier und Jetzt, in der Gegenwart der menschlichen Realität schließt idealerweise Vergangenheit und Zukunft mit ein und schafft damit eine Ganzheit. In Bezug auf die Mondknotenachse bedeutet das, dass beide Pole bewusst genutzt werden. Allerdings ist dies erst möglich, wenn sich die Kräfte einigermaßen in Balance befinden. Am Anfang des Lebens ist der Pol des absteigenden Mondknotens dominant. Er beinhaltet viele mitgebrachte Erfahrungen und Gewohnheiten, ist damit energetisch sehr stark. Der aufsteigende ist zunächst nicht besetzt, ungelebt – leer. Dadurch entsteht Einseitigkeit und in der Folge zunehmende Blockierung.

Am Symbol der Waage wird deutlich, was geschieht, wenn sich auf einer Seite zu viel Gewicht befindet. Sie neigt sich in diese Richtung und wird durch das Übergewicht dort fixiert. Wenn überhaupt, ist es nur unter großer Anstrengung möglich, irgendetwas zu bewegen. Um die Waage ins Gleichgewicht zu bringen, muss etwas verändert werden. Theoretisch sind dabei zwei Varianten denkbar: Man kann auf der zu schweren Seite etwas wegnehmen oder auf der zu leichten etwas hinzufügen. Die beiden Vorgänge können auch kombiniert werden, indem von der schweren Seite etwas weggenommen und auf der leichten hinzugefügt wird.

Die Grafik (Grafik 2 im Anhang) illustriert, wie die entsprechenden Entwicklungsschritte in Bezug auf die Themen der Mondknotenachse aussehen. Der absteigende Mondknoten ist energetisch belegt, der aufsteigende nicht (1). Ist der absteigende Mondknoten mit Planeten besetzt, wird er noch um ein Vielfaches gewichtiger. Erst die bewusste Beschäftigung mit den durch den aufsteigenden Mondknoten symbolisierten Themen erlaubt, dass mit der Zeit ein Gleichgewicht entsteht (2). Meist geht es zunächst darum, die Aufmerksamkeit bewusst zum aufsteigenden zu richten – also scheinbar etwas wegzunehmen vom absteigenden. Dies fällt dann besonders schwer, wenn sich im Bereich des absteigenden Mondknotens Planeten befinden, die nach Ausdruck im Leben suchen.

Im nächsten Schritt geht es darum, sich zu entscheiden, die durch den aufsteigenden Mondknoten repräsentierten Eigenschaften und Verhaltensweisen zu erlernen und zum Ausdruck zu bringen. Dies ist meist mit Anstrengung verbunden, fällt nicht leicht. Wenn die Themen des aufsteigenden Mondknotens jedoch zunehmend gelebt und damit energetisch gewichtiger werden, kommt der Moment, in dem sich eine Balance ergibt (3). Dann wird das Spiel lebendig, können beide Pole wahlweise genutzt werden. Im Umgang mit der Mondknotenachse geht es also nicht darum, die mitgebrachten Fähigkeiten und Gewohnheiten zu verleugnen, sondern vielmehr durch die Aneignung der neuen Qualitäten und Themen für ein Gleichgewicht zu sorgen. So entsteht Ganzheit, wird es möglich, mit der ganzen Fülle des Vorhandenen im Leben zu stehen. Dadurch werden auch weitere Bewusstseins- und Entwicklungsschritte machbar (4).

Was bedeutet »Gegenwart«?

In unserer Welt stellt die Gegenwart einen gegebenen Punkt auf der Zeitachse dar: das Hier und Jetzt. Sie umschreibt die momentane Realität für jeden Zeitpunkt des Lebens.

Absolute Gegenwart kennt weder Vergangenheit noch Zukunft, sie bezieht sich auf das, was ist. Damit charakterisiert sie entweder den Zustand von totaler Unbewusstheit, ein Leben, das von Moment zu Moment geführt wird, ohne Berücksichtigung des Gewesenen, Erlernten und Erinnerten. Oder sie weist auf die Möglichkeit von totaler, umfassender Präsenz hin, die es erlaubt, in jedem Augenblick alles bewusst wahrzunehmen.

Gegenwart ist also entweder die Fokussierung oder Verengung der Wahrnehmung auf einen bestimmten Punkt, die alles andere ausschließt; oder eine Erweiterung des Bewusstseins, die es erlaubt, in jedem Moment alles gleichzeitig wahrzunehmen.

Im ersten Fall wird das Leben immer wieder neu erfunden, ist alles unbekannt – was unglaubliche Freiheit gibt, aber auch Fluch sein kann. Menschen, die an gewissen Krankheiten oder nach einem Unfall an Hirnschädigung leiden, scheinen nach diesem Muster zu leben. Auch äußerst kreative und geniale Personen verhalten sich manchmal in dieser Weise. In diesem Gegenwartszustand ist es jedoch in unserer Welt meist nicht möglich, eigenständig zu existieren. Andere müssen die Verantwortung übernehmen, dafür sorgen, dass der Alltag lebbar wird und im Umgang mit der Gesellschaft und den vorhandenen Bedingungen keine größeren Probleme entstehen.

Im zweiten Fall ist in jedem Augenblick die Ganzheit des Lebens präsent, geschieht jeder Akt, jeder Schritt in voller Bewusstheit aller Konsequenzen. Ein solcher Zustand wird üblicherweise als »erleuchtet« bezeichnet. Für Normalsterbliche sind solche »Gegenwartserfahrungen« jedoch oft nur für einen kurzen Moment möglich. Entsprechend geht es für die meisten Menschen vor allem darum, sich immer wieder aufs Hier und Jetzt zu besinnen – dabei jedoch die Erfahrungen der Vergangenheit, des damals Erlernten ebenso miteinzubeziehen wie die Tatsache, dass die irdische Welt sich in einem dauernden Wandel befindet, und deshalb Offenheit für Neues und die Bereitschaft zu lernen angesagt sind.

Auf der Zeitachse ist Gegenwart einmalig, nicht wiederholbar. Ob wir 10, 20, 30 oder auch 60 Jahre alt sind, das Leben findet immer in der Gegenwart statt, hat jedoch eine andere Qualität. Vor allem in der Kindheit leben die meisten Menschen noch sehr in der Gegenwart. Was gestern war, interessiert sie nicht, was morgen oder später kommt, ist für sie nicht fassbar, für sie existiert vornehmlich das Hier und Jetzt. Es sei hier jedoch angemerkt, dass sich vor allem in der frühen Kindheit der Gegenwartsbegriff noch nicht an die menschliche Realität der Zeitachse hält, sondern vor allem auf das unmittelbare Erleben bezogen ist. Dieses wiederum ist oft ebenso stark von inneren (mitgebrachten) Bildern geprägt, wie davon, was in der äußeren Gegenwart geschieht.

Später im Leben wird es immer schwieriger, wirklich in der Gegenwart zu leben. Je länger der irdische, auf der Zeitachse zurückgelegte Weg ist, umso mehr Bedeutung gewinnen die Vergangenheit, die dort gemachten Erfahrungen, erworbenen Gewohnheiten und erlernten Muster. Zunächst erhält auch die Zukunft (das bevorstehende Wegstück) zunehmend Gewicht, das, was ein Mensch als erstrebenswertes Ziel, als Möglichkeit oder Potenzial sieht, das später im Leben verwirklicht und dadurch Gegenwart werden kann.

Ab der Lebensmitte wird dann den meisten bewusst, dass das vor ihnen liegende Wegstück kürzer ist als das zurückgelegte, die noch offenen Möglichkeiten der Zukunft schwinden. Gleichzeitig festigen sich die Gewohnheiten der gelebten Vergangenheit und die damit verbundenen Verhaltensweisen. Im Alter neigen dann viele vermehrt dazu, in der Vergangenheit zu leben, im Wissen um die Endlichkeit ihres irdischen Lebens, das immer kürzer werdende Wegstück.

Ob der Blick nun zurück in die Vergangenheit führt, das Verhalten sich auf die dort erworbenen Fähigkeiten und Gewohnheiten bezieht oder ob alles in die Zukunft verschoben wird, in Erwartung einer noch kommenden Erfüllung – in beiden Fällen kommt dabei häufig das Leben in der Gegenwart zu kurz. Die hier vorhandenen Gegebenheiten und Möglichkeiten werden nicht gesehen, nicht genutzt. Es ist eine echte Lebenskunst, als Mensch im Hier und Jetzt zu leben, dabei die gelebte Vergangenheit ebenso miteinzubeziehen wie die Zukunft (eine solche gibt es bis zum letzten Atemzug) und beide nicht darüber bestimmen zu lassen, was in der Gegenwart zu geschehen hat.

In Bezug auf die Mondknotenachse ist die Sache etwas komplexer, da der absteigende Mondknoten eine »Vergangenheit« beinhaltet, die nicht auf der aktuellen Zeitachse des Lebens liegt, und auch der aufsteigende sich letztlich auf eine »Zukunft« jenseits der irdischen Realität bezieht. Entsprechend greift das Bild der Zeitachse etwas zu kurz. Im Grunde geht es darum, ganzheitlich in der Gegenwart zu leben – insofern als die mitgebrachten Themen des absteigenden, genauso wie die neu zu erlernenden des aufsteigenden, bewusst und den jeweiligen Anforderungen entsprechend genutzt werden sollen. Dies ist erst dann möglich, wenn beide Pole der Mondknotenachse im Leben integriert sind.

Gegenwart aus multidimensionaler Sicht

Aus einer Perspektive jenseits des Raumzeitkontinuums, also der Sichtweise des Selbst oder der Seele, erhält der Begriff Gegenwart eine andere Qualität. Aus dieser Sicht existieren die irdischen Zeit – Einteilungen in Vergangenheit und Zukunft so nicht, alles ist gegenwärtig, kann jederzeit beobachtet werden. Je nach Bewusstsein hat dieselbe »Gegenwart« jedoch eine andere Qualität, wird anders wahrgenommen.

Als Metapher möge auch hier nochmals das Thema Lebensweg dienen. Aus der Perspektive jenseits des Raumzeitkontinuums kann jeweils der ganze Weg »beobachtet« werden. Jedoch ist es nur in der irdischen Realität und damit auf der Zeitachse möglich, die Landschaft konkret zu erleben, das, was da ist, auch zu genießen, Lernerfahrungen zu machen. Die Zeitachse steht für den Reiseweg, der mit der Geburt eines Menschen beginnt und mit seinem Tod endet. Im Laufe des Lebens durchwandert ein Mensch diesen Weg von A (Geburt) nach B (Tod) und sammelt Erfahrungen. Er kennt das bereits zurückgelegte Stück des Weges, das vor ihm liegende jedoch höchstens aus Reisebeschreibungen (zum Beispiel durch das Horoskop).

Wenn im normalen Leben einer eine Reise tut, erwarten ihn auf jedem einzelnen Stück des Weges interessante Erlebnisse, die anderswo nicht möglich wären. Und es käme wohl kaum jemand in den Sinn, zu Beginn einer Reise nur an das zu denken, was vielleicht noch kommt, und auf dem letzten Stück der Reise die Augen zu schließen, sich nur noch an den Beginn zu erinnern und die aktuelle Landschaft nicht mehr zu genießen, nur weil die Fahrt bald zu Ende geht. Ebenso wenig würden die meisten Menschen kaum daran denken, sich während einer realen Reise ausschließlich über einen Monitor über deren Verlauf zu orientieren.

Gegenwart aus multidimensionaler Sicht beinhaltet also unterschiedliche Dinge: Eine »Gegenwart des Bewusstseins«, jenseits von Raum und Zeit, und eine »Gegenwart des Erlebens« in der irdischen Realität. Beide zusammen schaffen die Erfahrung der Ganzheit einer Existenz.

Ganzheit

Die Erfahrung der Ganzheit beinhaltet die bewusste Nutzung all dessen, was zur Verfügung steht, sowohl des mitgebrachten (absteigender Mondknoten) als auch des angelegten Potenzials (aufsteigender Mondknoten) unter Berücksichtigung der aktuellen, gelebten Realität (5).

Dann wird die Mondknotenachse zum Symbol des Taos – eines ganzheitlich gelebten Horoskops.

Die Mondknoten in den Zeichen

Die Zeichenqualität der Mondknotenachse beschreibt, wie wir uns verhalten und in welcher Art und Weise wir einem Thema oder einer
Situation begegnen.

Allgemeiner Überblick

Das Zeichen des absteigenden Mondknoten beschreibt automatische
Verhaltensmuster. Sie laufen unbewusst und instinktiv ab, sind vertraut wie eine seit Langem gepflegte Gewohnheit. Meist haben sie
jedoch nicht den erwarteten Effekt, erfüllen ihren Zweck nicht im
erwünschten Maß. Erst wenn die Zeichenqualität des aufsteigenden
Mondknoten und die damit verbundenen Verhaltensweisen erlernt
und genutzt werden, ist es möglich, die mitgebrachten Muster und
Gewohnheiten in einer der Situation angemessenen Weise zu nutzen.
In Stresssituationen fallen jedoch die meisten Menschen wieder in die
vertrauten, alten Gewohnheiten des absteigenden Mondknotens zurück.

Die Qualitäten des aufsteigenden Mondknotens sind zunächst
fremd, scheinen schwierig und anspruchsvoll. Immer wieder ist eine
bewusste Entscheidung und Anstrengung nötig, um sie zum Ausdruck
zu bringen. Wenn der Schritt jedoch gemacht wird, erfolgt beinahe
unmittelbar eine »Belohnung«. Meist zeigt sich diese in einer positiven
Reaktion der Umwelt oder auch in einer tiefen persönlichen Befriedigung. Wie die Umschreibung des aufsteigenden Mondknotens als
»Lebensaufgabe« bereits anklingen lässt, wird seine Thematik jedoch
nie zur selbstverständlichen Gewohnheit, die Entscheidung, das Zeichen des aufsteigenden Mondknotens zum Ausdruck zu bringen,
muss immer wieder von Neuem bewusst gewählt werden. Im Laufe
des Lebens wird sie jedoch etwas vertrauter. Wenn es gelingt, die dem
Zeichen des aufsteigenden Mondknotens zugeordneten Eigenschaften und Verhaltensweisen immer mehr ins eigene Leben zu integrie-

ren, werden die – gemäß dem Zeichen des absteigenden Mondknotens – mitgebrachten Fähigkeiten in einer neuen Form wieder verfügbar, ihre Qualität kommt dann angemessen zum Ausdruck. Dadurch entsteht eine neue Ganzheit, die beide Pole umfasst.

Gut zu wissen: Die Rolle der »Herrscherplaneten« der Mondknotenachse

Die Zeichenqualität des Mondknotens kommt nicht bei allen Menschen in gleicher Weise zum Ausdruck. Der jedem Zeichen zugeordnete Planet (Tabelle im Anhang) ist an der konkreten Umsetzung mitbeteiligt. Er ist quasi das Werkzeug, um der Zeichenqualität im Leben eine Form zu geben, spielt eine dementsprechend wichtige Rolle. Seine Stellung im Horoskop kann also weitere, differenzierte Auskünfte über die Themen der Mondknotenachse geben.

Der dem Zeichen des absteigenden Mondknotens zugeordnete (Herrscher-)Planet beschreibt, in welchen Belangen und in welcher Weise die alten Gewohnheiten zum Ausdruck kommen. Wann immer er zum Zug kommt, besteht eine Tendenz, gemäß alter Muster zu reagieren – mit den entsprechenden, nicht immer angenehmen Folgen.

Der dem Zeichen am aufsteigenden Mondknoten zugeordnete Planet wiederum wird zum wichtigen Werkzeug für die zu erlernende Qualität. Seine Themen werden oft ebenfalls als anspruchsvoll erlebt, es verlangt Mut und immer wieder eine bewusste Entscheidung, diesem Persönlichkeitsteil Raum zu geben. Gleichzeitig zeigt sich auch hier die Magie des aufsteigenden Mondknotens: Wenn dieser Planet aktiv ist, ist mit guten Erfahrungen zu rechnen.

Die Mondknoten im eigenen Horoskop in Bezug auf Konstellationen in anderen Horoskopen

Der Kontakt mit Menschen, deren Sonne oder Aszendent im Zeichen des eigenen absteigenden Mondknotens steht, hat meist eine ganz besondere Qualität. Zunächst entsteht der Eindruck großer Vertrautheit. Es scheint, als würde man einem Menschen wiederbegegnen, zu dem in der Vergangenheit eine wichtige Beziehung bestand, mit entsprechenden positiven (manchmal auch negativen) »Erinnerungen«. Vor allem wenn die »Erinnerungen« positiver Natur sind, entsteht ein Gefühl von großer Nähe und Verbundenheit.

Ganz anders verläuft der Kontakt zu Menschen, deren Sonne oder Aszendent im Zeichen des eigenen *aufsteigenden Mondknotens* steht. Sie verkörpern mit ihrem Wesen das, was dem eigenen zunächst fremd ist, sind Modelle für die zu erwerbenden Eigenschaften. Vor allem, wenn die Bereitschaft (noch) nicht vorhanden ist, den Schritt zum aufsteigenden Mondknoten zu wagen, kann seine Thematik auf diese Menschen projiziert werden. Dann werden sie entweder für diese Qualität bewundert, wird ihre Nähe gesucht. In einer Beziehung wird ihnen die Aufgabe »übertragen«, fürs eigene innere Gleichgewicht zu sorgen, indem sie die Eigenschaften des aufsteigenden Mondknotens übernehmen. Es ist aber auch möglich, dass das Verhalten dieser Menschen als dauernder Reiz, als Herausforderung erlebt wird. Sie bilden dann quasi den Stachel im Fleisch, der immer wieder an die eigene, ungeliebte Aufgabe erinnert.

Wenn jedoch die innere Bereitschaft zu lernen vorhanden ist, werden diese Menschen zu Helfern und Begleitern auf dem Entwicklungsweg. Ihre Eigenschaften und Verhaltensweisen sind dann Anregung und Ansporn, Lernmodell für den eigenen Weg. Das Zusammensein mit ihnen ist zwar anspruchsvoll, aber letztlich sehr lehrreich und auch erfüllend.

Hinweise zu den Deutungstexten

Die folgenden konkreten Deutungstexte sind in verschiedene Abschnitte gegliedert. Zunächst werden die mitgebrachten Verhaltensmuster des Zeichens am absteigenden Mondknoten beschrieben. Dabei wird auch der für dieses Zeichen zuständige Planet erwähnt und in einem Bild das vorhandene innere Selbstverständnis beschrieben. Danach wird der im Leben erfahrene Effekt des Verhaltens erläutert. In einem nächsten Schritt geht es um die Lernaufgabe, die dem Zeichen des aufsteigenden Mondknotens zugeordnet ist. Auch hier wird der für diese Aufgabe zuständige Planet erwähnt. Der letzte Abschnitt beschreibt, wie eine gesunde Balance aussieht, die entsteht, wenn die Lernaufgabe angepackt wurde, die Qualität des aufsteigenden Mondknotens im Leben integriert ist.

Hier sei noch anzumerken, dass die Zeichenqualität Ähnlichkeit mit dem entsprechenden Haus hat (siehe Kapitel: Die Mondknoten in den Häusern).

Die Mondknoten in Widder/Waage

Bei dieser Mondknotenachse geht es um das Gleichgewicht zwischen persönlichen Impulsen und Instinkten einerseits und der Fähigkeit zu objektivem, neutralem Betrachten und Abwägen von verschiedenen Aspekten andererseits. Es will eine Balance gefunden werden zwischen der Fähigkeit zur Durchsetzung von eigenen Interessen, Selbstbehauptung und Konfliktfähigkeit und der Fähigkeit zwischen unterschiedlichen Positionen zu vermitteln, Harmonie zu sehen und zu schaffen. Identifikation und persönlichem Engagement stehen wertfreie Offenheit und eine Haltung, welche beide Seiten einer Sache sehen kann, gegenüber.

Absteigender Mondknoten in Widder/ aufsteigender Mondknoten in Waage

Mitgebrachte Muster:

Diese Menschen begegnen der Welt in der Haltung eines Eroberers, immer auf dem Sprung, immer bereit, aktiv zu werden. Sie folgen ihrem inneren Antrieb, agieren und reagieren instinkthaft und unmittelbar. Spontaneität, schnell aufflammende Begeisterung und temperamentvolle Gesten gehören zu den ihnen gewohnten Verhaltensweisen. Sie lieben offene Auseinandersetzungen. Reibung und Konfrontation sind für sie selbstverständliche Mittel, um sich zum Ausdruck zu bringen. Wenn sie auf Widerstand stoßen, fühlen sie sich lebendig. Kompromissbereitschaft setzen sie gleich mit Unterwerfung und Schwäche. Harmonie erleben sie als langweilig, suchen in solchen Momenten oft nach Mitteln und Wegen, diese zu stören, um dadurch die für sie so wichtige Bewegung in Gang zu setzen.

In der Kindheit sind sie wild und ungezähmt, lieben Abenteuer und Herausforderungen. Auch später sind sie leistungsbetont und haben eine Faszination für Wettbewerbe aller Art. Sie wollen die Besten sein und siegen.

Der Planet **Mars** im Horoskop erhält besonderes Gewicht. Seine Stellung zeigt, in welcher Weise sich der Kampfgeist manifestiert, wie das »Abenteuer Leben« angegangen wird.

Inneres Bild:

Das Leben ist ein Kampf, ein Abenteuer. Wie in der Natur gilt das Gesetz: Der Stärkere gewinnt, der Schwächere unterliegt. Um zu überleben und voranzukommen, ist es wichtig, schnell und instinktiv zu agieren.

Effekt:

In der Kindheit werden solche Verhaltensweisen von der Umwelt in der Regel akzeptiert, jedoch kaum ermutigt. Oft entsteht daher der Eindruck, temperamentvolles Verhalten und Kampfbereitschaft seien nicht wirklich erwünscht. Allerdings hinterlässt ein gewonnener Wettbewerb, eine erbrachte Leistung nicht das erwartete befriedigende

Siegesgefühl. Später wird es zunehmend schwieriger, die Früchte des erbrachten Einsatzes zu ernten. Temperamentvolle Ausbrüche stoßen auf Unverständnis, instinktive Reaktionen laufen ins Leere – die Welt und die anderen scheinen die eigenen Impulse nicht zur Kenntnis zu nehmen, nicht zu würdigen. Trotziges Aufbegehren, vermehrte Leistung und Kampfbereitschaft bringen auch nicht die erhofften Resultate.

Lernaufgabe:
Es gilt, die Verhaltensweisen eines Diplomaten zu erlernen. Eine objektive Haltung, welche andere Sichtweisen miteinbezieht, Fairness und Gerechtigkeit im Sinne einer Balance der Kräfte, Verhandlungsbereitschaft und Konsensfähigkeit sind gefragt. Anstelle von unmittelbarem Engagement, impulsiven Taten und der Identifikation mit dem, was persönlich wichtig ist, gilt es, Distanz zum Geschehen zu entwickeln, die Fähigkeit zu erlangen, offen und unvoreingenommen zu beobachten sowie das Zuhören zu lernen. Konsensfähigkeit anstelle von Wettbewerb, Eleganz anstelle von Kraft sind weitere Eigenschaften, die geübt und erworben werden wollen. Für diese Menschen ist es wichtig zu erkennen, dass auch Verständigung und Kompromisse zum Ziel führen, dass es sich lohnen kann, andere Sichtweisen in Betracht zu ziehen.

Der Planet **Venus** im Horoskop gibt weitere Hinweise darüber, wo und in welcher Weise diese Fähigkeiten erlernt werden können. Beziehungen spielen auf diesem Weg eine nicht zu unterschätzende Rolle.

Balance:
Wenn die Bereitschaft vorhanden ist, zuerst zuzuhören und dann zu handeln, bei widersprüchlichen Haltungen und Gegensätzen auch nach Gemeinsamkeiten zu suchen, Frieden und Harmonie als Werte zu schätzen, dann werden Spontaneität, Leistungsbereitschaft und Kampfeslust zu Qualitäten, die in einer konstruktiven Weise eingebracht werden können. Die eigenen Instinkte und Impulse können dann angemessen zum Ausdruck kommen, gezähmt durch die Fähigkeit, andere Energien miteinzubeziehen und ein gesundes Gleichgewicht der Kräfte zu schaffen.

Absteigender Mondknoten in Waage/ aufsteigender Mondknoten in Widder

Mitgebrachte Verhaltensmuster:

Diese Menschen suchen nach Harmonie und Ausgleich. Spannungen jeder Art ertragen sie schlecht, Frieden und gegenseitiges Verständnis stehen im Zentrum ihrer Aufmerksamkeit. Um diese zu erlangen, tun sie vieles, zeigen sich kompromissbereit und offen – oft unter Verleugnung der eigenen Impulse und Interessen. Sie besitzen einen natürlichen Sinn für Gleichgewicht und Fairness und achten darauf, dass immer alle Beteiligten zum Zug kommen. Am liebsten sind sie in der Position eines Mediators, versuchen bei Konflikten zwischen den Beteiligten zu vermitteln und dabei eine objektive Position einzunehmen. Der Welt und den Menschen gegenüber zeigen sie eine offene und freundliche, jedoch etwas distanzierte Haltung. Da sie grundsätzlich immer beide Seiten sehen und abwägen, ergreifen sie ungern Partei und tun sich auch schwer mit klaren Entscheidungen.

Als Kinder sind sie charmant und anpassungsbereit und versuchen es allen Menschen recht zu machen. Wettbewerbe und allzu wilde Spiele sind nicht ihre Sache, sie beschäftigen sich lieber mit schönen Dingen. Auch aus Streitigkeiten halten sie sich, wenn möglich, heraus oder versuchen zu schlichten – oft geraten sie dadurch allerdings zwischen die Fronten.

Der Planet **Venus** im Horoskop zeigt, in welcher Weise und mit welchen Mitteln versucht wird, die so bedeutsame Harmonie zu gewinnen.

Inneres Bild:

Harmonie und Fairness stehen über allem. Es ist wichtig eine neutrale und objektive Haltung einzunehmen, um das Leben zu verstehen. Schnelle Entscheidungen verbauen die bestehenden Möglichkeiten, Impulsivität gefährdet den Frieden.

Effekt:

Oft bleiben in der Kindheit die erhoffte Zuwendung und Bestätigung für die demonstrative Freundlichkeit aus. Das Bedürfnis zu gefallen stößt auf wenig Echo. Später finden sich diese Menschen dann ungewollt in der Position eines Einzelkämpfers wieder, erleben, dass ihre

Bemühungen Ausgleich zu schaffen und zwischen anderen, zu vermitteln kaum Erfolg haben. Im Gegenteil: Bestehende Spannungen verschärfen sich und die Aggressionen richten sich im Extremfall gegen sie. Sie erleben, dass ihre objektiv vermittelnde Art, ihre Versuche, fair und gerecht zu sein, als mangelndes Engagement gedeutet werden. Ihr Abwägen und Vergleichen, als Unentschiedenheit interpretiert, rufen Ablehnung hervor.

Lernaufgabe:

Hier gilt es, persönlich und spontan zu werden, sich zu engagieren, bereit zu sein, sich für die eigenen Anliegen einzusetzen. Unmittelbares Engagement ist gefragt. Die eigenen Instinkte wollen wahr- und ernstgenommen werden. Kämpferisches Verhalten, Durchsetzung und Reibung sollen als Qualitäten erkannt werden, die die notwenige Würze im Leben darstellen. Es gilt, Streitkultur zu erlernen und die Lust und Freude kennenzulernen, die ein (fairer) Kampf bringen kann.

Auch die Fähigkeit, Entscheidungen zu fällen und diese danach auch zu vertreten, ist gefragt und soll geübt werden. Immer wieder geht es darum, dem Leben mit Lust und Freude zu begegnen, sich mit Haut und Haar für etwas einzusetzen und anstelle der gewohnten Distanz und Neutralität persönlichen Einsatz und eigene Impulsivität zu setzen. Der Umgang mit Ärger und Aggression will erlernt werden.

Der **Mars** im Horoskop zeigt an, welche Durchsetzungsinstrumente zur Verfügung stehen, was als Entscheidungshilfe dienen kann.

Balance:

Sie entsteht, wenn die eigenen Instinkte und Impulse erkannt und genutzt werden, die Bereitschaft vorhanden ist, wo nötig klare Entscheidungen zu fällen und sich für die eigenen Interessen auch einzusetzen. Man erlebt sie, wenn Konflikte und Auseinandersetzungen nicht mehr vermieden, sondern als legales und durchaus nützliches Mittel für die Klärung von Spannungen gesehen und gepflegt werden. Wenn es gelingt, bewusst und gezielt zu handeln und die eigene Durchsetzungskraft zu schulen, werden die vermittelnden, diplomatischen Fähigkeiten zu Qualitäten, die gezielt eingesetzt werden können. So wird es möglich – im Wechselspiel zwischen lebendigem Eigenausdruck und objektiver Betrachtung –, dem Leben zu begegnen. Harmonie wird dann als Endprodukt von ausgetragenen Spannungen erlebt, Schönheit als lebendiger, gestalterischer Prozess. Dann können diese Menschen auch wieder mit ihrem natürlichen Charme bezaubern.

Die Mondknoten in Stier/Skorpion

Bei dieser Mondknotenachse geht es um die Beschäftigung mit dem Kontrast zwischen der konkreten, durch die Sinne fassbaren Welt und dem Verborgenen, Tiefgründigen, Erspür- oder Erahnbaren. Die Themen Sicherheit, Werte und Wandel, Aufnehmen und Abgeben, Eigenständigkeit und Abhängigkeit, Festigen, Bewahren und Zerstören, Besitzen und Kontrollieren sind dieser Achse zugeordnet. Zudem gilt es, im Spannungsfeld zwischen nüchterner Sachlichkeit und intensivem emotionalen Engagement, sinnlichem Lebensgenuss und leidenschaftlicher Dramatik eine gesunde Balance zu finden.

Absteigender Mondknoten im Stier/ Aufsteigender Mondknoten im Skorpion

Mitgebrachte Verhaltensmuster:
Diese Menschen haben eine starke Beziehung zur konkreten Realität, zu allem, was mit den Sinnen erfassbar ist. Ihr Körper, die Materie und die Natur sind ihnen wichtig und erhalten viel Aufmerksamkeit. Auch ihr Sinn für Schönes und Qualität ist ausgeprägt – vor allem da, wo es um natürliche Formen und echte Substanz geht.

Sie sind eigentliche Sammler, geübt darin, Werte zu erkennen, zu erwerben und zu erhalten. Etwas in Besitz zu nehmen, es zu hegen und zu pflegen ist Teil ihrer Natur. Wenn ihnen etwas gefällt, arbeiten sie geduldig darauf hin, es zu erlangen, um es dann in stiller Freude zu genießen. Sie legen auch großen Wert auf Sicherheit, wenden viel Energie und Ausdauer darauf, einen einmal erreichten Status quo zu erhalten, das Erschaffene und Erworbene vor Fremdeinflüssen und Veränderung zu bewahren. Ihr Beharrungsvermögen ist außerordentlich, ihre Ausdauer ebenso. Etwas abzugeben oder gar zu zerstören ist jedoch nicht ihre Sache, die Angst vor Verlusten veranlasst sie dazu, Risiken jeder Art zu scheuen.

Es ist ihnen auch wichtig, ihr Eigenes zu wahren und in Ruhe gelassen zu werden. In Bedrängnis oder unter Druck reagieren sie mit sturem Beharren. Als Kinder sind sie liebevoll und zärtlich, begegnen allem Neuen abwartend und lassen sich ungern auf Fremdes ein. Sie verteidigen ihren Raum, ihren Besitz und alles, was sie lieben, mit viel Beharrlichkeit – und tun sich schwer mit der Tatsache, dass die Welt um sie herum sich immer wieder wandelt.

Die **Venus** im Horoskop beschreibt, welche Werte besondere Bedeutung haben, was gesammelt oder in Besitz genommen wird, wo und mit welchen Mitteln Sicherheit gesucht wird.

Inneres Bild:

Leben heißt, natürliche Schönheit genießen, sich auf sichere Werte verlassen können; Beständigkeit und Loyalität gehen vor, selbst wenn dabei Entwicklungsmöglichkeiten auf der Strecke bleiben.

Effekt:

Schon in der Kindheit zeigen erste Erfahrungen, dass die vorhandene Begabung für Schönes nicht immer ein positives Echo hervorruft, und nicht alle Bemühungen um Sicherung des Bestehenden fruchten. Später zeigt die Erfahrung, dass angesammelte Besitztümer verloren gehen oder zum Hindernis und Ballast werden können. Die Umwelt neigt dazu, die große Beharrlichkeit wenig zu schätzen. Versuche, etwas zu bewahren, enden oft in einer Sackgasse, weitere Entwicklungsmöglichkeiten scheinen dann blockiert.

Die so gut entwickelte Fähigkeit, ein Thema sachlich und pragmatisch anzugehen und das Sinnliche und Sinnenhafte zu genießen, ist nicht so gefragt, stößt sogar auf Widerstand und wird als Provokation erlebt. Immer wieder verhindert das Schicksal, dass die einmal gesicherten Werte bewahrt werden können, zwingt dazu loszulassen.

Lernaufgabe:

Es gilt zwei Dinge zu lernen. Zum einen will die Welt der Gefühle, der Leidenschaften und des Begehrens vermehrt Aufmerksamkeit. Der sichere Boden der Wirklichkeit soll verlassen werden, um wie ein

Turmspringer in die tiefen und unklaren Wasser der Emotionen einzutauchen, sich berühren und bewegen zu lassen. Anstelle einer pragmatischen, abwartenden Haltung, die dazu neigt, ein Problem auszusitzen, ist Einlassen ins Geschehen, Zulassen von Instinkten und Trieben gefragt sowie die Bereitschaft, sich den Abgründen der Seele, der Dramatik des Lebens zu stellen. Tabus zu brechen, Verborgenes ans Licht zu holen, den inneren Tiefen und Leidenschaften Ausdruck zu verleihen, ist wichtig.

Zum anderen soll der Wandel zum Risiko geschult werden. Vorhandene Sicherheiten und vertraute Werte wollen aufgegeben und losgelassen werden, um Raum für Neues zu schaffen. Der Mut zur Veränderung und Erneuerung im Vertrauen auf die Kräfte des Lebens ist gefragt.

Die Stellungen von **Mars** und **Pluto** im Horoskop zeigen auf, in welcher Weise diese Prozesse angegangen werden können, wo die Herausforderungen und Mutproben liegen.

Balance:

Wenn der Mut vorhanden ist, sich den alchemistischen Prozessen der Seele zu stellen, Bereitschaft und Fähigkeit erworben sind, sich emotional zu engagieren und berühren zu lassen, dann können die vorhandenen pragmatischen Talente in einer ganz neuen Weise genutzt werden.

Wenn Leidenschaften sein dürfen, wenn die inneren und äußeren Abgründe zugelassen werden, hat auch der sichere Boden der Wirklichkeit einen Platz, kann die Welt der Sinne und der Sinnlichkeit in ganz neuer Weise entdeckt werden. Ein sicheres »Bauchgefühl« ergänzt die praktische und vernünftige Einschätzung der Realität, Werte erhalten eine neue, umfassendere Dimension. Es wird möglich abzuschätzen, wo Wandel angesagt ist, wann es darum geht, etwas Altes loszulassen, um Energie für den weiteren Weg zu gewinnen, und wo es möglich ist, etwas Kostbares und Wichtiges zu bewahren.

Es zeigt sich immer wieder, dass der Mut zum Risiko belohnt wird, die Dinge, die echt, lebendig und wesentlich sind, nicht verloren gehen, sondern sogar gewinnen und wachsen.

Absteigender Mondknoten im Skorpion/
Aufsteigender Mondknoten im Stier

Mitgebrachte Verhaltensmuster:
Diese Menschen leben in einer Welt voll von leidenschaftlichen Gefühlen. Intensität ist ihr Lebensmotto. Selbst wenn sie nach außen kontrolliert und ruhig wirken, brodeln in ihrer Tiefe die Emotionen. Sie nicht zu zeigen, ist ein Schutzmechanismus. Normalität erleben sie als langweilig und uninteressant, was keine Tiefe beinhaltet, scheint ihnen unwesentlich und unwichtig. Alles, was sie wahrnehmen, stellen sie zunächst infrage, suchen nach dem Kern einer Sache, forschen nach den verborgenen Hintergründen des Sichtbaren. Ihrem Wesen sind Krisen und Dramen vertraut, manchmal scheinen sie diese unbewusst zu suchen oder heraufzubeschwören, da sie sich nur so wirklich lebendig fühlen. Gleichfluss der Dinge und Beständigkeit sind ihnen suspekt, ebenso eine gelassene Haltung.

Bevor sie etwas nicht auf Herz und Nieren geprüft haben, trauen sie nichts und niemandem. Entsprechend lieben sie es, andere zu provozieren und herauszufordern, die Schwachstellen zu finden und die verborgenen Ängste anzusprechen. Da sie selbst in dieser Welt der Tiefe und des ständigen Wandels zu Hause sind, ist es für sie unverständlich, dass es so etwas wie ein sicheres Lebensgefühl gibt. Sie verlassen sich lieber auf ihre Fähigkeit zu überleben und durch Kontrolle sowie eiserne Disziplin und Perfektion sich selbst und die Umwelt zu beherrschen, als mit der Loyalität der anderen und der Beständigkeit einer Sache zu rechnen sowie auf die natürlichen Talente und die Gaben der Natur zu vertrauen.

In der Kindheit sind sie entweder voller leidenschaftlicher Gefühle, absolut in ihrer Zuwendung und Abneigung oder – voller Ängste – mit einer Welt in Kontakt, die den normalen Augen verborgen ist.

Die Stellungen von **Mars** und **Pluto** im Horoskop zeigen auf, wo der Überlebenskampf stattfindet, wo Kraft und Leidenschaft vor allem zum Ausdruck kommen.

Inneres Bild:
Das Leben ist ein Kampf ums Überleben, voller Abgründe und Leidenschaften. Nichts ist sicher, alles ist im Wandel. Innere Kraft und Stärke, Selbstkontrolle und die Fähigkeit, Schwächen anderer zu se-

hen und zu nutzen, sind notwendige Schutzmechanismen, um zu bestehen. Im Zweifelsfall wird lieber alles zerstört, als in Abhängigkeit zu geraten.

Effekt:

Schon als Kind erleben diese Menschen, dass nicht jeder ihre Leidenschaften versteht, dass ihre Dramatik auf Unverständnis stößt oder gar dazu führt, dass sich andere distanzieren. Später erfahren sie immer wieder, wie ihre Fähigkeit, andere zu durchschauen, ihre Tendenz zu provozieren und infrage zu stellen, Ablehnung hervorruft oder andere in die Flucht schlägt.

Noch ein Verhalten, das diesem Zeichen zugeordnet wird, trägt wenig Früchte: Der Versuch, andere von sich abhängig zu machen, sie emotional an sich zu binden oder zu kontrollieren. Sehr oft scheitern diese Menschen am Widerstand der anderen. Machtgefühle und Sicherheit als Resultat von Selbstkontrolle und Leistung können sich schnell in Ohnmacht wandeln, wenn die Umwelt darauf nicht reagiert oder sich gar entzieht.

Lernaufgabe:

Hier ist es wichtig, Vertrauen zu lernen, sich mit der realen, fassbaren Welt zu beschäftigen, die physischen Sinne zu schulen. Der Wert der Materie will anerkannt, die körperliche Realität und die damit verbundenen Empfindungen und Genüsse wollen erfahren werden. Stabilität und Sicherheit sind als Chance für ein organisches Wachstum ebenso zu schätzen wie die vertraute Erfahrung, dass Krisen und Abschied das einzige Verlässliche im Leben sind.

Auch die Natur in ihrer Schönheit, die Welt der Sinne und die natürlicherweise zur Verfügung stehenden Gaben und Talente wollen einen Platz im Lebensplan. Ruhe, Gelassenheit und die Bereitschaft, ohne großes Aufheben einfach da zu sein, sind weitere zu erlernende Eigenschaften. Das Thema Loyalität will als etwas erfahren werden, das nichts mit Abhängigkeit oder Kontrolle zu tun hat. Beständigkeit und Ausdauer sind ebenfalls Qualitäten, die es zu lernen gilt.

Die Stellung der **Venus** gibt weitere Auskünfte darüber, in welcher Weise Vertrauen ins Leben und dessen Wertschätzung aufgebaut werden können.

Balance:

Wenn es gelingt, Vertrauen ins reale Leben zu haben, das, was es bietet, zu genießen, sich auf die Welt der Materie und der Sinne einzulassen – dann erhält die vorhandene Leidenschaft und Seelentiefe einen Boden, auf dem eine fruchtbare Gefühls- und Beziehungswelt aufgebaut werden kann. Es wird möglich, eine Stabilität zu finden, die nicht einengt, sondern unterstützt und fördert. Echte Treue wird dann zu einer erfüllenden Erfahrung, und es zeigt sich, dass es auch im steten Wandel bleibende Werte gibt.

Dann ist die Fähigkeit vorhanden, der realen (Ober-)Welt mit ebenso viel Selbstsicherheit und Zuversicht zu begegnen wie der verborgenen, jedoch sehr vertrauten emotionalen (Unter-)Welt. Leidenschaft wird zu Lust und Freude, schöpferisch und bereichernd – anstatt zu bedrohen und zu zerstören.

Die Mondknoten in Zwillinge/Schütze

Bei dieser Mondknotenachse geht es um die Welt des Lernens, des Wissens und der Bildung. Soziale Kontakte und kulturelle Prägungen, leichtfüßige Anpassung und engagierte Meinung, spielerische Vielfalt einerseits und eine eindeutige Haltung andererseits gehören zu den Themen, die mit dieser Achse aktuell werden.

Der Kontrast zwischen sachlicher Information und gültiger Wahrheit, der Offenheit für alles und der Suche nach dem Richtigen ist ein weiterer Spannungsbogen dieser Achse. Es gilt, eine Balance zu finden zwischen wertfreiem, beschreibendem Verhalten, welches das Gehörte und Erfahrene weiterverbreitet, und einem klar definierten Verständnis von Richtig und Falsch, Gut und Böse.

Auch die Fähigkeit zur Freude am Kleinen, Alltäglichen und das Streben nach Wachstum, Entwicklung und Erfolg wollen in ein Gleichgewicht gebracht werden.

Absteigender Mondknoten in Zwillinge/ Aufsteigender Mondknoten in Schütze

Mitgebrachte Verhaltensmuster:

Diese Menschen begegnen der Welt in einer offenen, verspielten und von Neugier geprägten Haltung. Sie suchen den Kontakt zu anderen Menschen, wollen mitreden, erzählen gerne, was sie gehört und gesehen haben. Es liegt ihnen viel daran, von allen akzeptiert zu werden, überall dabei zu sein, überall mitzumachen.

Ihre Neugier ist groß, sie interessieren sich für vieles und sind ein Fundus an Informationen, die sie bereitwillig mit allen teilen.

Sie lassen auch gerne ihren Charme spielen, zeigen sich überaus anpassungsfähig und sind imstande, die gefragten Verhaltensweisen einer sozialen Schicht sehr schnell zu erlernen. Sie sind auch Multitalente – lieben es, sich mit mehreren Dingen gleichzeitig zu beschäftigen, lassen sich durch das in einem Bereich Erfahrene inspirieren, um es dann gleich in einem anderen anzuwenden.

Bereits als Kinder fallen sie durch ihre Neugier, die vielen Fragen und die große Kontaktfreude auf. Alleinsein ist nicht ihre Sache, sie tun sich auch schwer mit Ruhe, suchen immer wieder Stimulation und geistige Anregung. Allerdings haben sie Mühe mit Situationen, in denen es darum geht, sich für etwas zu entscheiden, sich auf eine Richtung festzulegen, sich wirklich zu engagieren. Ihre Leichtigkeit mag dann als Oberflächlichkeit erscheinen, ihre Vielfalt als Verzettelung und ihre Offenheit als Unentschiedenheit.

Der **Merkur** im Horoskop zeigt an, welche Themen und Bereiche von besonderem Interesse sind und in welcher Weise Kontakte geknüpft und neue Inhalte aufgenommen werden.

Inneres Bild:

Die Welt ist wie ein Spiel voller interessanter Möglichkeiten. Möglichst viel zu lernen und zu erfahren, überall mitzumachen und dabei zu sein ist wichtig. Mit Charme und Anpassungsgabe kommt man am weitesten.

Effekt:

Schon in der Kindheit müssen diese Menschen erfahren, dass ihre lockere und charmante Art nicht in jedem Fall Anklang findet. Ihr

Drang, alles zu erfahren und über das zu reden, was gerade »in« ist, stößt mit zunehmendem Alter immer öfter auf Ablehnung. Ihr Wissen wird nicht wirklich geschätzt und ihre neugierigen Fragen oft als lästig abgewehrt. Mit der Zeit zeigt sich immer mehr, dass auch viele Informationen nicht wirklichen Fortschritt und Entwicklung ermöglichen, dass die Vielfalt der Möglichkeiten dem Erlernen des wirklich Wesentlichen und Wichtigen im Leben im Weg steht.

Lernaufgabe:

Hier gilt es, aus der Betrachter- und Spielerrolle herauszutreten und sich ernsthaft zu engagieren. Eine eigene Haltung und Ausrichtung ist gefragt sowie die Fähigkeit, bei der Vielfalt der Möglichkeiten den Überblick zu behalten und das Wesentliche herauszupicken.

Anstelle der neutralen Freundlichkeit ist Begeisterung nötig, und anstatt eines spielerischen Erkundens zielgerichtetes Vorgehen. Es ist wichtig, sich für etwas zu entscheiden und sich dann auch dazu zu bekennen, sich etwas vorzunehmen und dann Wege zu suchen und zu finden, um es auch zu erreichen. Die Beschäftigung mit der Frage, was richtig sei, und die Bereitschaft, zielstrebig und bewusst eigene Wege zu gehen, ist ebenso wichtig für diesen Weg wie die Schulung der Fähigkeit, aus dem Vorhandenen das Beste zu machen, und eine klare Haltung und Meinung zu wichtigen Lebensfragen zu finden.

Die Auseinandersetzung mit anderen Kulturen, mit Philosophie und Lebenskünstlern erlaubt es, ein eigenes Weltbild zu erlangen.

Gedanken über Recht und Unrecht, das Erkennen und Vertreten der eigenen Wahrheit sind weitere wichtige Lernschritte auf diesem Weg.

Die Stellung des **Jupiter** im Horoskop zeigt, welche Inhalte und Themen auf dem Weg der eigenen Sinnfindung eine Rolle spielen und wie echtes Feuer und Überzeugungskraft erworben werden können.

Balance:

Wenn die Bereitschaft vorhanden ist, sich mit ganzem Herzen für eine Sache zu engagieren und sich eine eigene Meinung zu bilden, wird es möglich, die vorhandenen vielfältigen Interessen und Begabungen sinnvoll einzusetzen. Die Fähigkeit zu unterscheiden zwischen wichtig und unwichtig, wahr und unwahr, richtig und falsch, erlaubt einen neuen Umgang mit all dem vorhandenen Wissen. Wenn eine persönliche Haltung und Enthusiasmus sich zu Freundlichkeit und Charme gesellen, ergibt sich echtes Charisma.

Wenn der Mut vorhanden ist, einen eigenen Weg zu verfolgen, ungeachtet der Meinung der anderen, zeigt sich, dass die vorhandenen Kontakte zwar unter Umständen etwas weniger werden, dafür aber echter und lebendiger.

Absteigender Mondknoten in Schütze/
Aufsteigender Mondknoten in Zwillinge:

Mitgebrachte Verhaltensmuster:
Diese Menschen begegnen der Welt mit einem klaren Verständnis für Richtig und Falsch. Sie sind engagiert und begeisterungsfähig, verfügen meist auch über ein klares Selbstverständnis und damit verbundene Ansprüche an sich und die Umwelt. Freiheit, Großzügigkeit und Toleranz sind für sie keine Schlagworte, sondern wesentliche Bestandteile ihres Lebens. Sie wollen vorwärtskommen, etwas im Leben erreichen, sich weiterentwickeln. Ansehen, Erfolg und Bedeutung sind für sie wichtig. Dabei kann es sich ebenso um gesellschaftliche Bereiche wie um geistige Aspekte handeln.

Bildung, Kultur, Religion oder Philosophie und Gerechtigkeit spielen meist eine zentrale Rolle in ihrem Leben, wobei sie meist eine klare Vorstellung davon haben, wie die Welt aussehen sollte und was wahr und richtig ist. Entsprechend urteilen sie sowohl über das Geschehen als auch über andere Menschen.

Wenn sie sich für etwas begeistern, verfolgen sie es mit Feuer und Flamme. Eine Meinung zu haben ist für sie selbstverständlich, in der Regel vertreten sie diese mit Nachdruck. Es ist ihnen ein Anliegen, dass auch andere ihre Ansichten teilen. Zu diesem Zweck entwickeln sie beträchtliche Überzeugungskraft, manchmal beinahe missionarische Züge. Wenn sie selbst keinen Mut oder keine Möglichkeit haben, die ihnen eigentlich entsprechende Führungsrolle zu übernehmen, suchen sie einen anderen Menschen, der ihr Lehrer, Vorbild oder Idol sein kann, und versuchen dann, diesem in allem nachzueifern. Auch wenn sie etwas als Unrecht oder ungerecht empfinden, reagieren sie heftig.

In der Kindheit kommt ihre wilde und freiheitsbedürftige Seite besonders stark zum Ausdruck, sie lassen sich nur widerwillig einschränken, übernehmen gerne eine Anführerrolle oder orientieren sich an Heldenfiguren. Immer wieder müssen sie jedoch erfahren, dass ihre Sicht der Dinge nicht von allen akzeptiert wird.

Die Stellung des **Jupiter** im Horoskop gibt Hinweise über die Art des Strebens, die Themen und Bereiche, die in der eigenen Entwicklung, dem eigenen Selbstverständnis eine wichtige Rolle spielen.

Inneres Bild:
Es gibt eine höhere Gerechtigkeit in der Welt. Wer die Wahrheit findet, den rechten Weg geht, dem ist Erfolg und Ansehen beschieden.

Effekt:
Schon in der Kindheit erleben diese Menschen, dass die Welt und die Menschen sich nicht unbedingt gemäß ihrem Weltbild verhalten. Ihr Sinn für Recht und Gerechtigkeit wird immer wieder strapaziert, und der Eifer, mit dem sie ihre Wahrheiten vertreten, kommt nicht bei allen gut an.

Später können ganz unterschiedliche Erfahrungen für Frustrationen in Bezug auf die eigenen Vorstellungen und Ideale sorgen. Z. B. wenn andere zu Ansehen und Bedeutung gelangen, die nach eigener Auffassung nicht dazu berechtigt wären, während die eigenen Ansprüche wenig Beachtung finden. Oder wenn Versuche, die Mitmenschen von der eigenen Sichtweise zu überzeugen, auf Unverständnis oder gar Widerstand treffen. Andererseits wird oft die frustrierende Erfahrung gemacht, dass es nicht möglich ist, das eigene Leben so zu führen, wie es dem inneren Ideal entspricht. Verbissene Anstrengungen, es »richtig« zu machen, führen zunehmend in die Isolation und Verbitterung.

Lernaufgabe:
Hier gilt es, dem Leben und der Welt gegenüber eine offenere Haltung einzunehmen. Anstatt sich mit Haut und Haar für die eigene Wahrheit zu engagieren, ist etwas mehr Distanz und Leichtigkeit gefragt. Die Fähigkeit, das eigene Verhalten und das der anderen ohne den Filter von Urteilen und Konzepten wahrzunehmen, ist gefragt. Auch sollte man lernen, unbefangen zu fragen und unvoreingenommen zuzuhören, locker zu werden im Umgang mit anderen.

Wertfreies Betrachten, spielerisches Ausprobieren, Neugierde für das, was kommt, ohne eine bestimmte Erwartung, sind weitere Lernaufgaben. An den Platz eines feststehenden Weltbildes sollte die Vielfalt der Möglichkeiten treten. Statt von Richtig und Falsch zu sprechen, ist die Erkenntnis wichtig, dass es viele Varianten und Schattierungen gibt.

Ferner will auch erlernt und erfahren werden, dass die ganz einfachen Dinge genauso gewichtig sein können wie die großen Wahrheiten und Errungenschaften. Begegnungen auf Augenhöhe, Interesse für das Unbekannte, Lesen zum Vergnügen und Formulieren aus Freude am Ausdruck sind gute Möglichkeiten, sich mit diesen Eigenschaften auseinanderzusetzen.

Der **Merkur** im Horoskop gibt Hinweise darauf, welche Kontakte auf diesem Weg hilfreich sein können, wie die Verständigung mit anderen aussehen kann, welche Hilfsmittel das Erlernen von Neuem unterstützen.

Balance:

Wenn es gelingt, die Welt ohne die gewohnte »Brille« zu betrachten, wenn die Bereitschaft vorhanden ist, auszuprobieren, sich mit Themen zu beschäftigen, die auf den ersten Blick keinen Sinn machen und wenig versprechen, können die so gemachten Erfahrungen das eigene Weltbild erweitern und das bereits vorhandene Wissen in einen neuen Kontext stellen. Dann gelingt es, engagiertes Auftreten, überzeugende Bilder und wichtige Wahrheiten in einer Art und Weise zu kommunizieren, die von den anderen verstanden und akzeptiert wird. Unverbindliche Kontakte können sich dann als wertvoll für die eigene Weiterentwicklung erweisen.

Je offener die eigene Haltung, umso klarer wird der eigene Weg. Je weniger Ansprüche, umso mehr ist zu gewinnen – eine neue spielerische Leichtigkeit ergänzt den vorhandenen Eifer, bringt das erhoffte Ansehen und schafft letztlich die Gelegenheit, die eigenen Einsichten zu vertreten und weiterzugeben.

Die Mondknoten in Krebs/Steinbock

Bei dieser Achse geht es um Eltern- und Kindrollen – all das, was für eine gesunde Entwicklung nötig ist. Die Welt der Gefühle und die damit verbundenen Bedürfnisse und Prägungen begegnen der äußeren Realität, den dort vorhandenen Strukturen, Regeln und Grenzen. Kindliche Zärtlichkeit, liebevolle Zuwendung und Fürsorge sollen im Ausgleich stehen zu (Selbst-)Disziplin, Haltung und klar definierten Ordnungen.

Vertrauen, Geborgenheit und Abhängigkeit von anderen einerseits, Eigenständigkeit, Verantwortung und Konsequenz andererseits sind weitere sich ergänzende und kontrastierende Themen. Es gilt einen Weg zu finden, wo das Bedürfnis nach Zugehörigkeit, die Befriedigung aller zutiefst menschlichen Bedürfnisse nach Nähe, Nahrung, Sicherheit und Wärme ebenso Raum erhält wie die Fähigkeit, sich auf das Wesentliche zu beschränken, sich auch anspruchsvollen Aufgaben zu widmen, Geduld, Ausdauer und Willensstärke zu beweisen.

Absteigender Mondknoten im Krebs/ Aufsteigender Mondknoten im Steinbock

Mitgebrachte Verhaltensmuster:

Bei diesen Menschen nimmt die Welt der Gefühle und aller damit verbundenen Bedürfnisse und Prägungen eine wichtige Rolle ein. Sie reagieren stark auf alles, was in ihrem Umfeld vorgeht, fühlen sich unmittelbar vom Geschehen betroffen. Seelische Prozesse jeder Art erhalten viel Aufmerksamkeit. Nähren und genährt werden, sorgen und umsorgt werden sind in ihrem Leben zentrale Themen. Ihr Verhalten ist stark von ihrer subjektiven Befindlichkeit geprägt, bewegt sich von fröhlich und überschwänglich bis zu verschlossen und schmollend und kann schnell wechseln.

Es ist ihnen sehr wichtig, zugehörig, akzeptiert oder noch besser, geliebt zu werden. Zuwendung ist für sie unverzichtbare Seelennahrung, und sie tun viel, um diese zu erlangen.

Zwei verschiedene Verhaltensmuster kommen dabei zum Zug. Sie können eine kindliche Haltung einnehmen und versuchen die Welt mit ihrem Charme zu gewinnen, aber auch an die Beschützerinstinkte anderer zu appellieren, in der Hoffnung und Erwartung, auf diese Weise die so wichtige Nähe und Liebe zu erlangen.

Ebenso kann auch eine fürsorgliche Rolle übernommen werden. In diesem Fall gilt die Aufmerksamkeit dem Wohlbefinden der anderen, der Befriedigung von deren Anliegen und Bedürfnissen. Dies geschieht in einer Weise, die den eigenen Mustern und Bedürfnissen entspricht.

Es bereitet ihnen Mühe, Grenzen zu akzeptieren und sich damit abzufinden, dass nicht jeder sie mag. In solchen Momenten strengen sie sich besonders an, um zu gefallen, sind dabei durchaus bereit, ihre übrigen Anliegen und ihre Selbstständigkeit zu opfern. Am liebsten wäre ihnen, wenn ihr Leben in einer kuscheligen, heilen Welt stattfände – mit Menschen, die liebevoll mit ihnen umgehen und sie so akzeptieren, wie sie sind.

Der **Mond** im Horoskop beschreibt die Gefühlsmuster und das sich daraus ergebende Verhalten. Er zeigt auf, welche Bedürfnisse besonders bedeutend sind, welche Form der Zuwendung gesucht wird und in welcher Weise die eigene Fürsorglichkeit zum Ausdruck kommt.

Inneres Bild:

Geborgenheit und Zugehörigkeit sind alles. Der Verlust der Verbundenheit mit der Gemeinschaft bedeutet höchste Bedrohung – führt zu Absturz und Verlorenheit. Alles, was zu Trennung und Ausgeschlossensein beitragen könnte, muss vermieden werden.

Effekt:

Schon in der Kindheit machen diese Menschen immer wieder die Erfahrung, dass sie die ihnen so wichtige Zuwendung nicht immer so erhalten, wie sie sich dies wünschen. Selbst wenn sich jemand um sie kümmert, geschieht dies in einer Art, die nicht wirklich befriedigt. Ihre Versuche, Liebe zu erlangen, werden übersehen oder abgewehrt.

Später erleben sie immer wieder, dass ihre liebevolle, zärtliche oder fürsorgliche Art in anderen Widerstand und Ablehnung weckt, andere ihre Gesten nicht wirklich schätzen, auf ihre Bemühungen mit Gleichgültigkeit und Distanz reagieren. Je stärker der Drang nach Zugehörigkeit ist, umso häufiger ist die Erfahrung, ausgeschlossen zu werden. Je größer die Anstrengung und das Bemühen ist, für andere da zu sein, ihnen das zu geben, was sie vermeintlich brauchen, umso frustrierender wird die Erfahrung, dass die Welt diese Gesten nicht schätzt.

Lernaufgabe:

Hier geht es darum, im besten Sinne erwachsen zu werden, Verantwortung für sich selbst und das eigene Leben zu übernehmen, anstatt nach den anderen und deren Zuwendung zu schielen. Eigenständigkeit will erlernt werden – die Fähigkeit, auf eigenen Füßen zu stehen und sich in der Welt zu behaupten. Anstelle von liebevollem und fürsorglichem Verhalten oder dem Appell an die Gefühle anderer, in der Hoffnung, so Nähe zu erlangen, gilt es zu erkennen, dass Zurückhaltung und eine gewisse Distanz nötig sind, wenn sich die eigenen Bedürfnisse melden. Das Bedürfnis anderer, Abstand zu halten, will respektiert werden.

Immer wieder geht es auch darum, sich von den (vermeintlichen oder echten) Ansprüchen anderer abzugrenzen. Die eigenen kindlichen Impulse wollen zwar ernst genommen, jedoch sorgsam gezügelt werden. Es gilt, die Welt und ihre Regeln, Strukturen, Gesetze und Grenzen kennenzulernen, sie zu lernen, um darin zu bestehen. Selbstdisziplin und Geduld sind ebenso wichtig wie die Fähigkeit und der Wille, ein angestrebtes Ziel mit Ausdauer zu verfolgen. Es geht darum, das eigene Leben selbst zu strukturieren, eigene Rituale zu kreieren und dadurch eine organische Lebensordnung zu gestalten.

Die Stellung des **Saturn** im Horoskop verdeutlicht, wo Disziplin und Struktur gefragt sind, welche Aufgaben und Hemmnisse behilflich sein können, die eigene Willenskraft und Ausdauer zu trainieren. Sie verdeutlicht in welchen Bereichen vorhandene Grenzen, Schatten und Ängste wahrgenommen werden sollen, um sich ihnen zu stellen.

Balance:

Wenn die Bereitschaft vorhanden ist, dem Leben und seinen Herausforderungen selbstständig und verantwortungsvoll zu begegnen, finden auch die eher kindlichen Bedürfnisse wieder Raum. Wenn es möglich ist, auf eigenen Füßen zu stehen und die vorhandenen Grenzen und Regeln respektiert werden, fällt es leichter, Orte und Menschen zu finden, bei denen Nähe, Vertrautheit und liebevolle Zuwendung in einer gesunden Weise erlebt werden können.

Wenn die vorhandenen Aufgaben und Herausforderungen angegangen werden, auch da, wo sie nicht unbedingt angenehm und einfach sind, finden sich Möglichkeiten, in einer vertrauensvollen Atmosphäre zu sein und es sich gut gehen zu lassen. Je eigenständiger und sicherer diese Menschen werden, je mehr sie bereit sind, ihren Platz einzunehmen, ihre Pflichten und Verantwortlichkeiten zu erfüllen und sich von dem abzugrenzen, was nicht ihres ist, umso mehr wird es möglich, Zugehörigkeit und Geborgenheit zu erleben. Dann erhalten die so wichtigen Gefühle einen neuen, geschützten Raum.

Absteigender Mondknoten im Steinbock/ Aufsteigender Mondknoten im Krebs

Mitgebrachte Verhaltensmuster:

Diese Menschen begegnen dem Leben mit einer ernsthaften und vernunftbetonten Haltung. Sie zeigen sich vorsichtig und zurückhaltend, warten lieber erst ab und sind schnell bereit, sich für alles und jedes verantwortlich zu fühlen. Entsprechend nehmen sie anderen gegenüber oft eine Elternrolle ein, versuchen sie zu unterstützen oder glauben, für die Ordnung und Sicherheit in ihrem Leben zuständig zu sein.

Ihrer eigenen Grenzen und Schwächen sind sie sich meist nur allzu sehr bewusst und strengen sich an, diese zu überwinden. Sie verfügen auch über eine ganz klare innere Haltung und ein ausgeprägtes Bewusstsein für Regeln und Prinzipien. Entsprechend versuchen sie in allem, was ihnen begegnet, die innewohnenden Grundsätze und Strukturen zu erkennen. Wenn irgendetwas passiert, das nicht in ihr festes Schema passt, haben sie große Mühe damit und versuchen, alles in ihren Kräften Stehende zu tun, um es zu korrigieren. Gelingt dies nicht, fühlen sie sich schuldig oder als Versager, ziehen sich entweder ganz zurück oder bemühen sich noch mehr, die angestrebte Perfektion zu erlangen.

Die in ihnen vorhandene Angst, den Anforderungen und Erwartungen der Welt nicht zu genügen, treibt sie zu Höchstleistungen an oder führt dazu, sich mehr als nötig einzuschränken, um ja niemandem zur Last zu fallen. Gleichzeitig tragen sie in sich auch den Anspruch, eine wichtige Rolle einzunehmen, in ihrem Gebiet zu einer Autorität zu werden. Für dieses Ziel wenden sie viel Disziplin auf, versuchen hartnäckig, den angestrebten Gipfel zu erreichen.

Schon als Kind wirken sie wie kleine Erwachsene, versuchen allen Ansprüchen und Regeln zu genügen. Selbst wenn sie über die Stränge schlagen, tun sie dies mit einem Schuldgefühl. Die strengen Maßstäbe, die diese Menschen sich selbst gegenüber anlegen, lassen sie manchmal hart und distanziert erscheinen. Fehler und Schwächen sind für sie unerträglich, ebenso schwer tun sie sich mit Emotionen und vor allem mit dem Bedürfnis nach Zuwendung und Zugehörigkeit. Diese werden oft als Schwäche empfunden, als etwas, das abhängig macht und die ihnen so wichtige Eigenständigkeit bedroht.

Die Stellung des **Saturn** im Horoskop zeigt an, in welchen Bereichen diese Muster besonders stark zur Geltung kommen, wo die größten Anstrengungen gemacht werden, am meisten Verantwortung übernommen wird oder Schuldgefühle ein natürliches Verhalten hemmen.

Inneres Bild:

Das Leben in dieser Welt ist kein Kinderspiel, sondern eine Aufgabe, die es zu bewältigen gilt. Dabei ist es wichtig, die vorhandenen Gesetze und Regeln zu befolgen. Dies erfordert Ausdauer, Disziplin und Hartnäckigkeit. Nur mit Willen und Durchhaltevermögen kann man bestehen. Schwäche zu zeigen ist gefährlich, eine Pflicht nicht zu erfüllen, ein Gesetz nicht zu befolgen bedeutet, Schuld auf sich zu laden und zu versagen.

Effekt:

Schon als Kinder neigen diese Menschen dazu, sich für ihr Umfeld verantwortlich zu fühlen. Sie strengen sich an, um den Erwartungen, die man an sie stellt, zu genügen, erleben jedoch oft, dass ihr Bemühen nicht belohnt, sie im Gegenteil für ihre Schwächen und Fehler gerügt werden.

Auch später erfahren diese Menschen, dass ihre Vorstellung über das, was wichtig und nötig sei, von anderen entweder nicht immer geteilt wird oder diese sich um Regeln und Prinzipien gar nicht kümmern. Die immer wieder vorkommenden Grenzverletzungen und Pflichtversäumnisse sorgen für weitere Frustrationen. Wenn sie selbst versuchen, eine Aufgabe verantwortungsvoll zu erfüllen, erhalten sie oft keine Bestätigung, entweder, weil das Umfeld mehr Perfektion und Kompetenz erwartet, oder weil das, was mit viel Einsatz und Verantwortung erbracht wird, als selbstverständlich gilt.

Ihr Anspruch an Autorität und Perfektion sorgt zudem dafür, dass sie entweder nicht ans Ziel gelangen oder sich immer wieder als Versager erleben. Ihr durchaus enormer Wille zur Disziplin lässt sie oft genau dann im Stich, wenn sie meinen, etwas sei besonders wichtig und dringend. Oft spielt auch der Körper nicht mit, seine Grenzen und Schwächen werden als äußerst demütigend erlebt.

Lernaufgabe:

Für diese Menschen ist es wichtig, die Welt der Gefühle kennenzulernen und ihnen einen Platz im eigenen Leben einzuräumen. Persönliche emotionale Reaktionen wollen wahrgenommen und zum Ausdruck gebracht werden. Die eigenen menschlichen (kindlichen) Bedürfnisse sollen Beachtung erhalten. Vertrauen in sich und die Welt zu erwerben sind weitere wichtige Lernschritte. Zärtlichkeit und Berührbarkeit wollen nicht mehr als Schwäche, sondern als Stärke erfahren werden. Eine liebevollere und akzeptierendere Haltung sich selbst gegenüber ist gefragt, die Bereitschaft, sich mit ganzem Herzen und ganzer Seele auf diese Welt einzulassen, anstatt sie aus sicherer Distanz zu betrachten.

In gewisser Weise gilt es, das eigene innere Kind zu finden und aus seinem Gefängnis, seiner Einsamkeit zu befreien. Das Zeigen von Zuneigung und das Zulassen von Nähe im Umgang mit anderen Menschen sind weitere Schritte auf dem Weg.

Der **Mond** im Horoskop zeigt an, welche persönlichen Bedürfnisse wichtig sind, in welcher Weise die eigenen Gefühle zum Ausdruck kommen wollen, in welcher Form Zuwendung und Nähe als wohltuend und nährend erlebt werden können.

Balance:

Gelingt es diesen Menschen, dem inneren Kind einen sichtbaren Platz im Leben zu geben, wird dieses schnell farbiger und lebendiger, ohne dass dabei die vorhandenen Stärken und Fähigkeiten auf der Strecke bleiben. Werden die eigenen Gefühle und die damit verbundenen Bedürfnisse respektiert, geht dies nicht auf Kosten von Willen und

Selbstständigkeit – vielmehr wird es dann möglich, die vorhandene Ausdauer und Disziplin in einer neuen Weise einzusetzen. Dann zeigt sich, dass die Eigenständigkeit der emotionalen Nähe nicht geopfert werden muss.

Auch das Zulassen von Berührbarkeit und persönlicher Betroffenheit bedeutet keine Schwächung der eigenen Position. Im Gegenteil, dann kann eine echte Autorität entstehen, eine dem Leben zugewandte Stärke.

Verantwortung bedeutet dann die Fähigkeit, auf vorhandene Aufgaben, Anliegen und Bedürfnisse angemessen zu reagieren. Erst jetzt kann gesundes und organisches Wachstum stattfinden, sorgen starke seelische Wurzeln für eine Verankerung, die echte Größe und Meisterschaft zulässt.

Die Mondknoten in Löwe/Wassermann

Bei dieser Achse geht es um Lebensfreude, Selbstverwirklichung und die Verwirklichung von Idealen, um die Suche nach geistiger Inspiration. Die Entwicklung dessen, was als echte Individualität bezeichnet werden kann, steht im Zentrum. Persönliche Anliegen und Engagement, spontaner Ausdruck all dessen, was das eigene Ich ausmacht, stehen den Interessen der anderen gegenüber, den Idealen einer Gemeinschaft, der Vorstellung über eine freiheitliche und offene Welt.

Es gilt, ein Gleichgewicht zu finden zwischen dem Ich oder Ego und seinen Bedürfnissen und den übergeordneten Prinzipien – ganz gleich, ob es sich dabei um Gruppeninteressen handelt, um soziale Strukturen oder um das Streben nach Erkenntnis und geistiger Entwicklung. Das Ureigene will gefunden und gelebt werden im Bewusstsein, dass andere dieselben Rechte und Freiheiten haben.

Absteigender Mondknoten im Löwen/
Aufsteigender Mondknoten im Wassermann

Mitgebrachte Verhaltensmuster:

Diese Menschen begegnen der Welt mit dem Selbstbewusstsein einer Herrscherpersönlichkeit. Sie identifizieren sich mit dem, was sie wollen und anstreben, setzen sich mit Herzblut und ihrem ganzen Temperament dafür ein. Misserfolge nehmen sie daher sehr persönlich – diese bringen ihr ganzes Selbstbild ins Wanken. Daneben beanspruchen sie auch eine natürliche Autorität, erwarten Beachtung und Anerkennung, möchten wahrgenommen werden.

Großzügigkeit, Charme und ein herzliches Auftreten gehören zu ihrem Wesen, sie verstehen es, andere mit ihren Talenten und Gaben für sich einzunehmen. Strahlender Mittelpunkt zu sein ist für sie etwas Selbstverständliches, ebenso vertraut ist ihnen eine Führungsrolle oder die Rolle des bewunderten und verwöhnten Stars. Eine Gefolgschaft zu haben entspricht ihrem Selbstbild, die Liebe und Bewunderung anderer nährt ihr Selbstbewusstein. Immer wieder beschäftigen sie sich mit der Frage, wie sie wahrgenommen werden. Sehen sie sich falsch eingeschätzt oder erhalten sie die ihnen aus ihrer Sicht zustehende Aufmerksamkeit nicht, trifft sie das sehr. Sie fühlen sich dann in ihrem Stolz verletzt und tun vieles, um ihr Ansehen zu retten. Dann suchen sie Wege, um in irgendeiner Weise wieder zum Zug zu kommen.

Schon als Kind nehmen sie gerne die Rolle von kleinen Prinzen oder Prinzessinnen ein, denen jeder Wunsch von den Augen abgelesen werden sollte. Mehr Mühe bereitet es ihnen, sich einem sozialen System anzupassen. Wenn sie in einer Gruppe nicht die selbstgewählte, ihnen entsprechende Position einnehmen können, sehen sie sich lieber als Einzelgänger, die aus eigener Kraft das Leben erobern und bewältigen. Generell gilt ihre Aufmerksamkeit primär ihren eigenen Anliegen und Interessen. Die Erfüllung ihrer Wünsche und das Streben nach Verwirklichung ihrer Ziele nehmen viel Raum in ihrem Bewusstein ein.

Wenn sie etwas nicht direkt betrifft oder sie sich nicht unmittelbar angesprochen fühlen, bleiben sie unbeteiligt, während die Erfahrung, dass etwas ihnen Wichtiges ohne ihre Zustimmung geschieht, starke Reaktionen in ihnen auslöst.

Die Stellung der **Sonne** im Horoskop beschreibt das Selbstbild dieser Menschen, aber auch die Eigenschaften und Qualitäten, mit denen sie wahrgenommen werden, und den Bereich, in dem sie zur Geltung kommen wollen.

Inneres Bild:

Ich bin wichtig, ich habe ein Recht darauf, mich zu verwirklichen und als Persönlichkeit wahrgenommen zu werden. Alles, was zu mir gehört, verdient Beachtung.

Effekt:

Bereits in der Kindheit machen diese Menschen oft die frustrierende Erfahrung, dass sich die Welt nicht um sie dreht. Ihre Versuche, andere mit Charme für sich einzunehmen, führen oft nicht zum gewünschten Erfolg – manchmal sehen sie sich sogar ins Abseits verbannt. Später laufen Versuche, sich zu behaupten und von anderen Anerkennung zu erhalten, oft ins Leere. Die zur Schau gestellten Talente, Großzügigkeit und Herzlichkeit haben nicht den erhofften Effekt. Je größer das Bemühen um Beachtung ist, desto häufiger ist die Erfahrung, dass andere ein solches Verhalten ablehnen oder – noch schlimmer – sie einfach ignorieren. Überall da, wo die Identifikation mit einem Vorhaben zu groß wird, ist die Gefahr enorm, in einer Sackgasse zu landen.

Lernaufgabe:

Hier geht es darum, ganz bewusst die Perspektive zu verändern: von der auf sich selbst bezogenen Betrachtung hin zu einer allgemeineren und offeneren Sichtweise. Anstelle der subjektiven, persönlichen Haltung soll eine objektive, sachliche, auf Prinzipien ausgerichtete und betrachtende treten. Die Fähigkeit zur Desidentifikation ist gefragt.

Soziale Gesetzmäßigkeiten und Entwicklungen wollen studiert werden. Es gilt zu lernen, dass jeder Mensch ein eigenes individuelles Universum darstellt, die Interessen anderer wollen ebenfalls wahrgenommen werden, ihre Rechte und Freiheiten verlangen Respekt. Die Fähigkeit zu echter Freundschaft, die allen Beteiligten zugesteht, sich selbst treu zu bleiben, ist gefragt.

Der Umgang mit Gruppen und Netzwerken will ebenso geschult werden wie die Fähigkeit zu abstraktem Denken und die Bereitschaft, sich durch Erkenntnisse inspirieren zu lassen und neue Ideen anzunehmen – auch und vor allem dann, wenn es nicht die eigenen sind.

Die Stellung von **Uranus und Saturn** im Horoskop zeigen an, in welchen Lebensbereichen diese Schritte gemacht werden können, wo es möglich ist, Inspiration zu erlangen, sich von alten Mustern zu befreien. Aber auch, wo es angesagt ist, die vorhandenen Grenzen zu respektieren.

Balance:

Wenn die Bereitschaft vorhanden ist, in größeren Zusammenhängen zu denken, neue Ideen zu erwägen, sich auf Unbekanntes einzulassen, erhalten die eigenen Erfahrungen neue Impulse, können die eigenen Ideen und Talente fruchtbarer und reicher umgesetzt werden. Wenn die Individualität anderer, deren Anliegen und deren Interessen ebenso berücksichtigt werden wie die eigenen, können wichtige persönliche Projekte in einer viel umfassenderen Form verwirklicht werden. Es zeigt sich in diesem Fall immer wieder, dass Teamwork, das Zusammenbringen der individuellen Talente und Fähigkeiten aller auf gleichberechtigter Ebene, mehr als die Summe der einzelnen Teile erbringt. Je größer die Fähigkeit ist, über den Tellerrand hinauszusehen, die eigenen Ziele im Rahmen eines Systems zu definieren, umso größer ist die Anerkennung der eigenen Talente und Werke.

Wenn es gelingt, ein Vorhaben zunächst aus der Beobachterperspektive zu betrachten, ist es möglich, sich voll und ganz zu engagieren und sich mit einer Sache zu identifizieren, ohne die ursprüngliche Idee oder Absicht aus den Augen zu verlieren.

Absteigender Mondknoten im Wassermann/ Aufsteigender Mondknoten im Löwen

Mitgebrachte Verhaltensmuster:

Diese Menschen begegnen der Welt in der Haltung eines interessierten Beobachters. Sie sind offen für alles, lassen sich aber ungern ein. Soziale Kontakte mit anderen sind ihnen wichtig. Sie sind gerne mit anderen zusammen, insbesondere mit Menschen, die ähnliche Interessen haben. Durch den Austausch mit ihnen lassen sie sich inspirieren und zu neuen Ideen anregen. Geistige Prinzipien und Konzepte sind ihnen wichtig.

Sie interessieren sich für Modelle jeder Art, wollen verstehen, was die Welt und die Menschen bewegt. Sie interessieren sich für soziale Zusammenhänge, Menschenrechte neue Erkenntnisse und Entwicklungen in Forschung und Wissenschaft. Sie haben auch ein Faible für die neuesten Technologien und Trends. Sie lieben geistreiche Bemerkungen und sind aufmerksame Zuhörer, neigen jedoch dazu, an ihren eigenen Vorstellungen über die Welt festzuhalten. Meist tun sie dies aus der Vogelperspektive, halten Distanz zum Beobachteten.

Wenn es darum geht, konkret und engagiert Stellung zu nehmen, weichen sie aus, bleiben lieber allgemein und abstrakt. Sie sind voller kreativer Ideen, bestechen durch ihren Einfallsreichtum. Wenn sie jedoch die Theorie praktisch umsetzen sollen, überlassen sie dies lieber anderen.

Im Freundeskreis, aber auch im Umgang mit Unbekannten zeigen sie sich freundlich und tolerant, verstehen es, Themen zu finden, die alle miteinbeziehen. Ihr Verhalten anderen gegenüber hat jedoch eine etwas distanzierte, unverbindliche Qualität. Zu viel Nähe ist nicht ihre Sache, allzu Persönliches ebenso wenig. Lieber bleiben sie bei allgemeinen Themen oder abstrakten Überlegungen.

Die Stellung von **Uranus und Saturn** im Horoskop erlauben eine etwas spezifischere Umschreibung der Themen, mit denen sich diese Menschen bevorzugt beschäftigen. Sie zeigen an, wo Inspiration gesucht wird, welche Belange besonders viel Aufmerksamkeit erhalten.

Inneres Bild:

Die Welt ist ein Labor, voller interessanter Dinge, die studiert und erfasst werden können. Es ist wunderbar, sich mit Menschen und Themen zu beschäftigen – allerdings nur solange es nicht nötig ist, sich voll zu engagieren und persönlich einzulassen.

Effekt:

Schon in der Kindheit zeigen sich diese Menschen äußerst geistreich und erfinderisch, verstehen es, andere mit ihren Ideen zu verblüffen. Oft erleben sie aber schon sehr früh, dass sie mit ihrem Wissen nicht so ankommen, wie sie das erwarten.

Später werden sie immer wieder erleben, dass ihr Bemühen, fair und gerecht zu sein, sich nicht in den Vordergrund zu drängen, nicht honoriert wird. Ihr Streben nach Fairness, die Versuche, immer alle in ein Projekt miteinzubeziehen, werden oft frustriert, und ihre bewusst distanzierte und unparteiische Haltung stößt auf Unverständnis. Ihre brillanten Ideen werden nicht wie erhofft von anderen aufgenommen und umgesetzt. So sehen sie sich immer wieder in der für sie unangenehmen Lage, selbst etwas in die Hand zu nehmen, sich stärker zu engagieren, als sie dies ursprünglich vorhatten. Auch ihren durchaus gekonnten Analysen und Erkenntnissen fehlt oft die Lebendigkeit. Der Erfolg bleibt ihnen versagt, wenn sie selbst keine Stellung beziehen.

Lernaufgabe:

Hier ist es wichtig, persönlich zu werden, das eigene Ich zu entdecken und damit auch sichtbar zu werden. Anstelle einer distanziert beobachtenden Haltung ist echtes Engagement und aktive Beteiligung gefragt. Es gilt, sich in die Welt und das Leben voll und ganz einzulassen, zu entdecken, was die eigenen Qualitäten und Fähigkeiten sind, und diese auch zum Ausdruck zu bringen.

Lebensfreude, Impulsivität und Spontaneität wollen erlernt werden. Anstatt sich mit theoretischen Modellen zu beschäftigen, geht es darum, die eigenen Interessen und Anliegen zu vertreten. Statt abstrakter Möglichkeiten sollen konkrete Ziele gesetzt und der Weg dahin in Angriff genommen werden.

Darüber hinaus sollte erkannt werden, dass es wichtig ist – bei aller Gleichberechtigung und Fairness – die Dinge selbst anzugehen und eine Führungsrolle zu übernehmen. Selbstbewusstsein will geübt werden sowie die Fähigkeit, die von anderen erhaltene Beachtung und Anerkennung auch zu wertschätzen.

Die Stellung der **Sonne** im Horoskop zeigt die vorhandenen eigenen Qualitäten und persönlichen Fähigkeiten an, beschreibt, wo Engagement angesagt ist und welche Ziele verwirklicht werden sollen.

Balance:

Wenn die Bereitschaft vorhanden ist, sich mit Herzblut für eine Sache zu engagieren, erhalten die vorhandenen Konzepte und Ideen Leben. Wenn der Mut aufgebracht wird, die eigenen Interessen und Ziele sichtbar zu machen, wird es möglich, sich im Freundes- und Bekanntenkreis einen anerkannten und respektierten Platz zu verschaffen. Gelingt es, dem eigenen Sein mit allen Facetten lebendigen Ausdruck zu verleihen und auch mal ganz persönlich zu werden, dann gewinnt das Leben an Farbe und erlaubt weitere geistige Erkenntnisse und Einsichten zu gewinnen. Sich bewusst einlassen bringt Erfahrungen, die neue Perspektiven erlauben und die eigene Kreativität anregen.

Die Mondknoten in Jungfrau/Fische

Bei dieser Achse geht es um die Polarität der menschlichen Existenz, um verschiedene Aspekte von Anpassung. Die Auseinandersetzung mit der irdischen Realität und den sich daraus ergebenden Notwendigkeiten trifft auf das Wissen um eine andere Wirklichkeit, die Erfahrung einer übergeordneten, alles umfassenden Ganzheit.

Objektivität, Analyse und Beachtung des Details stehen im Kontrast zur Sehnsucht nach Einssein, Allliebe und Verbundenheit. Vision und Imagination des Potenzials stehen im Gegensatz zu Ordnung, Nützlichkeit und Machbarkeit. Die Welt der praktischen Vernunft und Anwendung von Wissen begegnet der Welt der Fantasie und Inspiration, in der noch alles möglich ist und nichts existiert, was den Frieden und die Harmonie stört.

Bei dieser Achse gilt es, eine Balance zu finden zwischen grenzenlosem Mitgefühl, vollkommenem Eintauchen in eine Erfahrung einerseits und sachlicher, nüchterner und objektiver Beurteilung einer Sachlage andererseits, zwischen ganzheitlichem Verständnis, der Akzeptanz von allem, so wie es ist, und kritischer Einschätzung einer Situation, um dann da, wo nötig, korrigierend und ordnend einzugreifen.

Absteigender Mondknoten in Jungfrau/ Aufsteigender Mondknoten in Fische

Mitgebrachte Verhaltensmuster:

Diese Menschen begegnen der Welt in einer pragmatischen, sich an den Umständen orientierenden Haltung. Der Körper und seine Funktionen, Natur und Umwelt nehmen in ihrem Leben einen großen Stellenwert ein. Sie sind geborene Dienstleister und machen sich gerne nützlich. Fleiß ist für sie eine echte Tugend.

Sie haben eine Begabung dafür, sich schnell in jeder gegebenen Lage zurechtzufinden und das Beste daraus zu machen. Eine ihnen unbekannte Situation analysieren sie zunächst, studieren die Abläufe und Funktionen, um sie einordnen zu können. Gemachte Erfahrungen werden reflektiert und mit anderen verglichen, um dadurch ein besseres Verständnis zu gewinnen. Vernunft, Achtsamkeit und Sorgfalt prägen ihr Verhalten. Ihr Verstand und ihre Fähigkeit, etwas zuzuordnen, sind für sie wichtige Instrumente, das Leben zu bewältigen. Sie suchen rationale Erklärungen für das, was ihnen begegnet, und haben ein starkes Bedürfnis, ihr Verhalten zu begründen. Ebenso wichtig ist ihnen die Umsetzung und Anwendung ihrer Erkenntnisse. Mit Themen und Dingen, die keinen Bezug zu ihrer Realität haben, tun sie sich schwer. Sie interessieren sich nur für das, was praktischen Nutzen hat.

Um den Anforderungen und Erwartungen der Umwelt gerecht zu werden, sind sie bereit, großen Einsatz zu leisten. In ihrem Weltbild unterscheiden sie zwischen Nützlichem, Brauchbarem und Hilfreichem einerseits und Unnötigem, Lästigem oder Störendem andererseits. Sie sind fähig, sehr differenziert wahrzunehmen, auch kleinste Unterschiede zwischen zwei ähnlichen Dingen zu erkennen, laufen dabei jedoch Gefahr, den Blick auf das Wesentliche zu verlieren.

Wenn sie den Eindruck gewinnen, dass etwas verbesserungsfähig ist, nehmen sie sich des Themas gerne an. In ihrem Vorgehen sind sie sehr praxisorientiert und präzise. Ihr großer Perfektionsanspruch veranlasst sie allerdings immer wieder dazu, sich mit Details aufzuhalten und auch unter kleinsten wahrgenommenen Fehlern und Schwachstellen zu leiden. Wenn es sich dabei um Dinge in ihrem Umfeld handelt, sehen sie es als ihre Aufgabe, sich ohne großes Aufheben darum zu kümmern, wo nötig das, was nicht stimmig ist, zu ordnen und zu korrigieren.

In Bezug auf die eigenen Schwachstellen sind sie hingegen sehr kritisch und reagieren entsprechend empfindlich, wenn diese von anderen wahrgenommen werden.

Die Stellung des **Merkur** zeigt, wo und in welcher Weise die analytischen Fähigkeiten eingesetzt werden, wie sie sich in der Welt orientieren und Dinge zuordnen. Die Stellung des **Chiron** hingegen weist auf die vorhandenen Empfindsamkeiten hin, auf den Bereich, in dem viel getan wird, um kleinste Schwächen zu korrigieren.

Inneres Bild:

Die Welt ist unvollkommen, es ist wichtig, alles zu unternehmen, um die wahrgenommenen Schwächen zu beheben und sich im Übrigen an die gegebenen Umstände bestmöglich anzupassen. Vernunft und Sachlichkeit sind dabei hilfreiche Instrumente. Im Dienst an der Sache kann Befriedigung gefunden werden.

Effekt:

Bereits in der Kindheit erfahren diese Menschen, dass ihr großer Eifer, ihr Einsatz und ihre Arbeit für andere kaum zur Kenntnis genommen werden.

Später machen sie immer wieder die frustrierende Erfahrung, dass ihre Präzision, ihr Bemühen um Perfektion und Klarheit von anderen wenig geschätzt oder gar missverstanden wird. Das Leiden an einer unvollkommenen und ungenauen Welt wird immer deutlicher, umso mehr, als die eigenen Anstrengungen, sie zu verbessern, oft auf Widerstand oder Ignoranz stoßen. Oft erleben sie, dass immer dann, wenn sie glauben, endlich eine vernünftige Lösung für ein Problem gefunden zu haben, die Umstände dafür sorgen, dass erneut das Chaos ausbricht, das sie unter allen Umständen vermeiden wollten.

Auch das Bedürfnis, Erfahrungen und Erkenntnisse ebenso wie Menschen und Dinge in eine nachvollziehbare Ordnung zu bringen, scheitert immer wieder an der Tatsache, dass es Dinge gibt, die sich jedem Versuch der Einteilung entziehen.

Lernaufgabe:

Hier ist es wichtig zu lernen, dass es eine Welt jenseits der realen Wirklichkeit gibt, eine höhere Ordnung, die dem Verstand nicht zugänglich ist. Anstelle der so vertrauten Analyse soll die Synthese treten. Nicht die Unterschiede, sondern die Gemeinsamkeiten, nicht die Details, sondern die Ganzheit gilt es wahrzunehmen.

Und statt der zu korrigierenden Schwächen und Fehler soll man sich auf das vorhandene Potenzial konzentrieren. Die Kraft der Träume, Bilder und Mythen, die Macht des Mitgefühls und der Liebe sind auf diesem Weg wichtige und hilfreiche Werkzeuge. Letztlich geht es darum, Hingabe und Vertrauen zu trainieren und zu lernen, dass auch ohne eigenes Dazutun etwas geschieht. Manchmal kann das kontemplative Sein mit einer Sache – vielleicht auch beten oder meditieren – sehr viel wirkungsvoller sein, als alle anderen Versuche, etwas zu verbessern.

Die Wahrnehmung des Eingebundenseins und die Verbundenheit mit anderen ist ebenso wichtig.

Die Stellung von **Jupiter** und **Neptun** im Horoskop weisen darauf hin, wo Ganzheit gefunden werden kann, wo es darum geht zu vertrauen und sich auf eine andere als die sinnliche und vernunftbetonte Ebene zu verlassen.

Balance:

Wenn der Mut vorhanden ist, etwas geschehen zu lassen, können die vorhandenen Fähigkeiten zu ordnen und aktiv umzusetzen gezielter und effektiver eingesetzt werden. Erhalten auch Gefühle, Imagination und Sensibilität Raum, wird die Wahrnehmung der feinstofflichen, sinnlich nicht fassbaren und nicht erklärbaren Ebene geschult, kann der Verstand in einer ganz neuen Weise genutzt werden. Die so entstehende Klarheit ist ganzheitlicher und umfassender als eine rein rationale Analyse.

Das Zulassen von Chaos, die Bereitschaft, sich dem, was ist, hinzugeben und mit dem Strom des Lebens zu schwimmen, macht deutlich, wie oft sich die Dinge ganz von selbst ordnen. Und die bewusste Hinwendung zum Potenzial einer Sache, die Orientierung an einer Vision, erlaubt es, auch scheinbar Unperfektes mit neuen Augen zu sehen und dann konkrete Schritte zur Verbesserung der Situation zu machen. Das Leben erhält so eine Multidimensionalität, in der Vision und Wirklichkeit sich ergänzen, die Fähigkeiten im realen Leben in den Dienst einer höheren Wahrheit gestellt und so im ureigensten Sinn fruchtbar werden.

Absteigender Mondknoten in Fische/ Aufsteigender Mondknoten in Jungfrau

Mitgebrachte Verhaltensmuster:

Diese Menschen leben mit einem Teil ihres Wesens in einer anderen, besseren Welt. Sie verhalten sich in ihrer Umgebung wie ein Wassertropfen im Meer und fühlen sich als Teil des Ganzen mit allem verbunden. Grenzenloses, ewiges Sein ist ein ihnen vertrauter Zustand, während das konkrete Leben mit seinen Notwendigkeiten ihnen fremd ist.

Meist haben sie einen ausgesprochenen Hang zum Mystischen, fühlen sich vom Unsichtbaren angezogen. Die reale Wirklichkeit hat wenig Reiz, scheint ein fades und unvollkommenes Abbild ihrer inneren Welt. In sich tragen sie eine Vision von idealer Schönheit und Harmonie, von Allliebe und Verbundenheit, für die nichts getan werden muss, die einfach existiert.

Sich für etwas Bestimmtes zu entscheiden, ist nicht ihre Sache. Lieber bleiben sie vage und unbestimmt, in der Hoffnung, dass irgendwann einmal das für sie Ideale auftauchen werde. In dem Moment, in dem es darum geht, konkret zu werden, sehen sie sich aller übrigen potenziellen Möglichkeiten beraubt. Formen und Grenzen jeder Art sowie die Bedingungen und Anforderungen des physischen Daseins erleben sie als mühselig und weichen daher gerne allem aus, was mit der schnöden Realität zu tun hat.

Die Welt erfassen sie intuitiv und imaginativ, schwingen mit und nehmen so auch feinste Regungen und Stimmungen in ihrem Umfeld wahr. Worte und Erklärungen scheinen ihnen unnötig oder gar überflüssig. Im Gegensatz zu ihrer enormen Fähigkeit, sich in andere und deren Befindlichkeit einzufühlen, tun sie sich jedoch schwer, sich selbst als eigenständiges Wesen wahrzunehmen. Während sie einen siebten Sinn für die heimlichen Wünsche und Bedürfnisse anderer entwickeln, nehmen sie oft ihre eigenen kaum wahr. Gemäß ihrem inneren Bild sollte sich eine liebevolle Umwelt genauso um ihre Befindlichkeit und ihre Anliegen kümmern, wie sie dies selbst für andere tun. Ihr Wohlbefinden ist dementsprechend direkt von ihrer Umgebung abhängig.

Mit einer gestörten Harmonie, mit Spannungen tun sie sich schwer. Das Leiden anderer betrifft sie ebenso unmittelbar wie latente Aggressionen. Sie versuchen dann alles zu tun, um die ihnen so wichtige heile Welt wiederherzustellen, bis hin zur Selbstaufgabe. Wenn dies nicht gelingt, flüchten sie entweder in die Natur, in eine andere Welt, in Hoffnungen, Träume oder Idealisierungen. Liebe, Glauben, Vertrauen stehen für sie im Zentrum des Seins.

Jupiter und **Neptun** im Horoskop beschreiben, in welchen Bereichen das Heil, die Verbundenheit und Liebe gesucht werden, wo Glauben und feinste Wahrnehmung das Verhalten prägen und welcher Art die Visionen einer idealen Welt sind.

Inneres Bild:

Traum und Wirklichkeit sind miteinander untrennbar verwoben. Die konkrete Realität ist fader Ausdruck der wahren Wirklichkeit. Gefühle und Intuition sind zuverlässiger als die physischen Sinne und der Verstand. Die Erfahrung von ungetrennter Einheit und Ganzheit ist das Einzige, was zählt. Wahre Liebe heißt, mit dem anderen verschmelzen – Einssein.

Effekt:

Schon als Kinder werden diese Menschen immer wieder aus ihrer heilen Welt, ihren Träumen und Visionen herausgeholt, erleben, dass die Welt kein Paradies ist.

Auch später werden sie häufig damit konfrontiert, dass ihre – etwas andere – Sicht der Dinge, ihre Sensibilität und ihre Fantasie wenig geschätzt, vielleicht sogar belächelt oder verurteilt werden. Wenn sie sich bemühen, die von ihnen wahrgenommenen Bedürfnisse und Wünsche anderer zu erfüllen, bringt ihnen dies nicht die ersehnte Dankbarkeit und Verbundenheit. Sie erleben vielmehr, dass ihr Mitgefühl, ihre Nächstenliebe und Aufopferung von anderen entweder ausgenutzt wird oder diese sich abwenden und sie allein und einsam zurücklassen. Je mehr sie sich anstrengen, um ganz dazuzugehören, und je stärker sie sich nach bedingungsloser Liebe sehnen, umso häufiger fühlen sie sich ausgeschlossen und verlassen.

Die Flucht vor der Welt, Versuche, sich in eine Traumwelt, in Religion oder Spiritualität zu retten, enden oft in einer Sackgasse, bringen nicht die erhoffte Erfüllung, können sogar zum Problem werden. Das reale Leben, die Bedürfnisse des Körpers und die alltäglichen Notwendigkeiten verhindern ein völliges Eintauchen in die ersehnte und vertraute andere Welt.

Lernaufgabe:

Hier ist es besonders wichtig, sich ganz bewusst und gezielt mit der physischen Realität, dem Gesetz von Ursache und Wirkung zu befassen.

Der Verstand will geschult werden, ebenso die Fähigkeit, sich nüchtern, kritisch und objektiv mit der Wirklichkeit auseinanderzusetzen und rational zu denken. Nicht nur das Unterscheidungsvermögen will trainiert werden, sondern auch die Fähigkeit zur Analyse und die Beachtung des Details. Alles, was konkret, materiell und real ist, verlangt Aufmerksamkeit. Es geht darum, Nützlichkeit und Anwendbarkeit von Ideen und Visionen zu überprüfen, sie in der Praxis zu testen. Anstelle der Flucht vor der Wirklichkeit, dem Vermeiden von Entscheidungen geht es darum, sich auf konkrete Vorhaben einzulassen.

Die Stellung des **Merkur** im Horoskop verdeutlicht, in welcher Weise der Verstand geschult, mit welchen Instrumenten die Wirklichkeit erkundet und analysiert werden kann. Die Stellung des **Chiron** gibt an, in welchen Bereichen man sich mit der schmerzlichen Erfahrung der Unvollkommenheit der irdischen Wirklichkeit konfrontieren sollte.

Balance:

Wenn die Bereitschaft vorhanden ist, sich dem konkreten Leben und den dort vorhandenen Bedingungen und Aufgaben zu stellen, zeigt es sich, dass die vorhandene Sensibilität und die Fähigkeit sich einzufühlen nicht etwa verloren gehen, sondern in einem neuen, umfassenderen Kontext eingesetzt werden können.

Die Bereitschaft zu vergleichen und zu unterscheiden, präzise und genau zu sein und auch den Details Aufmerksamkeit zu schenken, ermöglicht letztlich einen neuen und umfassenderen Blick für die durchaus vorhandene Schönheit und Harmonie des Lebens. Das Zulassen des Menschlichen und die Anerkennung der irdischen Bedingungen erlauben es, den Erfahrungen von anderen Dimensionen eine ganz neue Qualität zu geben. Die konkrete Realität wird dann zum Ausdrucksmittel für andere Ebenen.

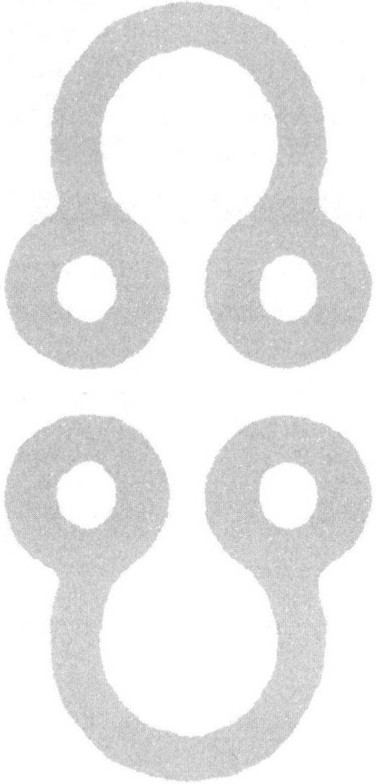

Die Mondknoten in den Häusern

Die Häuserthematik der Mondknotenachse ist für den individuellen Menschen spezifischer als die Zeichenachse. Letztere hat auch eine kollektive Bedeutung. Alle Menschen, die innerhalb eines Zeitraums von $1\frac{1}{2}$ Jahren geboren werden, haben ihre Mondknotenachse in den gleichen Zeichen. Die damit verbundenen Verhaltensweisen beziehen sich damit auf viele und haben entsprechend eine etwas weniger individuelle Bedeutung. Die Stellung des jeweiligen Herrscherplaneten im Geburtshoroskop ist jedoch bei jedem Menschen unterschiedlich und erlaubt eine Differenzierung der Aussagen zur Zeichenachse.

Anders sieht es mit der Positionierung der Mondknotenachse in den Häusern aus. Sie ist unmittelbar von Geburtstag, Geburtszeit und Geburtsort eines Menschen abhängig – und daher typischer und spezifischer für einen bestimmten Menschen. Die Häuserachse, auf der sich die Mondknoten befinden, beschreibt die Lebensbereiche und Themenkreise, die auf dem Lebensweg eine wichtige Rolle spielen.

Allgemeiner Überblick

Die Häuser eines Horoskops stellen die Bereiche dar, in denen wir mit der Welt interagieren. Sie beziehen sich auf das Was und Wo im Leben. In ihrer Abfolge beschreiben sie einerseits ganz spezifische Entwicklungsschritte eines Menschen sowie die damit verbundenen Erfahrungen und Aufgaben. Der Aszendent und das erste Haus symbolisieren die Ankunft in der Welt, sie beschreiben alle in diesem Zusammenhang zu beobachtenden Verhaltensweisen, die sich auch später in allen neuen Lebenssituationen analog wiederholen.

Die folgenden Häuser 2 bis 12 beschreiben dann sowohl die Entfaltung der Persönlichkeit im Laufe des Lebens wie auch die Evolution des Bewusstseins als Abfolge von bestimmten Schritten. Kurz zusammengefasst geht es dabei im Sinne eines Idealmodells darum, sich zunächst in der Welt zurechtzufinden (Häuser 1 bis 3), sich dann in und mit dem gegebenen sozialen Umfeld zu bewegen (Häuser 4 bis 6), zwischen Eigenem und Äußerem zu unterscheiden (Häuser 7 bis 9), um letztlich seinen Platz in der Welt einzunehmen und bewusst zum Teil der Gesellschaft, des Kollektivs zu werden (Häuser 10 bis 12). Wann immer Planeten in einem Haus stehen, spielen die entsprechenden Bereiche und Themen eine besondere Rolle im Leben. Auch der mit der Häuserthematik verbundene Entwicklungs- und Bewusstseinsschritt erhält vermehrte Aufmerksamkeit (siehe Tabelle im Anhang).

Die Häuserachsen betreffen die beiden sich gegenüberstehenden Häuser und beschreiben jeweils zwei zusammengehörende, gegensätzliche Aspekte derselben Thematik, die zwei Seiten einer Medaille. Zusammen bilden die beiden Pole ein Ganzes.

Die Häuserachse des Mondknotens weist auf die besonders bedeutsamen Themen für den Lebens- und Entwicklungsweg eines Menschen hin. Der absteigende Mondknoten beschreibt dabei einen Lebensbereich, in welchem bereits viel Erfahrung vorhanden ist. Die durch dieses Haus symbolisierte Grundhaltung dem Leben gegenüber ist natürlich und vertraut. Sie prägt das eigene Selbstverständnis, färbt und filtert wie eine Brille die Wahrnehmung dessen, was in der Umwelt beobachtet und erfahren wird. All das, was im Außen geschieht, wird aus dieser Perspektive und den dort vorhandenen Erfahrungen interpretiert.

Auch die Reaktionen in einer gegebenen Situation basieren ganz selbstverständlich auf dieser inneren Haltung. Vor allem in Stresssituationen verhalten sich die meisten Menschen ganz automatisch nach den Mustern der Häuserthematik des absteigenden Mondknotens. Während diese Haltung einerseits Sicherheit verleiht, hat sie jedoch oft nicht ganz den erwarteten Effekt. Da der absteigende Mondknoten Mitgebrachtes symbolisiert, besteht zwischen der vertrauten Deutung der Realität und dem daraus abgeleiteten Verhalten einerseits und der konkret gegebenen Wirklichkeit der Umwelt andererseits ein Unterschied. Die vorhandenen Gaben und Kenntnisse, die selbstverständliche Art des Handelns, bringt nicht die erhofften Reaktionen der Welt.

Während in der Kindheit dadurch keine weiteren Probleme entstehen, ergibt sich später im Leben eine zunehmende Frustration. Das durch die Überbetonung des Hauses des absteigenden Mondknotens entstehende Ungleichgewicht der Kräfte resultiert in einem Festgefahrensein. Die vertraute Haltung schafft zunehmend Probleme. Auch hier gilt die folgende Regel: Erst wenn die Bereitschaft besteht, bewusst auch die Haus-Perspektive des aufsteigenden Mondknotens zu berücksichtigen, dem entsprechenden Lebensbereich und Entwicklungsschritt Aufmerksamkeit zu schenken und sie gezielt zu üben, kann das Leben in seiner ganzen Fülle erfahren werden.

Ausgehend von der Tatsache, dass der absteigende Mondknoten mitgebrachte Erfahrungen und Kenntnisse beinhaltet, zeigt seine Häuserposition eine Haltung, die zwar sehr gekonnt ist, wo viel Erfahrung zur Verfügung steht, die aber den real gegebenen Lebensumständen nicht gerecht wird. Erst die bewusste Hinwendung zu den vom Leben gestellten Aufforderungen (aufsteigender Mondknoten) erlaubt es, die mitgebrachten Fähigkeiten in einer dem aktuellen Leben gerecht werdenden und erfüllenden Weise zu nutzen.

Eine zeitgemäße Metapher soll diesen Prozess umschreiben. Wenn ein Mensch in einer bestimmten Kultur aufwächst, erlernt er die dieser Kultur und Umgebung angemessenen Verhaltensweisen und Rollen. Er begegnet dem Leben aus der in dieser Gegend üblichen Haltung. Mit der Zeit sind diese Prägungen in Fleisch und Blut übergegangen und laufen automatisiert ab. Sie erleichtern dem Menschen das Leben ungemein, erlauben es ihm, sich in seinem Umfeld ganz selbstverständlich und sicher zu bewegen. Wenn nun das Schicksal diesen Menschen in eine ganz andere Kultur versetzt, nützen ihm all diese Fähigkeiten zunächst wenig, da die neue Kultur andere Verhaltensregeln und Rollen kennt. In bestimmten Situationen können die sonst so gut beherrschten Verhaltensweisen gar zum Hindernis für seine Integration und sein Weiterkommen werden. Erst wenn der betreffende Mensch bereit ist, sich neu zu orientieren, ganz bewusst seinen neuen Platz, seine neue Rolle kennenzulernen, sich darin zu üben, kann er seine mitgebrachten Erfahrungen situationsgerecht nutzen. Dann profitiert er von seinen mitgebrachten Fähigkeiten.

Gut zu wissen: Häusersysteme

Die Astrologie kennt verschiedene Häusersysteme*, was teilweise zu unterschiedlichen Zuordnungen von Planeten und Mondknotenachse zu den Häusern führt. Es empfiehlt sich in der Praxis daher, in solchen Grenzfällen beide betroffenen Häuserachsen zu studieren. Dasselbe gilt für Mondknotenstellungen, die kurz vor einer Hauptachse (Aszendent, Deszendent, Medium Coeli / Himmelsmitte oder Imum Coeli / Himmelstiefe) stehen. Auch sie werden sinnvollerweise sowohl im Haus, in dem sie sich befinden, wie auch im folgenden gedeutet.

Kombination von Zeichen und Haus

Zeichen- und Hausthemen haben viele Ähnlichkeiten und Parallelen, werden daher oft analog genutzt und beschrieben. So sinnvoll und nützlich dies in der Regel ist, bringt diese Vereinfachung doch auch einige Probleme. Die beiden Schichten des Horoskops beinhalten neben Analogien auch klare Unterschiede. Diese können, vor allem wenn es um die Beschreibung der Mondknotenachse geht, relevant sein.

Die Unterscheidung erlaubt zudem eine differenziertere Beschreibung und Synthese der verschiedenen durch die Mondknotenachse angesprochenen Themen. So sind alle Zeichen einem der vier Ele-

---

* Das Horoskop wird durch die vier Hauptachsen (astronomische Eckpunkte) in vier Quadranten eingeteilt. Jeder entspricht einem bestimmten größeren Lebens- und Entwicklungsbereich. Die Häuser entstehen durch die Einteilung der vier Quadranten in jeweils drei Abschnitte. Für ihre Berechnung werden unterschiedliche Formeln verwendet. Dadurch entstanden verschiedene Häusersysteme. Im deutschsprachigen Raum sind zurzeit vor allem zwei Häusersysteme gebräuchlich: nach Placidus und Koch. Die Autorin arbeitet mit den Häusern nach Koch. Ebenfalls gebräuchlich, jedoch in untergeordneter Rolle, sind die Systeme nach Aequal und Campanus. Je nach System kann ein Planet oder auch die Mondknotenachse unter Umständen in einem anderen (dem vorangehenden oder nachfolgenden) Haus stehen.

mente oder Temperamente zugeordnet, die das Verhalten entsprechend prägen. Jedes Zeichen wird durch einen Planeten »beherrscht«, der seine Anliegen vertritt. Die Häuserthemen jedoch symbolisieren Lebensthemen, deren Farbe (oder Qualität) durch die im Haus befindlichen Zeichen und deren Elemente beschrieben wird. So ist beispielsweise das Stierzeichen ein Erdzeichen, beherrscht durch die Venus. Die damit verbundenen Qualitäten beinhalten unter anderem Beständigkeit, Beharrlichkeit, Sinnlichkeit und Genuss. Diese Eigenschaften sind für das dazu analoge zweite Haus nicht zwingend ebenfalls gültig. Das zweite Haus teilt jedoch mit dem Stierzeichen das Thema Sicherheit, Besitz und Werte. Beim erdigen Stierzeichen beziehen sich diese auf materielle und mit den Sinnen erfassbare Dinge. Was jedoch einem Menschen im Leben wirklich Sicherheit verleiht, welches für ihn wichtige Besitztümer und Werte sind, wird aus dem zweiten Haus ersichtlich.

Das sich dort befindliche Zeichen und sein Herrscherplanet beschreiben die entsprechenden Eigenschaften und Qualitäten. Wenn sich im zweiten Haus beispielsweise das Krebszeichen befindet, wird emotionale Sicherheit gesucht, sind Nähe und Geborgenheit die wichtigsten Werte im Leben. Befindet sich das Zeichen Zwillinge im zweiten Haus, sind Wissen und soziale Kontakte die relevanten Werte. Für diese Menschen hat materieller Besitz deutlich weniger Bedeutung. Dafür erhalten Bücher, der Zugang zu Informationen und die Möglichkeit, sich mit anderen auszutauschen, eine nicht zu unterschätzende Rolle im Zusammenhang mit dem Bedürfnis nach Sicherheit (siehe Tabelle im Anhang).

In Bezug auf die Position der Mondknotenachse gilt Ähnliches. Die Hausposition der Mondknotenachse beschreibt das zu bearbeitende Thema, die mitgebrachte Haltung und die zu erlernende neue Perspektive, also das Was und Wo, die Richtung des Weges. Die Zeichenachse wiederum beschreibt die auf dem Weg zur Verfügung stehenden Eigenschaften und die zu erlernenden Qualitäten – also das Wie.

Diese Unterscheidung wird vor allem dann wichtig, wenn das Zeichen des Mondknotens im Widerspruch zum Hausthema steht oder wenn, wie oft bei Aszendent Jungfrau oder Waage, der absteigende Mondknoten in dem Zeichen steht, das analog dem Haus des aufsteigenden entspricht und umgekehrt, die Zeichenthematik des aufsteigenden Mondknoten der des Hauses am absteigenden. (Beispiel: Absteigender Mondknoten im Stier, im achten Haus – aufsteigender im Skorpion, im zweiten Haus). Die kurzgefasste Kombinationsformel heißt: Das Zeichen sagt *wie*, das Haus beschreibt *wo*.

Hinweise zu den Deutungstexten

Die folgenden Deutungstexte sind in verschiedene Abschnitte gegliedert. Zunächst wird die Grundthematik jeder Häuserachse als Ganzes geschildert. Danach werden die gemäß dem Haus des absteigenden Mondknotens mitgebrachte Lebenshaltung und die damit in Verbindung stehenden Verhaltens- und Reaktionsmuster beschrieben. Dazu gehört auch eine Kurzbeschreibung der in der Psyche mitgebrachten, vertrauten Lebenssituation. Sie wird vereinfacht als »karmisches Bild« beschrieben. Darauf folgt die Beschreibung der mit diesem Verhalten gemachten Lebenserfahrungen und Probleme. Anschließend wird die mit der Hausstellung des aufsteigenden Mondknotens verbundene Aufgabe, der zu machende Entwicklungsschritt des Bewusstseins, beschrieben. Der Abschnitt »Ganzheit« zeigt dann, wie die Integration von Mitgebrachtem und neu Erlerntem aussieht.

Hier sei noch erwähnt, dass die einzelnen Häuser ähnliche Erfahrungen wie die analogen Zeichen aufweisen (Siehe Kapitel: Die Mondknoten in den Zeichen).

Die Mondknoten in 1/7 – »Begegnungsachse«

Auf der Achse 1/7 wird beschrieben, wie ein Mensch der Welt, den anderen, dem Du begegnet. Das erste Haus zeigt dabei das spontane eigene Auftreten, das Image, die Persona, die Maske, die der Welt gezeigt wird. Im siebten Haus geht es um die Begegnung mit einem Gegenüber, das Bedürfnis nach Ergänzung, Beziehung und Austausch.

Im ersten Haus will das »Eigene« das »Ich« zum Ausdruck kommen. Die Haltung, mit der die Welt betreten und »erobert« wird, ist wichtig.

Im siebten Haus wiederum steht das Interesse am Du, am Wesen des anderen im Zentrum. Es geht darum, Gemeinsamkeiten zu finden, sich aber auch in den Unterschieden zu akzeptieren. In der Ganzheit will ein Gleichgewicht zwischen Eigenem und Anderem gefunden werden, die Voraussetzung für ein Beziehungsleben, in dem die eigene Identität und deren Ausdruck ebenso wichtig ist wie die Wahrnehmung des Gegenübers und dessen Wesen.

Absteigender Mondknoten im ersten Haus/ Aufsteigender Mondknoten im siebten Haus

Mitgebrachte Verhaltensmuster:

Diese Menschen sind es gewohnt, die Welt durch die Brille ihres eigenen Ichs zu sehen. Sie gehen davon aus, dass andere genauso funktionieren wie sie. Meist legen sie Wert auf den Eindruck, den sie vermitteln, wollen zur Kenntnis genommen werden. Sie beschäftigen sich mit der Frage, wie sie wahrgenommen werden wollen, und wenden viel Energie auf, um der Welt das Gesicht zu zeigen, das ihrem Selbstverständnis entspricht. Es ist ihnen ein großes Anliegen, sich zu behaupten, das Eigene zu vertreten. Wer bin ich? Was will ich? Wie will ich sein? Wie soll mir die Welt begegnen? Dies sind daher Fragen, mit denen sie sich immer wieder auseinandersetzen. Ein Gegenüber dient ihnen zunächst dazu, sich zu spiegeln und dadurch die Bestätigung für das eigene Selbstbild zu erlangen. Was sie nicht bei sich selbst zu sehen bereit sind – vor allem die eigenen Schatten und Schwächen – verlagern sie gerne in die Außenwelt.

Wenn sie sich in einer neuen Situation befinden, bewegen sie sich mit klaren und selbstverständlichen Mustern und Gesten, sind stolz darauf, wie »gut« sie sich präsentieren und verkaufen können. Meist sehen sie sich als durchaus offen gegenüber anderen und der Welt, verständnisvoll für deren Anliegen.

In einer Beziehung behandeln sie ihr Gegenüber so, wie sie sich dies für sich selbst wünschten, gehen von dem aus, was ihnen wichtig wäre, ohne je eine andere äußere Realität auch nur in Betracht zu ziehen. Wenn sie sich für andere einsetzen, erwarten sie dafür Anerkennung und Zuwendung. Da sie in allem, was sie tun, von sich selbst und Ihrem Weltbild ausgehen, haben sie keine Vorstellung davon, dass es andere Wege und Bilder, andere Bedürfnisse und Eigenschaften gibt, solche, die sie selbst nicht kennen und verstehen können.

Wenn andere ebenso viel Aufmerksamkeit erheischen oder erhalten wie sie, erleben sie diese schnell als Rivalen, mit denen sie sich in Bezug auf Ansehen und Wirkung messen. Die Vorstellung, dass sie auch selbst etwas gewinnen können, wenn andere mit ihren Eigenschaften und Fähigkeiten gesehen und geschätzt werden, ist ihnen unvertraut.

Karmisches Bild:

Ich bin wichtig, muss meine Sicht der Dinge vertreten und behaupten. Alles ist abhängig von einem guten Auftreten und Image. In einer Beziehung will ich dem Gegenüber zeigen, wer ich bin. Es soll mich wahrnehmen und meinen Anliegen Beachtung schenken. Umgekehrt bin ich auch bereit, anderen Aufmerksamkeit zu schenken, in der Art und Weise, wie es meinen Vorstellungen entspricht.

Gemachte Lebenserfahrungen:

Schon als Kinder fordern diese Menschen viel Aufmerksamkeit von anderen, tun vieles dafür, wahrgenommen zu werden. Sie bemerken jedoch zu ihrer großen Frustration, dass ihr eigenes gutes Selbstbild nicht überall den gewünschten Anklang findet.

Auch später erleben sie, dass ihr Auftreten oft nicht die erwartete Beachtung findet. Ihre offene Art wird nicht immer gewürdigt und ihr sorgfältig gepflegtes Image bringt kaum die erhoffte Anerkennung. Immer wieder finden sie sich in einer Position, in der ihre Sicht der Dinge wenig Anklang findet. Trotz sicherem und selbstverständlichem Auftreten erreichen sie das von ihnen angestrebte Ziel nicht immer, haben mit den für sie unverständlichen Manövern und Reaktionsmustern von anderen zu kämpfen, stoßen auf Widerstand oder Gegnerschaft.

Im Laufe des Lebens fühlen sie sich zunehmend isoliert und verkannt, sehen ihr Ansehen infrage gestellt und je mehr sie sich bemühen, echt zu sein, anzukommen und Aufmerksamkeit zu erhalten, umso weniger werden ihre Anstrengungen zur Kenntnis genommen.

Entwicklungsschritt:

Für diese Menschen ist es wichtig zu lernen, dass es außerhalb ihrer eigenen Welt auch noch eine andere gibt, die unter Umständen ganz anders aussieht und funktioniert als die eigene. Offenheit für ein Du, die Bereitschaft, sich mit jemandem echt auseinanderzusetzen, ist gefragt. Dazu bedarf es zunächst der Erkenntnis, dass in einer Begegnung das Gegenüber nicht einfach Spiegel des eigenen Ichs ist, sondern beide Beteiligten einen eigenen Platz einnehmen können. Anderes und Fremdes will als solches gesehen werden, als etwas, das eine interessante Ergänzung des Eigenen sein kann und das eigene Ansehen, die eigene Existenz nicht bedroht. Die Gewohnheit, in einer Begegnung mit anderen automatisch um Ansehen zu rivalisieren, um deren Anerkennung zu buhlen, will ersetzt werden durch echtes Interesse am Du, die Bereitschaft, anderen und deren Persönlichkeit ebenso viel Aufmerksamkeit zu schenken wie sich selbst.

In gewisser Weise gilt es, eine echte Beziehungsfähigkeit zu schulen, nach dem Prinzip: So bin ich – wer bist du? Wo gibt es Gemeinsamkeiten zwischen uns, Dinge die wir teilen können? Und wo sind wir verschieden? In Bezug auf Letzteres bedeutet dies auch, die bestehenden Unterschiede nicht nur zu erkennen, sondern sie auch zu akzeptieren, vielleicht sogar in Betracht zu ziehen, dass sie eine Bereicherung des eigenen Lebens darstellen können.

Ganzheit:

Wenn die Fähigkeit geschult wurde, die Umwelt und das Gegenüber mit offenen Augen, ohne die Brille der eigenen Weltsicht zu sehen, können die so gewonnenen Eindrücke zu einer echten Bereicherung des eigenen Seins werden. Gelingt es, sich echt und ehrlich in eine Beziehung einzulassen, erlaubt dies nicht nur, einen anderen Menschen kennenzulernen, sondern auch sich selbst in einem neuen Licht zu sehen.

Wann immer der Schritt gewagt wird, sich partnerschaftlich zu verhalten, ein Gleichgewicht im Geben und Nehmen zu finden, bringt dies eine tiefe Befriedigung, eine Bestärkung des eigenen Wesens und Weges. Auch eine offene Auseinandersetzung mit dem Du erweist sich als erfüllend, bringt neue Impulse fürs eigene Leben und stärkt die Selbstwahrnehmung. So ist es möglich, noch klarer und authentischer aufzutreten und der Welt mutig und stark zu begegnen.

Immer dann, wenn diese Menschen bereit sind, die anderen und deren Ansprüche zu sehen und ihnen auch Beachtung zugestehen, erleben sie selbst mehr Anerkennung und Ansehen. Auf diese Weise können sie das für sie so immens wichtige Image der Welt gegenüber beträchtlich verbessern.

Absteigender Mondknoten im siebten Haus / Aufsteigender Mondknoten im ersten Haus

Mitgebrachte Verhaltensmuster:
Diese Menschen orientieren sich ganz am Du, am Gegenüber. Ihre Aufmerksamkeit ist nach außen gerichtet, auf das Verhalten anderer, deren Wünsche und Anliegen. Das Eigene wird über die Beziehung zu anderen, durch die Spiegelung in ihnen, in der Auseinandersetzung mit ihnen gesucht.

Bezogen sein ist das Maß aller Dinge. Auf sich selbst zurückgeworfen zu sein, kein Gegenüber zu haben, ist für sie eine schlimme Vorstellung. Umso intensiver unternehmen sie alles, um ein Gegenüber zu involvieren, eine Beziehung herzustellen. Nur wenn es ihnen gelingt, andere zu einer Reaktion zu veranlassen, wenn Austausch möglich ist, fühlen sie sich ganz und lebendig.

Je nach vorhandenem Temperament und Möglichkeiten werden Austausch und Bezogenheit in ganz unterschiedlicher Weise erzeugt. Im Vordergrund steht zunächst einmal ein großes Engagement für andere, das Bemühen, sie für sich einzunehmen, um ihre Zuwendung zu erlangen. Immer wieder wird das Wesen der anderen, ihr Verhalten und ihre Reaktionen studiert, um möglichst gut darauf eingehen zu können. Es wird viel Aufmerksamkeit darauf verwendet, Anliegen, Absichten und Bedürfnisse eines Du zu kennen – immer in der Hoffnung und Erwartung, auf diese Weise Wege zu finden, um ein Echo zu erhalten. Oft gehen diese Bemühungen auf Kosten der Eigenwahrnehmung.

Im Bestreben, anderen gerecht zu werden und fair zu bleiben, bleiben auch die eigenen Interessen tendenziell auf der Strecke. Beziehung wird dann zum notwendigen Instrument, um sich selbst zu erleben.

Unter gewissen Umständen werden auch Auseinandersetzung und Konfrontation zu Mitteln, die genutzt werden, um Beziehung zu ermöglichen. Auch durch Kampf mit dem Gegenüber kann Beziehungsdynamik entstehen, Herausforderung wird in der Absicht eingesetzt, eine Reaktion zu erzeugen, was wiederum als belebende Auseinandersetzung mit dem Du gewertet wird. Die innere Haltung in diesem Zusammenhang besagt: Wenn Liebe und Gemeinsamkeit nicht möglich sind, dann wenigstens Streit und Reibung – auch so findet Beziehung statt.

Karmisches Bild:

Ohne ein Du bin ich einsam und verloren. Nur in der Begegnung, der Spiegelung, der Auseinandersetzung kann ich mich erfahren. Um Beziehung zu finden und zu erhalten sind alle Mittel recht.

Gemachte Lebenserfahrungen:

Schon in der Kindheit erleben diese Menschen, wie ihr selbstverständliches Miteinbeziehen von anderen nicht wie erwartet zu mehr Austausch und Bezogenheit führt, sie sich immer wieder ungerecht behandelt und allein gelassen fühlen.

Später sorgt die Erfahrung dafür, dass ihre großen Bemühungen, Beziehung herzustellen und zu erhalten, nicht den gewünschten Effekt haben. Andere distanzieren und entziehen sich, verweigern die Auseinandersetzung, obwohl sie alle Hebel in Bewegung setzen, alles tun, was sie können und kennen, um in Beziehung zu bleiben.

Die Opferung eigener Interessen zugunsten der Anliegen anderer oder die Provokation von Ärger, um im Streit ein Gegenüber zu finden, versagt nicht nur den gewünschten Erfolg, sondern geht oft auch mit der Erfahrung einher, allein gelassen zu werden.

Entwicklungsschritt:

Für diese Menschen ist es zunächst wichtig, den Blick vom Außen abzuwenden und auf sich selbst zu richten. Anstelle der Auseinandersetzung mit den anderen und deren Leben, sind sie aufgefordert, sich zunächst mit dem eigenen In-der-Welt-Sein zu beschäftigen. Es gilt zu lernen, dass nur da, wo ein klares Ich präsentiert wird, eine wirkliche Begegnung mit dem Du stattfinden kann. Entsprechend besteht die Aufgabe darin, sich aus sich selbst zu definieren, anstatt sich in den anderen zu spiegeln.

Selbstbehauptung anstelle von Rücksichtnahme ist angesagt, die Beschäftigung mit dem eigenen Auftreten, der eigenen Wirkung, der eigenen Anliegen ist wichtig und soll die Auseinandersetzung mit dem Verhalten und den Reaktionen anderer Menschen ersetzen. Kurz gesagt, es gilt, das eigene Ich zu finden und den Mut zu haben, sich auch zu zeigen – ohne darauf zu achten, was die Welt und das Gegenüber davon halten.

Ganzheit:

Wenn es gelingt, ganz bei sich selbst zu bleiben, spontan und offen in die Welt zu treten – ohne Blick auf die Reaktionen eines Gegenübers –, wird es möglich, eine ganz neue Beziehungsebene zu entdecken. Wenn das Eigene wahrgenommen und ernst genommen wird, ergibt sich eine Beziehungsdynamik, bei der sich wirklich zwei eigenständige Wesen auf Augenhöhe begegnen. Wenn die Selbstdarstellung ohne Anspruch auf Bestätigung durch ein Du stattfindet, können die natürlichen, realen Echos erkannt werden. Gelingt es, klar einen eigenen Standpunkt einzunehmen, ohne dabei den des Gegenübers bereits mitzuberücksichtigen, sind lebendige und bereichernde Begegnungen und Auseinandersetzungen möglich.

Je mehr Mut zum eigenen Weg vorhanden ist, je größer die Bereitschaft ist, eigenständig in der Welt zu stehen, umso besser ist die Chance auf eine wirklich erfüllende und ihren Namen verdienende echte Beziehung.

Die Mondknoten in 2/8 – »Besitz- und Wertachse«

Bei dieser Achse geht es um die Auseinandersetzung mit Werten jeder Art. Dem Bedürfnis nach eigener Sicherheit und all dem, was als wertvoll erachtet und daher in Besitz genommen werden will (zweites Haus), steht die Abhängigkeit von anderen und deren Werten (achtes Haus) gegenüber.

Während es im zweiten Haus um die zur Verfügung stehenden eigenen Talente und deren Nutzung geht, darum den eigenen Raum zu definieren und einzunehmen, dreht sich im achten Haus alles um die Dinge, die anderen gehören, und an denen man unter bestimmten Umständen teilhaben kann. Im zweiten Haus findet sich das selbst Erworbene, der eigene Besitz, im achten das Ererbte, alles, was zu treuen Händen zur Verfügung gestellt wird, aber auch wieder weggenommen werden kann.

Das zweite Haus beschreibt das, was einen Menschen im Leben verankert, das achte die Themen, deren Vergänglichkeit anerkannt werden sollte, und die immer wieder infrage gestellt und gewandelt werden wollen. Während es im zweiten Haus darum geht, an dem, was wichtig und wertvoll ist, festzuhalten, etwas zu pflegen und zu bewahren, ist im achten die Bereitschaft gefragt, Risiken einzugehen und loszulassen. Im zweiten Haus geht es um eigene Werte, im achten um die der anderen oder der Gesellschaft. Im zweiten Haus steht das Haben und Sein im Zentrum, im achten das Be-Wirken und Vergehen.

In der Ganzheit gilt es, ein gesundes Gleichgewicht zu finden zwischen Bewahren und Wandeln, Sichern und Loslassen, eigenen und gesellschaftlichen Werten, Selbstständigkeit und Abhängigkeit.

Absteigender Mondknoten im zweiten Haus/ Aufsteigender Mondknoten im achten Haus

Mitgebrachte Verhaltensmuster:
Diese Menschen verfügen über ein großes Sicherheitsbedürfnis. Ihre Wertvorstellungen sind ganz klar und sehr bestimmt. Sie definieren sich über das, was sie haben. Je nach Zeichen geht es dabei nicht nur um materielle Werte (Erde), sondern auch um Beziehungen (Wasser), Wissen (Luft), Wirkung und Macht (Feuer). Ihre Aufmerksamkeit gilt all dem, was sie erwerben können, nur dann fühlen sie sich sicher und stabil. Das, was sie als wichtig, wertvoll und zu ihnen gehörend erachten, versuchen sie unter allen Umständen zu bewahren und zu erhalten.

Auch ihr Körper und ihre Talente (Gaben) haben für sie eine große Bedeutung, in ihrem Verständnis sind es diese beiden, die ihnen die Existenz in dieser Welt garantieren. Sie haben ein ausgeprägtes Schutzverhalten. Wenn sie etwas in Besitz genommen, ihren Platz gefunden und eingenommen haben, verteidigen sie ihn mit großem Einsatz. Entsprechend schwer tun sie sich mit Risiken jeder Art. Sie scheuen vor allem zurück, bei dem auch nur die leiseste Gefahr besteht, es könnte verloren gehen oder zerstört werden. Die Vorstellung, auf etwas zu verzichten, etwas herzugeben, was für sie bedeutungsvoll ist, ist ihnen ein Gräuel. Ohne eigene Werte und Sicherheiten sehen sie sich in ihrer Existenz bedroht.

Karmisches Bild:
Ich bin, was ich habe. Dinge (Menschen, Wissen, Macht) zu besitzen, verleiht mir Gewicht und Ansehen. Wenn ich nichts habe – kann ich nicht existieren!

Gemachte Erfahrungen:
Schon in der Kindheit zeigen diese Menschen ein ausgeprägtes Sammel- und Besitzverhalten, verteidigen alles, was ihnen gehört mit großem Eifer. Allerdings kommen sie schon sehr früh immer wieder in Situationen, in denen ihre diesbezüglichen Ansprüche nicht respektiert werden.

Später werden sie immer wieder mit der Erfahrung konfrontiert, dass es nicht möglich ist, das Eigene zu bewahren. Alles, was sie als wichtig und erhaltenswert erachten, erweist sich immer mehr als Ballast und Hindernis. Das geht so weit, dass sie sich letztlich in einer Situation gefangen fühlen, in der sie zwar alles haben, was ihnen wichtig erscheint, jedoch nicht mehr frei leben, sich bewegen und entwickeln können.

Dies gilt nicht nur für materielle Dinge, sondern auch für Beziehungen, Wissen oder Rollen und Rechte. Je mehr sie sich anstrengen, etwas zu erhalten, umso größer wird die Gefahr, dass es seinen Wert verliert, zur bloßen hohlen Form wird oder ganz abhanden kommt. Es wird auch immer wieder deutlich, dass die Welt den aus den vorhandenen Besitztümern und Talenten abgeleiteten Anspruch nach Bedeutung nicht anerkennt.

Entwicklungsschritt:
Für diese Menschen ist es wichtig, Mut zum Risiko zu entwickeln. Es geht für sie darum, etwas zu wagen, was jenseits des Bekannten, Sicheren und Vertrauten liegt. Sie sind aufgefordert zu lernen, dass es mehr bringen kann, wenn sie bereit sind, das loszulassen, was ihnen bisher Sicherheit verliehen hat. Die eigenen (Verlust-)Ängste wollen konfrontiert, die inneren Abgründe erkannt werden. Nur

durch diese Bereitschaft können die wahren inneren Schätze gefunden werden.

Anstatt sich ausschließlich auf sich selbst und das eigene, selbst Geschaffene zu verlassen, gilt es für sie zu lernen, dass sie manchmal auch auf andere zählen müssen – und können, und auch auf deren Bereitschaft, Werte und Talente zur Verfügung zu stellen. Vertrauen in andere, in die natürlichen Prozesse von Stirb und Werde wollen geschult werden.

Ab und zu gilt es, einen Schritt zu wagen, der zunächst in die Dunkelheit führt, wo scheinbar alles zurückgelassen werden muss, weil nur so ein neuer Anfang, ein erfüllteres Leben gefunden werden kann. Ohne einen Blick zurückzuwerfen, um sich zu versichern, dass alles noch da ist, gilt es, mutig voranzuschreiten, das alte Ufer zu verlassen, um zu einem neuen zu gelangen.

Ganzheit:
Wenn der Mut vorhanden ist, Bestehendes loszulassen und sich in unbekannte und unvertraute Gebiete vorzuwagen, können die eigenen Gaben und Fähigkeiten in neuer Form zur Geltung kommen. Die Bereitschaft, bestehende (vermeintliche) Sicherheiten und Werte infrage zu stellen, öffnet den Raum für eine umfassendere, innere Stabilität. Dies hat auch wieder neue äußere Sicherheiten zur Folge.

Wenn den laufenden Prozessen vertraut wird, die Bereitschaft vorhanden ist, sich jemandem oder etwas anzuvertrauen, winkt am Ende ein wertvolles Geschenk. Wie in vielen Märchen und Mythen folgt nach dem Abschied, dem (einsamen) Gang durch die Unterwelt, die Rückkehr zum Licht, der Aufstieg in die reale Welt – und die Ernte.

Absteigender Mondknoten im achten Haus/ Aufsteigender Mondknoten im zweiten Haus

Mitgebrachte Verhaltensmuster:
Diese Menschen gehen grundsätzlich davon aus, dass nichts Bestand hat, alles immer im Wandel ist. Darauf eingestellt neigen sie dazu, alles, was ist, infrage zu stellen und die eigenen Kräfte dafür zu nutzen, die ablaufenden Prozesse, wenn möglich, zu kontrollieren. Macht-/

Ohnmacht-Situationen sind ihnen vertraut, sie haben ein feines Gespür für Übergriffe und Machtmissbrauch, für Tabus und die Abgründe des menschlichen Daseins.

Gesellschaftliche Werte und die damit verbundenen Rollen erhalten ebenfalls viel Aufmerksamkeit, wobei entweder selbst eine entsprechende Position gesucht oder die bestehenden Machtsysteme infrage gestellt werden. In jedem Fall achten sie stark auf ihre Wirkung, nur wenn sie Einfluss nehmen können, fühlen sie sich sicher.

Sie wenden viel Energie auf, um die Welt und andere zu manipulieren, sich dabei jedoch im Hintergrund zu halten. Sie achten auch sehr darauf, wie andere auf ihr Verhalten und ihre Aktionen reagieren. Sie legen viel Wert darauf, dass andere Menschen sie brauchen, setzen sich auch sehr für diese ein, zeigen sich vor allem dann besonders loyal und engagiert, wenn andere sich in Krisen befinden. Abhängigkeitsverhältnisse lassen sie ambivalent reagieren. Sie schätzen zwar solch eine Bindung, fürchten jedoch die Verbindlichkeit. Wenn eine Situation ihnen zu entgleiten droht, wenn sie keine Möglichkeit mehr sehen, etwas zu bewirken, verlassen sie die Situation oder beenden die Beziehung, ganz nach dem Motto: »Lieber ein Ende mit Schrecken als ein Schrecken ohne Ende«.

Karmisches Bild:
Die Welt ist ein gefährlicher Ort, überall lauern Gefahren. Ich bin wichtig, habe viel Macht zur Verfügung. Mein Verhalten hat eine starke Wirkung, ich muss alles tun, um die Kontrolle zu behalten. Wenn ich versage, lade ich mir Schuld auf. In kritischen Situationen ist es besser, etwas zu zerstören, sterben zu lassen oder den Ort des Geschehens zu verlassen, als mit der Tatsache konfrontiert zu werden, dass die eigene Kraft nicht ausreicht, sie zu lösen.

Gemachte Erfahrungen:
Schon in der Kindheit machen diese Menschen die für sie erschreckende Erfahrung, dass sie über gewisse Situationen keinen Einfluss haben, sie der Welt und dem Willen anderer ausgesetzt sind. Ihr Bemühen, die Kontrolle zu behalten, kann sie dazu veranlassen, einen Weg zu finden, dass sie und ihre Fähigkeiten wichtig werden und sie am Verlauf eines Geschehens mitwirken können.

Später erleben sie immer wieder, dass sich andere genau dann, wenn sie besonders viel Energie dafür verwenden, die Kontrolle zu behalten, entziehen oder Widerstand leisten. Ihre Versuche, mit allen zur Verfügung stehenden Mitteln Einfluss zu nehmen, können sie in eine Sackgasse führen, wo nichts mehr geht, weitere Schritte blockiert scheinen. Trotz des enormen Sinns für Machtverhältnisse erleben diese Menschen immer wieder, dass sie nicht imstande sind, ihr Wissen zu nutzen, um entsprechende Vorgänge zu steuern. Ihre Tendenz, in solchen Momenten eine Beziehung abzubrechen oder die Situation zu verlassen, bringt jedoch nicht die erhoffte (Er-)Lösung, sondern hinterlässt den Eindruck von Versagen.

Auch die durchaus vorhandene Neigung, sich bevorzugt den dunkleren Aspekten des Lebens und den vorhandenen Gefahren zuzuwenden, bringt meist nicht wirkliche Befriedigung, droht vielmehr zu einer Fixierung zu werden, wo nur noch gegen die Abgründe des Lebens gekämpft wird, anstatt seine Schönheiten zu genießen.

Entwicklungsschritt:

Hier ist es wichtig, die Aufmerksamkeit vermehrt den Dingen zuzuwenden, die Stabilität und Sicherheit versprechen. Es gilt, die eigenen Gaben und Talente kennenzulernen, sich auf die eigenen Werte zu besinnen. Anstatt darauf zu achten, welche Wirkung das eigene Verhalten auf die Umgebung hat, gilt es, sich bewusst sich selbst, dem eigenen Körper, dem, was real vorhanden ist, zuzuwenden.

Zusätzlich ist die Bereitschaft gefragt, sich für die Erhaltung von Bestehendem einzusetzen und auch in kritischen Situationen, in denen es nicht möglich ist, Einfluss zu nehmen, auszuharren. Echtes Selbstvertrauen will erworben werden, das unabhängig ist von anderen und deren Vorstellungen oder von gesellschaftlichen Werten und Normen. Es gilt, den eigenen Platz zu finden, den Eigenraum zu definieren und einzunehmen und sich in einer gesunden Weise niederzulassen.

Ganzheit:

Wenn die eigene innere Sicherheit gefunden ist, wird es möglich, klar zu unterscheiden, wann es in einer Krise gilt, einen Schlussstrich zu ziehen, und wann es sinnvoll ist, weiterzumachen. Wenn eigener Boden geschaffen ist, eigene Werte – unabhängig von denen der Gesellschaft – definiert wurden, zeigt sich, dass der Einfluss, die Wirkung auf die Welt stärker wird, die vorhandene Fähigkeit auch Schatten und Abgründe zu erkennen, in einer konstruktiven Weise eingesetzt werden kann.

Wenn die Aufmerksamkeit dem zugewandt ist, was lebendig und erhaltenswert ist, fällt es leicht, sich in gesunder und angemessener Form von dem zu verabschieden, was nicht mehr zeitgemäß ist. Die bewusste Wahrnehmung und Wertschätzung des Eigenen erlaubt es, mit Fremdwerten leichter und kreativer umzugehen. Erfahrungen von Schuld, Machtmissbrauch und Versagen können dann realistischer beurteilt werden und an Schrecken verlieren, wenn es gelingt, den eigenen Raum, die eigenen Fähigkeiten und das eigene Sein wertzuschätzen.

Die Mondknoten in 3/9 – »Denk- und Kommunikationsachse«

Bei dieser Achse geht es um den Kontakt mit der Welt und um den Sozialisierungsprozess. Im dritten Haus werden all die Fähigkeiten erworben, die nötig sind, um sich im nahen Umfeld zu bewegen. Das Lernen in Schule und Kursen gehört ebenso dazu wie der Kontakt mit Geschwistern, Nachbarn und Kollegen. Im dritten Haus finden auch alle Aktivitäten statt, die der normalen sozialen Zugehörigkeit dienen. Im neunten Haus hingegen geht es um das Verständnis für die größeren Zusammenhänge, den kulturellen, ethisch-moralischen Kontext, die in einer Gesellschaft vorhandenen Glaubenssätze und Philosophien. Im neunten Haus wird Bildung erworben, das Recht und die Wahrheit gesucht und definiert. Kontakte mit anderen Kulturen und Weltbildern, die Auseinandersetzung mit religiösen und spirituellen Führern und Dogmen gehören ebenso ins neunte Haus.

Bei der Achse 3/9 soll ein gesundes Gleichgewicht gefunden werden sowohl zwischen den alltäglichen Kontakten mit Menschen, dem Interesse an allem, was andere tun oder lassen, und den Aktivitäten, die der Erweiterung des eigenen Horizonts dienen, als auch der Suche nach der Wahrheit und der Auseinandersetzung mit dem, was als richtig und wichtig für den eigenen Entwicklungsweg erachtet wird.

Absteigender Mondknoten im dritten Haus / Aufsteigender Mondknoten im neunten Haus

Mitgebrachte Verhaltensmuster:

Für diese Menschen ist es wichtig, im sozialen Umfeld gut integriert zu sein, dazuzugehören. Sie sind offen für alles, lieben es, mit Menschen in Kontakt zu stehen. Das Zusammensein mit Kollegen und Freunden bedeutet ihnen viel und sie sind entsprechend bereit, all das zu tun, was nötig ist, um von ihrem Bekanntenkreis akzeptiert zu werden.

Da sie an allem interessiert sind, was in ihrer Umgebung vorgeht, informieren sie sich anhand der zur Verfügung stehenden Kommunikationsmittel. Es liegt ihnen auch viel daran, über genügend Allgemeinbildung zu verfügen, um mitreden zu können, entsprechend haben Schulen, Kurse, Bücher oder alle anderen Möglichkeiten, Neues zu lernen, für sie einen besonderen Reiz. Wissen und ihre erworbenen Erkenntnisse geben sie gerne weiter, ohne dabei eine Wertung vorzunehmen, oft auch ohne Stellung zu beziehen und eigene Erfahrungen miteinzubeziehen. Sie sind es gewohnt, sich in jeder Situation schnell anzupassen, beobachten die herrschenden Benimm- und Verhaltensmuster und kopieren sie.

Wenn es darum geht, eine Entscheidung zu fällen, eine Ansicht zu äußern, eine Wahrheit oder einen möglichen Weg zu finden, sammeln sie gerne alle zur Verfügung stehenden Informationen. Ihre Offenheit, Vielseitigkeit und Anpassungsfähigkeit hat oft etwas Unverbindliches, Allgemeines, als würden sie sich scheuen, sich auf eine bestimmte Richtung festzulegen.

Karmisches Bild:

Die Welt ist wie ein Dorf. Es ist wichtig, sich so zu verhalten, dass die Akzeptanz der Umgebung gewährleistet ist. Dazugehören, verstehen und mitreden zu können ist alles. Soziale Missachtung, das Ausgeschlossenwerden von gemeinsamen Aktivitäten aufgrund von Unkenntnis oder unpassendem Verhalten ist unter allen Umständen zu vermeiden.

Gemachte Lebenserfahrungen:

In der Kindheit verhalten sich diese Menschen meist kontaktfreudig, suchen die Gesellschaft anderer, zeigen sich lernfreudig und an die herrschenden sozialen Regeln angepasst. Allerdings erleben sie immer wieder, dass nicht alle über ihr Interesse und ihr Bedürfnis, überall mit dabei zu sein, erfreut sind. Möglicherweise ist auch das ihnen so wichtige gute Verhältnis zu Geschwistern, Nachbarskindern und Schulkameraden nicht ganz so problemlos.

Später erfahren sie zunehmend, dass ihr Eifer, ihre Fragen, ihre Anmerkungen und Erklärungen, auch wenn sie klug sind, nicht den erhofften Anklang finden. Sie sehen sich trotz gekonntem und geschliffenem Sozialverhalten immer wieder etwas im Abseits. Es kann auch vorkommen, dass sie in ihrem Bemühen, gesammelte Informationen und erworbenes Wissen weiterzugeben, auf Desinteresse, taube Ohren oder gar kühle Ablehnung stoßen.

Ihre große Anpassungsfähigkeit wird ebenfalls nicht honoriert oder gar als Beliebigkeit abgewertet. Je mehr sie sich anstrengen, um dabei zu sein und dazuzugehören, umso unbefriedigender sind die Reaktionen der Umwelt. Es ist auch denkbar, dass sie sich unverhofft in einer Situation wiederfinden, in der gewisse Informationen über sie ihr Ansehen infrage stellen. Auch ihr Versuch, durch möglichst viel Wissen, das Lernen von immer neuen Inhalten, das Sammeln von Informationen voranzukommen, dürfte kaum den erhofften Erfolg bringen – sogar oft in der Erkenntnis resultieren, dass all das angelernte Wissen nicht wirklich befriedigt und weiterbringt.

Entwicklungsschritt:

Für diese Menschen ist es wichtig, ihren Blick über die unmittelbare Umgebung hinauszurichten und eine weiterreichende Perspektive zu entwickeln. Sie sind aufgefordert, sich aufgrund ihrer Erfahrungen eine eigene Meinung zu bilden. Anstatt übernommenes und gesammeltes Wissen zu zitieren und weiterzugeben, geht es darum, dieses in seiner Bedeutung zu verstehen, sich über Gelesenes eine eigene Meinung zu bilden und dann den Mut zu haben, diese zu vertreten. Vorhandene Informationen wollen sinnvoll genutzt, eigene Schlüsse gezogen werden.

Anstelle ihrer sorgfältigen Neutralität und Wertfreiheit soll eine klare, ethische Haltung treten. Darüber hinaus geht es auch darum, sich mit der Frage auseinanderzusetzen, was dem Leben Sinn und Inhalt gibt, ihm einen Wert verleiht. Die eigenen sozialen Aktivitäten wollen bewusst ausgewählt werden im Hinblick darauf, ob sie dabei behilflich sind, sich weiterzuentwickeln.

Anstelle einer Anpassungsleistung sind Führungs- und Vorbildqualitäten gefragt. Weiterbildung in ihrem ureigensten Sinn, die Beschäftigung mit fremden Kulturen und philosophischen Fragen können auf diesem Weg eine wichtige Rolle spielen. Auch die Auseinandersetzung mit den eigenen Glaubenssätzen und denen anderer Menschen lohnt sich. Letztlich geht es darum, ein eigenes Weltbild zu entwickeln; zu erkennen, dass es verschiedene Wahrheiten gibt, und gleichzeitig bereit zu sein, die eigene zu finden und zu vertreten.

Ganzheit:

Wenn der Prozess einer eigenen Meinungsbildung in Angriff genommen wird und die Bereitschaft vorhanden ist, die eigenen Einsichten und Erkenntnisse auch zu vertreten, erhalten das vorhandene Wissen und die gesammelten Informationen eine neue Qualität. In einen Kontext gesetzt, durch eigene Erfahrung auf ihre Bedeutung hin überprüft, können sie gezielt und bewusst genutzt werden.

Wenn eine klare eigene Ausrichtung besteht, Sinnvolles von Sinnlosem unterschieden wird, dann kann die Fähigkeit, vieles gleichzeitig aufzunehmen, sich in ganz verschiedenen Umgebungen zurechtzufinden zu einem wertvollen Hilfsmittel für die eigene Entwicklung werden. Wenn die eigene Wahrheit gefunden ist, fällt es leicht, ganz offen den verschiedenen, herrschenden Sichtweisen zu begegnen. Wird die Rolle des Vorbildes akzeptiert, sind die eigenen Überzeugungen und Annahmen klar definiert, wird aufgrund von Einsicht und tieferem Verständnis entschieden – dann gelingt es mühelos, sich, wenn erwünscht, in jedem Umfeld geschickt und angemessen zu bewegen und dabei Erfolg zu haben.

Absteigender Mondknoten im neunten Haus/ Aufsteigender Mondknoten im dritten Haus

Mitgebrachte Verhaltensmuster:

Für diese Menschen hat alles, was mit »richtigem« Verhalten zu tun hat, eine herausragende Bedeutung. Sie wollen sich entwickeln, in jeder Hinsicht vorankommen, etwas erreichen. In ihrem Streben nach Höherem beweisen sie großen Eifer, beschäftigen sich intensiv mit der Frage, was die wahre Bedeutung des Lebens sei. Ihr Tun und Lassen ist darauf ausgerichtet, sinnvoll, rechtschaffen und dem Weiterkommen förderlich zu sein.

Meist haben sie ein Flair für alles, was mit »höherer« Bildung zu tun hat, sind interessiert an philosophischen Fragen. Weit gereist zu sein, gebildet oder auch kulturell erfahren und stilsicher sein sind für sie erstrebenswerte Qualitäten. Für die Niederungen des Gewöhnlichen haben sie in der Regel wenig übrig, halten sich nach Möglichkeit davon fern. Ihr Streben kann je nach individuellem Horoskop allerdings ganz unterschiedlich zum Ausdruck kommen, es kann sich auf gesellschaftliches Ansehen beziehen oder auch auf geistige Inhalte.

Je nach Ausrichtung verhalten sie sich mit einem überzeugten Selbstverständnis, haben eine klare Meinung darüber, was richtig und wichtig sei. Aus dieser »selbstgerechten« Perspektive heraus betrachten sie die Welt und fällen schnell ein Urteil über das Verhalten anderer.

Sie sehen sich auch gerne in der Position eines Lehrers, lieben es, ihre Ansichten und ihr Weltbild anderen zu vermitteln, in der Überzeugung, auf diese Weise einen Beitrag zu deren Weiterkommen zu leisten. Einer anderen Variante gemäß sehen sie sich selbst in der Rolle eines Wahrheitssuchenden. Sie streben dann nach Vervollkommnung und Weiterbildung. Kulturelle Inhalte, philosophische oder auch spirituelle Themen interessieren sie besonders. In diesen Belangen suchen sie nach Vorbildern, Lehrern und Meistern, eifern ihnen nach, immer in der Hoffnung, selbst einmal zum Adepten oder Gelehrten zu werden. Die Suche nach der Wahrheit oder den für sie richtigen Weg nimmt viel Aufmerksamkeit in Anspruch und sie übersehen in ihrem Eifer oft die ganz alltäglichen Dinge des Lebens.

Karmisches Bild:

Alles, was zählt in der Welt, ist das soziale Ansehen und das Wissen um die Wahrheit. Gesellschaftliche und geistige Führerschaft haben eine herausragende Bedeutung. Es ist wichtig, sich ethisch und moralisch richtig zu verhalten, nach Bildung zu streben und zum Vorbild für die anderen zu werden. Wer den Weg kennt, soll die anderen anleiten, ihnen sagen, was zu tun sei.

Gemachte Lebenserfahrungen:

Bereits in der Kindheit nimmt das Streben nach Weisheit und die Frage nach dem »richtigen« Verhalten eine herausragende Bedeutung ein. Die Menschen im Umfeld werden getestet, ob sie als Vorbild und Lehrer geeignet sind, ob sie wissen, was in jeder Lebenslage zu tun ist, und bei anderen auch entsprechendes Ansehen genießen. Solche Figuren werden verehrt, ihr Rat gesucht, ihrem Verhalten nachgeeifert. Ein inneres Wissen um das Echte, um die Wahrheit und den Weg prägt das eigene Verhalten. Das Bedürfnis, rechtschaffen zu sein und dafür Anerkennung zu erhalten, ist groß. Alles, was im Leben geschieht, wird danach beurteilt, ob es dem eigenen Verständnis in Bezug auf Gerechtigkeit genügt.

Alltägliches Spiel mit Kollegen hat wenig Reiz, erscheint banal und unwichtig. Menschen, die keinen Anspruch auf Bildung, Wissen und höhere Wahrheit haben, werden als oberflächlich und seicht wahrgenommen. Entsprechend hat das eigene Verhalten manchmal etwas Altkluges, Übereifriges und Belehrendes. Allerdings scheint die Welt oft diesen eigenen Anspruch wenig zu honorieren. Vorbilder enttäuschen. Menschen, deren Rat gesucht wird, weigern sich, diese Rolle einzunehmen oder geben unbrauchbare Ratschläge.

Auch das eigene Streben nach Bildung nimmt oft nicht den gewünschten Verlauf; die eigenen wohlmeinenden Versuche, anderen mitzuteilen, wie die Welt funktioniert, stoßen auf wenig Echo. Dafür zeigt sich im Laufe des Lebens immer mehr, dass es an Alltagsweisheit mangelt. All die scheinbar nebensächlichen und unnötigen Banalitäten, die das soziale Zusammenleben prägen, werden zunehmend zu Stolpersteinen. Es erweist sich, dass das ganze Wissen und die Weisheit wenig nützen, wenn es nicht gelingt, im alltäglichen Kontakt mit anderen zu bestehen.

Immer wieder wird deutlich, dass gerade die scheinbar banalen Abläufe wichtige Elemente beinhalten, die nötig sind, um die großen Ziele zu erreichen. Es stellt sich zunehmend heraus, dass es unmöglich ist, die komplexen Zusammenhänge wirklich zu verstehen ohne das Einholen von simplen Informationen.

Entwicklungsschritt:
Auf der Suche nach den großen Zusammenhängen und Wahrheiten ist es für diese Menschen wichtig, den Blick für das Naheliegende nicht außer Acht zu lassen. Als Leitsatz kann ihnen das Sprichwort: »Warum denn in die Ferne schweifen, wenn das Gute liegt so nah«, dienen. Es gilt zu erkennen, dass die größten Weisheiten nicht nutzbar sind, wenn es nicht möglich ist, sie im alltäglichen Kontext umzusetzen und zu nutzen. Diese Menschen sind daher aufgefordert, sich ganz bewusst und gezielt um die alltäglichen Abläufe und Kleinigkeiten des Lebens zu kümmern und auch vor Fragen nicht zurückzuschrecken. Eine einfache Frage und eine ebenso einfache Antwort beinhalten oft mehr, als auf den ersten Blick sichtbar ist. Es gilt, das Kleine, das Simple schätzen zu lernen, zu erkennen, dass genau diese scheinbaren Banalitäten manchmal von unschätzbarem Wert sein können.

Das Gespräch mit Nachbarn und Kollegen will gesucht werden, auch wenn es dabei um ganz gewöhnliche Inhalte geht, die kaum größere Erkenntnisse versprechen. Gerade in solchen Momenten können unverhofft Bemerkungen ausgetauscht werden, die sich langfristig als wichtig und bedeutend erweisen. Darüber hinaus geht es auch darum, sich nicht zu schade für soziale Kontakte zu sein, die auf den ersten Blick wenig bringen. Ob es sich um einen Besuch in der Kneipe, das Benutzen von öffentlichen Verkehrsmitteln oder auch um den Besuch einer Informationsveranstaltung handelt – oft sind es Aktivitäten dieser Art, die wichtige Inhalte für den eigenen Weg bereithalten. Selbst der von ihnen verpönte Klatsch, der Austausch von banalen Alltagsgeschichten kann sich für diese Menschen als wahre Fundgrube erweisen.

Letztlich geht es hier darum, die Grundbausteine des menschlichen Zusammenlebens kennenzulernen, sich zu einem sozialen Wesen zu entwickeln und sich die dazu nötigen Kenntnisse anzueignen.

Ganzheit:

Wenn die Bereitschaft vorhanden ist, sich mit der Alltagswelt zu beschäftigen und den Kontakt zu anderen zu suchen, fällt es beträchtlich leichter, den eigenen Weg und die eigene Wahrheit zu finden. Es wird dann möglich, das vorhandene Wissen, die mitgebrachten inneren Bilder und Einsichten auch in der realen Welt umzusetzen. Wenn es gelingt, die gängige Sprache der Mitmenschen zu verstehen und sich auch in einfachen Worten und Zusammenhängen auszudrücken, können die vorhandenen großen Wahrheiten so formuliert werden, dass sie bei den anderen auch ankommen.

Der Mut, auch simple Fragen zu stellen, die Bereitschaft, an Alltagsgesprächen teilzunehmen oder auch mal eine Zeitung zu lesen oder eine Informationssendung zu hören, wird belohnt, indem das in dieser Art aufgenommene Wissen die bereits vorhandenen Einsichten vertieft und unter Umständen die bekannten Wahrheiten in einem ganz neuen Kontext beleuchten. Dadurch wird das eigene Wissen erweitert.

Das Erlernen der gängigen sozialen Verhaltensregeln wiederum erlaubt es, sich sicher im Alltagsleben zu bewegen, ohne dabei die wirklich sinnstiftenden und für den Lebensweg bedeutenden Fragen zu vernachlässigen. Oft wird es im Gegenteil erst dann möglich, zum echten Vorbild und Lehrer für andere zu werden, jemand zu sein, dessen innere Größe auch in den einfachen Gesten und alltäglichen Verhaltensweisen durchschimmert.

Die Mondknoten in 4/10 – »Skript- und Wachstumsachse«

Auf der Achse 4/10 geht es um die weltliche Entwicklung eines Menschen. Die Verbindung zwischen dem tiefsten Punkt im Horoskop (IC – Imun Coeli – Himmelstiefe) und dem höchsten (MC – Medium Coeli – Himmelsmitte) symbolisiert das Wachstum und die Entwicklung in dieser Welt. Das IC, das vierte Haus, repräsentiert dabei die Wurzeln, die Herkunft, den Boden, auf dem Wachstum erst möglich ist; das MC, das zehnte Haus, steht für das Streben nach Entfaltung und Bedeutung in der Welt, die Krone des Lebensbaumes.

Im vierten Haus geht es um die Frage nach dem Lebensgrund und all den Dingen, die einem Menschen Geborgenheit vermitteln und Basis sind für seine Entwicklung. Die Zugehörigkeit zu einer Gemeinschaft, das soziale Eingebundensein im Umfeld sind weitere Entsprechungen dieses Hauses. Das zehnte Haus wiederum repräsentiert die Themen, die in der gesellschaftlichen Verwirklichung eines Menschen eine wesentliche Rolle spielen. Es geht hier um die sozialen Rollen und Funktionen eines Menschen, das, was man gemeinhin auch als öffentliches Ansehen bezeichnet (im Unterschied zum Aszendenten/erstes Haus, wo es um die individuelle Persona geht).

Diese Achse hat auch mit einem wichtigen Teil des menschlichen Lebensskripts zu tun. Das vierte Haus beschreibt die familiäre Herkunft, die hier erhaltenen Prägungen, während das zehnte die von den Eltern vermittelten Skriptbotschaften in Bezug auf das, was im Leben anzustreben und zu erreichen sei, verkörpert. In der Ganzheit geht es auf dieser Achse darum, ein gesundes Gleichgewicht zu finden zwischen dem eigenen inneren Boden und der äußeren Lebensbasis (viertes Haus) einerseits und der gesellschaftlichen Verwirklichung und Verantwortung (10. Haus) andererseits. Das Wurzelwerk und die Krone des durch diese Achse symbolisierten Lebensbaums sollen in einem gesunden Verhältnis zueinander stehen; die Wurzeln verankern den Baum im Boden, sorgen für die nötigen Nährstoffe, und die Krone trägt Früchte, lässt das Wesen des Baumes sichtbar werden.

Absteigender Mondknoten im vierten Haus/ Aufsteigender Mondknoten im zehnten Haus

Mitgebrachte Verhaltensmuster:

Diesen Menschen bedeutet das vertraute Umfeld sehr viel. Das, was sie unter »Familie« verstehen – wie immer dies auch aussehen mag –, gibt ihnen Halt und Geborgenheit. Sie begegnen der Welt aus dieser geschützten Perspektive, legen entsprechend viel Wert darauf, in einer Gemeinschaft aufgehoben zu sein. Diesem Nest widmen sie viel Aufmerksamkeit, sie pflegen es und unternehmen einiges, um es zu erhalten. Wenn möglich, vermeiden sie die Konfrontation mit der »großen Welt« der Öffentlichkeit, sie ziehen es vor, sich im vertrauten Rahmen zu bewegen.

Je nach individueller Veranlagung zeigen sich dabei zwei unterschiedliche Verhaltensmuster. Gemäß der ersten Variante verharren diese Menschen so lange wie irgend möglich in einer »Kindrolle«. Sie zeigen sich von ihrer abhängigen Seite, suchen Rat und Unterstützung bei anderen und tun alles, um nicht »erwachsen werden« und damit ihren eigenen Platz in der Welt einnehmen zu müssen. Oft führen sie dabei das Verhalten fort, das sie bereits als Kind in der Familie pflegten. Die in der Familie gültigen Muster und Regeln werden weiterverfolgt – allen Aufforderungen einen eigenen Weg zu gehen, das symbolische Elternhaus zu verlassen, ausgewichen. Dies geschieht meist aus der Befürchtung heraus, dass sie ihren Halt und Boden verlören, wenn sie es wagten, selbstständig zu werden.

Um die ihnen so wichtige Geborgenheit und Gemeinschaft zu erhalten, können sie all ihr Streben daraufhin richten, eine Familie zu gründen oder eine familiäre Gemeinschaft zu suchen und zu pflegen. Alles, was der »Familie« dient, erhält besonders viel Aufmerksamkeit. Dabei kann es sich um ein intensives Engagement für eigene Kinder oder die Sprösslinge von Nahestehenden handeln, um das Organisieren von Anlässen zur Pflege der Gemeinschaft oder um das Bedürfnis, möglichst viel Zeit im Kreise von Vertrauten zu verbringen.

Alles, was dieses Gemeinschaftserleben infrage stellen könnte, wird vermieden, vor allem Aufgaben, die einen Schritt ins eigenständige Geschäftsleben oder eine Rolle in der Öffentlichkeit beinhalten.

Karmisches Bild:
Nur im Clan gibt es ein Überleben. Familie, Sippe oder Gemeinschaft haben oberste Priorität, außerhalb drohen Gefahren und Einsamkeit. Nur wenn ich mich irgendwo zugehörig fühle, kann ich Sicherheit und Erfüllung finden. Für die große Welt bin ich ungeeignet, habe nichts zu bieten, was von öffentlichem Interesse sein könnte.

Gemachte Lebenserfahrungen:
Unabhängig von ihrem individuellen Verhalten und Erleben sind diese Menschen stark mit ihrer Herkunftsfamilie verbunden. Selbst unter schwierigen Umständen bleiben sie ihrer Familie treu, nehmen die Rolle ein, die ihnen einst zugewiesen wurde. Als Kinder engagieren sie sich in der Regel stark für die Familie und deren Bedürfnisse, fühlen sich dabei jedoch oft nicht wirklich gesehen und geschätzt.

Später im Leben bleiben sie entweder in der Rolle des Nesthäkchens, das sich als Letztes noch um die Eltern kümmert – oder umgekehrt – den Eltern immer wieder Anlass zur Sorge gibt, und/oder sie gründen eine eigene Familie, der sie sich mit viel Hingabe widmen. Auch die Wohnsituation erhält viel Aufmerksamkeit und Engagement. Sei es die Sehnsucht nach dem eigenen kleinen Häuschen, die Einrichtung der Wohnung oder der Versuch, eine Wohngemeinschaft zu gründen – auf diese Weise möchten sie das ihnen so wichtige Bild eines Zuhauses verwirklichen.

Allerdings erleben sie trotz großem Einsatz oft kein befriedigendes Resultat ihrer Bemühungen. Immer wieder erfahren sie, wie ihre Vorstellung von Gemeinschaft und Familie bei den ebenfalls Betroffenen auf wenig positives Echo stößt, ihr Engagement für Kinder und Eltern nicht honoriert wird oder das Leben selbst ihre heile Welt immer wieder infrage stellt. Je mehr sie sich bemühen, ihre Wurzeln zu hegen, ihre kleine vertraute Umgebung zu pflegen, umso mehr häufen sich Vorfälle, die das Nest infrage stellen und die Geborgenheit aufzulösen drohen.

Im Laufe des Lebens werden die Aufforderungen des Schicksals, die eigene Verwirklichung voranzutreiben, jedoch nachdrücklicher, sodass es immer schwieriger wird, sich zu weigern, eine Rolle in der Welt einzunehmen.

Entwicklungsschritt:

Bei diesen Menschen ist der Mut gefragt, einen Schritt aus dem vertrauten Rahmen herauszumachen. Sie sind aufgefordert, sich dem Leben in der Gesellschaft zu stellen, ihre eigenen Ziele zu definieren und diese dann zu verwirklichen. Es geht darum, sich über die eigene Rolle in der Welt klar zu werden und alle nötigen Schritte zu unternehmen, um diese bewusst einzunehmen.

Damit dies möglich wird, mag es zunächst notwendig sein, die familiäre Umgebung, die gewohnten Muster und Prägungen zurückzulassen, sich neu zu orientieren und selbstständig zu werden. Es gilt, dem Ruf der Welt zu folgen, sichtbar zu werden und Verantwortung für das eigene Wirken zu übernehmen. Anstelle der vorgegebenen Pfade wollen eigene Wege gefunden, anstelle der Erfüllung einer Skriptbotschaft soll die wahre Berufung erkannt werden. Die eigene Karriere sollte nicht der Familie und den damit verbundenen Aufgaben geopfert werden, auch andere gesellschaftliche und soziale Ambitionen sollen ernst genommen werden.

Letztlich geht es darum, die eigene Pflanze, den eigenen Baum in die Höhe wachsen zu lassen, das vorhandene Potenzial zu entfalten und damit gezielt und bewusst in der Welt zu wirken und damit den vorgesehenen Platz einzunehmen.

Ganzheit:

Wenn der Schritt nach draußen gewagt und bewusst ein Weg gewählt wird, welcher erlaubt, die eigenen Fähigkeiten in einer angemessenen Funktion zum Ausdruck zu bringen, stellt sich nicht nur unmittelbarer Erfolg und tiefe Befriedigung ein. Es ist dann auch möglich, ganz gezielt und bewusst auf die mitgebrachten familiären Ressourcen zurückzugreifen. Wenn die Bereitschaft vorhanden ist, der Berufung zu folgen und Verantwortung zu übernehmen, zeigt sich oft, dass das vertraute Umfeld die eigenen Bestrebungen unterstützt und – mehr noch – zur wichtigen Quelle der Ermunterung wird.

Je mehr Aufmerksamkeit dem Wachstum der Krone und den Früchten des Lebensbaumes gewidmet wird, umso stärker und tiefer wachsen auch die Wurzeln. Es wird möglich, ein natürliches Gleichgewicht zu finden zwischen der Erfüllung der Aufgaben in der Gesellschaft und der Pflege der eigenen Wohn- und Familiensituation. Letztere erweist sich immer wieder als stabile Basis für weiteres Wachstum und Entwicklung.

Absteigender Mondknoten im zehnten Haus/ Aufsteigender Mondknoten im vierten Haus

Mitgebrachte Verhaltensmuster:

Diese Menschen zeichnen sich durch einen ausgeprägten Sinn für Verantwortung der Welt gegenüber aus. Nach Erfolg und Ansehen zu streben ist für sie selbstverständlicher und wichtiger Bestandteil ihres Lebensbildes. In sich tragen sie die Vorstellung einer gut funktionierenden Gesellschaft, in der jeder seinen genau definierten Platz einnimmt. Sie sehen sich dabei in einer wichtigen Rolle, von deren Erfüllung andere abhängig sind, und sie versuchen, diese Aufgabe möglichst gut zu erfüllen.

Unbewusst fühlen sie sich zuständig für andere, übernehmen oft selbstverständlich eine Führungsrolle. Entsprechend erwarten sie von der Welt auch den ihnen zustehenden Respekt, fordern Achtung vor ihrer Position und Autorität. Wenn es ihnen aus irgendeinem Grund nicht selbst möglich ist, die ihrem Selbstverständnis entsprechende Funktion auszuüben, richtet sich ihre ganze Aufmerksamkeit auf diejenigen Menschen in ihrem Umfeld, die eine solche innehaben. Von diesen erwarten sie einerseits die Erfüllung ihrer Rolle gemäß den eigenen Vorstellungen und Erwartungen – andererseits rechnen sie auch damit, dass jene alles tun, um die eigenen Ambitionen zu unterstützen und zu fördern.

In gesellschaftlichen Strukturen, die die Rolle der Frau am Herd und an der Seite ihres Mannes sehen, kommt es zum Beispiel häufig vor, dass eine Frau mit dieser Mondknotenstellung unbewusst einen Mann wählt, der die eigentlich ihrem Selbstverständnis entsprechende Karriere (an ihrer Stelle) macht. Im Innersten entsteht jedoch Frustration, dass jemand anderer die ihr selbst zustehende Position und Bedeutung innehat. Insgesamt ist bei diesen Menschen der Fokus auf das Ansehen in der Öffentlichkeit und die dort angestrebten Ziele und die vorhandenen Aufgaben und Verpflichtungen so ausgeprägt, dass darüber der Blick für die eigenen Ressourcen und das nähere Umfeld getrübt ist.

Während das Wachstum der eigenen Krone forciert wird, unterbleibt die Pflege für die Wurzeln, werden oft auch familiäre Bindungen vernachlässigt.

Karmisches Bild:
Ich trage eine große Verantwortung, habe in der Welt eine wichtige Rolle inne. Für die Erfüllung der damit verbundenen Aufgaben muss ich persönliche Interessen opfern, dafür stehen mir Respekt und Achtung zu. Autorität und Ansehen sind wesentlich. Für eigene Anliegen, Familie und Heimatgefühle bleibt kein Raum.

Gemachte Lebenserfahrungen:
Oft verhalten sich diese Menschen bereits in der Kindheit wie kleine Erwachsene. Kind zu sein ist ihnen fremd. Sie fühlen sich unbewusst zuständig für ihre Eltern und ihre Umgebung, übernehmen in ihrer eigenen Weise für deren Leben die Verantwortung.

Später im Leben gilt dann die ganze Aufmerksamkeit dem beruflichen Weg und der Karriere, aber auch dem Ansehen in der Gesellschaft. Dafür wird viel Energie verwendet, in diesen Belangen wird aber auch entsprechend Erfolg erwartet. Allerdings trifft dieser oft nicht in der gewünschten Form ein, was einerseits zu vermehrten Anstrengungen und andererseits zu größeren Frustrationen führt. Es zeigt sich auch zunehmend, dass die eigenen Vorstellungen über das Funktionieren der Gesellschaft und die vorhandenen Rollen sich mit der Wirklichkeit nicht decken.

Im Laufe des Lebens wird es zunehmend anstrengender, den eigenen Ansprüchen und den vermeintlichen Erwartungen der Welt zu genügen, umso mehr, als die Unterstützung von anderen oft ausbleibt, was zu einem zunehmenden Gefühl der Einsamkeit und Isolation führt. Die Vorstellung, dass jeder, der Erfolg hat, letztlich allein sei, bringt diesbezüglich auch wenig Trost.

Entwicklungsschritt:
Für diese Menschen ist es wichtig, sich bewusst zu machen, dass sie nur dann in der Welt wirken können, wenn sie auch ihre Wurzeln pflegen. Es gilt wenigstens vorübergehend, die eigenen Ambitionen zurückzustecken, sich weniger um das Ansehen in der Gesellschaft zu kümmern und dafür mehr Aufmerksamkeit und Zeit für die eigene Häuslichkeit und Geborgenheit, die Situation im nahen Umfeld aufzuwenden.

Die Wohnsituation sollte gezielt nach den eigenen Bedürfnissen gestaltet werden. Es geht auch darum, sich bewusst vermehrt der Familie zu widmen oder sich ein Umfeld zu suchen, in dem Vertrautheit und Unterstützung erlebt werden können. Unter Umständen erlaubt das Studium der Geschichte der Herkunftsfamilie ein neues Verständnis für die eigenen Wurzeln und den dort vorhandenen Ressourcen. Selbst da, wo auf den ersten Blick wenig Erfreuliches zu sehen ist, können unter Umständen unverhoffte Schätze gefunden werden.

Ferner geht es auch darum, sich bewusst zu machen, dass in der Kindheit Verantwortlichkeiten übernommen wurden, die in Wirklichkeit gar nicht gefragt waren. Generell ist eine intensive Auseinandersetzung mit der Frage der eigenen Verwurzelung und der Bedeutung von Heimat für diese Menschen wichtig. Die Vorstellung, nur dann eine Existenzberechtigung zu haben, wenn eine angenommene Rolle erfüllt wird, kann ersetzt und ergänzt werden durch die Bereitschaft, sich ganz dem eigenen Wohlbefinden zu widmen, sich Orte und Menschen zu suchen, mit denen es möglich ist, auch ohne Aufgabe, Pflichten und Titel einfach zu sein und dazuzugehören.

Ganzheit:

Wenn die Bereitschaft vorhanden ist, sich mit den eigenen Wurzeln, der Familiengeschichte auseinanderzusetzen, wird es möglich, den eigenen Platz, die eigene Rolle in der Welt in einem ganz neuen, sinnvolleren Zusammenhang zu sehen. Die bewusste Pflege der Wohnsituation vermittelt die seelische Kraft und Nahrung, die nötig ist, um den Anforderungen von Beruf und Karriere in einer gesunden Weise zu entsprechen. Es zeigt sich auch, dass die Zeit, die familiären Belangen gewidmet wird, das eigene Vorankommen kaum behindert, sondern im Gegenteil oft das gesellschaftliche Ansehen stärkt.

Je mehr es gelingt, sich um die Dinge zu kümmern, die den inneren Boden stärken, dazu beizutragen, sich in einem vertrauten Umfeld zu bewegen und zu verwurzeln, umso leichter fällt es, eine gesellschaftliche Position innezuhaben, die erfüllend und befriedigend ist. Es zeigt sich dann, wie viel die Gemeinschaft und das Zusammensein mit vertrauten Menschen zum eigenen individuellen Erfolg beitragen kann, wie sehr gesunde Wurzeln Wachstum und Entfaltung fördern.

Die Mondknoten in 5/11 – »Kreativitätsachse«

Diese Achse hat viel mit kreativem und spontanem Selbstausdruck zu tun, sie beschreibt, wie sich Menschen als Individuum in einer Gruppe verhalten, in welcher Weise sie ihr eigenes schöpferisches Potenzial zum Ausdruck bringen. Im fünften Haus geht es um die Entdeckung des eigenen Wesens, die Verwirklichung der eigenen Interessen, um schöpferisches und lustvolles Tun. Es spiegelt das Bedürfnis wider, wichtig und einmalig zu sein, sich mit den eigenen Werken und Taten zu zeigen und dafür Anerkennung zu erhalten. Im elften Haus wiederum stehen die gemeinsamen Werke im Vordergrund, das, was eine Gruppe schaffen kann, wenn die vorhandenen Kräfte und Talente für ein gemeinsames Ideal eingesetzt werden.

Im fünften Haus steht das »Ego« im Vordergrund, die eigenen Wünsche, das eigene Ansehen, der eigene kreative Ausdruck, all das, was Spaß und Freude bereitet; im elften. gilt die Aufmerksamkeit dem Teamwork, den gemeinsam angestrebten Idealen und Zielen, der gegenseitigen Unterstützung, dem »Wir«.

Beziehungen im fünften Haus dienen der Stärkung des Selbstbildes, sind Möglichkeiten, sich zu zeigen, für die eigenen Werke und Taten geliebt und bewundert zu werden. Im elften Haus haben Beziehungen den Charakter von echten Freundschaften. Hier haben die gemeinsamen Interessen und Ideale Priorität, werden Hobbys gepflegt, wobei jeder Einzelne in der Verwirklichung seines individuellen Wesens von anderen unterstützt wird.

Absteigender Mondknoten im fünften Haus/ Aufsteigender Mondknoten im elften Haus

Mitgebrachte Verhaltensmuster:

Bei diesen Menschen dreht sich alles um ihr eigenes Sein, um das, was ihnen im Leben wichtig ist. Sie verfügen in der Regel über eine ausgeprägte kreative Ader, sind spontan und schöpferisch. Sie lieben es, die eigenen Fähigkeiten und Talente zum Ausdruck zu bringen und verstehen es gut, ihre Person ins rechte Licht zu setzen. Hierfür erwarten sie Applaus und Anerkennung von den anderen. Generell umgeben sich diese Menschen gerne mit einem Kreis von Freunden und Bewunderern. Mit großem Selbstverständnis nehmen sie eine Position ein, in der sie im Mittelpunkt der Aufmerksamkeit stehen, sehen sich in der Rolle von Königen und Königinnen. Entsprechend erwarten sie von anderen, dass diese bestrebt sind, ihre Wünsche und Anliegen zu erfüllen. Wenn dies geschieht, belohnen sie ihre Mitmenschen mit gönnerischem und großzügigem Verhalten und beziehen sie in ihre Aktivitäten und Interessen mit ein.

Viel Aufmerksamkeit gilt der Frage, ob die Umwelt die eigenen Werke und Taten gebührend zur Kenntnis nimmt und wie sie diese beurteilt. Um die für das eigene Selbstbild so bedeutende Anerkennung zu erlangen, werden große Anstrengungen unternommen. Wenn das Echo nicht den Erwartungen entspricht, ist die Enttäuschung groß. Wenn es aus irgendeinem Grund nicht möglich ist, das Ansehen zu erhalten, das dem eigenen Selbstverständnis entspricht, wird die Nähe von Stars oder Künstlern gesucht, von Menschen, die für ihre natürliche Autorität Aufmerksamkeit genießen. Diese werden einerseits bewundert und andererseits beneidet.

Karmisches Bild:
Ich bin das Zentrum des Universums, die Sonne, um die sich die anderen drehen. Mir steht Aufmerksamkeit zu, was ich zu sagen habe, was ich tue ist wichtig und hat Bedeutung.

Gemachte Lebenserfahrungen:
Schon in der frühen Kindheit zeichnen sich diese Menschen durch ihr ausgeprägtes Selbstbewusstsein aus. Sie verhalten sich wie kleine Prinzen und Prinzessinnen, mit dem Anspruch, dass die Eltern ihre Wünsche erfüllen, ihre Ideen und Einfälle unterstützen und ihre kreativen Werke und Taten mit Applaus zur Kenntnis nehmen. Auch im Freundeskreis nehmen sie gerne eine Führungsrolle ein, gehen ganz selbstverständlich davon aus, dass die anderen sie lieben und bewundern.

Später wenden sie viel Zeit und Aufmerksamkeit für die Dinge auf, die ihnen Spaß und Freude bereiten, die sie gut beherrschen und die Anerkennung bringen. Sie zeigen sich mutig und selbstsicher, rechnen damit, die Lacher und Bewunderer auf ihrer Seite zu haben. Das Leben ist für sie ein Spiel, das es zu gewinnen gilt.

Schwer tun sie sich hingegen mit Situationen, in denen sie nicht die erhoffte Bewunderung erhalten, wenn die Aufmerksamkeit anderen gilt, und all ihre Fähigkeiten und Talente nicht den erwünschten Erfolg bringen. Später wird zunehmend deutlich, dass »die Welt nicht auf sie gewartet hat«. Ihr Charisma und ihr Führungsanspruch haben immer weniger Effekt auf die Umwelt, sie sehen sich trotz kreativem Talent, großem Charme und spontaner Großzügigkeit immer wieder im Abseits, erhalten nicht den erhofften Applaus. Ihr ursprünglich so gutes Selbstbild wird immer wieder infrage gestellt oder sie fühlen sich durch Nichtbeachtung gestraft.

Entwicklungsschritt:
Für diese Menschen ist es wichtig zu erkennen, dass sie trotz großer Fähigkeiten und Talente allein nicht weiterkommen. Sie sind aufgefordert, ihre Nabelschau aufzugeben zugunsten eines umfassenderen Blickes, der auch die Welt um sie herum mit einbezieht.

Echtes Teamwork will erlernt werden, indem jeder gemäß seinen individuellen Fähigkeiten zum Gelingen des Ganzen beiträgt. Die Erkenntnis, dass gemeinsam mit anderen viel mehr erreicht werden kann als allein, ist ebenfalls gefragt. Auch der Wert wahrer Freundschaft will erkannt werden. In diesem Zusammenhang geht es darum zu lernen, dass andere Menschen und deren Ideen genau so wichtig sind und ebenso viel Aufmerksamkeit verdienen wie die eigenen Impulse, Wünsche und Werke. Die Interessen anderer und deren individuelle Anliegen wollen genauso ernst genommen werden wie die eigenen.

Es kann auch notwendig werden, vorübergehend eigene Interessen und persönliche Ansprüche in den Hintergrund zu stellen zugunsten von gemeinsamen Zielen. Auch die Bereitschaft, sich für soziale Ideen zu engagieren, vorhandene Gaben für höhere Ideale einzusetzen, ist gefragt, dies allerdings ohne Rücksicht auf das eigene Ansehen und den so zu erwartenden Gewinn.

Ganzheit:
Wenn die Bereitschaft vorhanden ist, sich in eine Gruppe, ein Team einzufügen, können die eigenen Fähigkeiten und Talente in viel umfassenderem Maß zum Ausdruck kommen. Werden die gemeinsamen Interessen und Ziele ebenso gewürdigt wie die eigenen, zeigt es sich, dass der persönlichen Verwirklichung nichts im Wege steht. Im gemeinsamen Tun mit Freunden kommt die eigene Kreativität einer neuen, erfüllenden Form zur Geltung, und es wird deutlich, dass die Berücksichtigung von individuellen Anliegen und Talenten anderer letztlich ein enorm großes schöpferisches Potenzial freisetzt.

So wird ein lebendiger Ausdruck des Begriffs »Primus inter Pares« – »Erster unter Gleichen« erfahrbar. Es zeigt sich, dass gemeinsames Wirken jeden Einzelnen auf seinem individuellen Weg stärkt und gleichzeitig einem größeren Ganzen dient.

Absteigender Mondknoten im elften Haus/ Aufsteigender Mondknoten im fünften Haus

Mitgebrachte Verhaltensmuster:

Diese Menschen sind ausgesprochen teamorientiert. Sie haben in der Regel einen großen Freundeskreis, engagieren sich für gesellschaftliche Anliegen und geistige Ideale. Sie sehen sich als Teil einer Gruppe, wissen um die Tatsache, dass sie allein nur einen Bruchteil dessen erreichen können, was gemeinsam möglich ist. Entsprechend orientieren sie sich primär an den gemeinsamen Interessen aller, ordnen ihre eigenen Anliegen einem übergeordneten Ziel unter. Dabei gehen sie ganz selbstverständlich von der Annahme aus, dass auch die anderen Menschen in ihrem Umfeld ähnlich funktionieren, sich ebenso für die gemeinsamen Belange oder für ein höheres Ideal engagieren.

In einer Gruppe und unter Freunden nehmen sie sich zurück, stellen ihr Licht gerne unter den Scheffel und betonen lieber die gemeinsamen Anstrengungen und Erfolge. Durch diesen Blick für das Ganze und das Bedürfnis nach gemeinsamem Handeln versäumen sie es jedoch, ihre eigene Persönlichkeit zum Ausdruck zu bringen, ihre eigenen Interessen wahrzunehmen und zu verfolgen. Ihre Fähigkeit, andere zu fördern und sie in ihrer Individualität zu unterstützen, ist außergewöhnlich, sie setzen sich auch gerne für soziale Ideen ein, arbeiten für eine bessere und gerechtere Welt oder engagieren sich für einen Verein, eine Gruppe, der sie angehören. Arbeit in Netzwerken liegt ihnen, dafür erbringen sie viel Einsatz.

Dabei lassen sie oft ihre eigene Entwicklung und Verwirklichung außer Acht, sodass der Ausdruck der eigenen Persönlichkeit, des eigenen Wesens zu kurz kommt. Entsprechend wirken sie oft abgeklärt und etwas unbeteiligt, zwar freundlich und offen für alles, aber auch unpersönlich und wenig engagiert. Die Lust am Leben, die Freude am Spiel tritt in den Hintergrund. Beide werden als egoistisch gesehen und zugunsten höherer Ziele geopfert.

Karmisches Bild:
Nur durch gemeinsames Handeln und unter Einsatz der Kräfte aller kann etwas erreicht werden. Jeder ist Teil eines Netzwerks, hat seinen Platz darin und seine Aufgabe zu erfüllen.

Gemachte Lebenserfahrungen:
Diese Menschen streben oft schon in der Kindheit danach, Teil einer Clique zu sein, in der sie sich immer wieder für die Belange anderer einsetzen. Fairness und gleiche Rechte für alle sind für sie oberstes Gebot. Diesbezüglich haben sie klare Vorstellungen. Sie verfügen auch über eine ausgeprägte Fähigkeit, die in einer Gruppe geltenden Regeln wahrzunehmen und sich entsprechend einzufügen.

Ihr Verständnis für das, was in der Gruppe wichtig sei, weicht allerdings oft von der Ansicht der anderen Teilnehmer ab. So bleiben sie etwas distanziert und engagieren sich kaum persönlich. Entsprechend sind sie an vielen Orten gern gesehen, jedoch nicht wirklich eingebettet. Sie sind zwar dabei, machen mit, ihr Beitrag wird geschätzt, trotzdem fühlen sie sich nicht wirklich zugehörig.

Auch ihre Freunde wissen oft wenig von ihnen, da sie sich kaum selbst zeigen und wenig über sich preisgeben, sondern lieber eine unverbindliche und etwas unnahbare Haltung einnehmen. Entsprechend fühlen sie sich oft verkannt und nicht wirklich wahrgenommen, erleben, dass ihre Freundlichkeit und ihre offenen Ohren für die Anliegen anderer kaum je erwidert werden. Da sie unter keinen Umständen als selbstsüchtig oder narzisstisch gelten wollen, vermeiden sie es, eigene Anliegen zu formulieren oder persönliche Ansprüche geltend zu machen. Damit laufen sie Gefahr, dass ihre Unterstützung für andere missverstanden wird. Man hält sie für arrogant und interpretiert ihr Engagement für eine Idee als zweckgebunden für die eigene Sache.

Später im Leben wird zunehmend deutlich, dass es ihnen letztlich an Lebensfreude fehlt und vieles, was sie sich vom Leben erhofften, letztlich unverwirklichtes Ideal bleibt. Manchmal mag es ihnen scheinen, als stünden sie abseits des wirklichen Geschehens, als wären ihre vielen Interessen und Fähigkeiten nicht wirklich gefragt.

Entwicklungsschritt:

Diese Menschen sind aufgefordert, sich selbst zu entdecken, den Mut zu haben, der Welt die eigenen Fähigkeiten zu zeigen. Ins Leben einzusteigen, sich zu engagieren und sichtbar zu werden, ist gefordert.

Das, was Spaß und Freude macht, will Raum erhalten, spontanes und schöpferisches Tun sind gefragt, eigene Anliegen wollen ernst genommen und zum Ausdruck gebracht werden. Es geht darum, sich selbst und der eigenen Verwirklichung mehr Beachtung zu schenken. Dies setzt jedoch voraus, sich zunächst über die verschiedenen Aspekte der eigenen Persönlichkeit und des eigenen Selbst klar zu werden. Der Schritt vom allgemeinen, generellen und überpersönlichen zum eigenen, individuellen und ganz persönlichen Ziel ist gefragt.

Es gilt ferner zu lernen, sich über Anerkennung und Beachtung zu freuen und auch bereit zu sein, ganz bewusst und gezielt eine Führungsrolle einzunehmen. Mut zu Autorität ist gefragt, die Bereitschaft, sich in die Mitte zu stellen, mit Eigenem sichtbar zu werden und andere um sich zu scharen. Das eigene Ich soll gefunden, geübt und bewusst eingesetzt werden, um den Weg des Helden zu gehen und schließlich als Weiser den eigenen Platz in der Gemeinschaft zu finden.

Ganzheit:

Wenn die Bereitschaft vorhanden ist, sich dem Leben und allem, was es zu bieten hat, zu stellen, sich den spontanen Freuden hinzugeben, dann erhalten die vorhandenen Ideale mehr Lebendigkeit und Ausdruck. Wenn die eigene Persönlichkeit zum Ausdruck kommt, wird es möglich, eine Gemeinschaft Gleichgesinnter zu finden, mit der die hohen Ziele für die menschliche Entwicklung verwirklicht werden können.

Der Mut zu eigenen, selbstbestimmten Aktivitäten und zum spontanen Selbstausdruck wird zu einem wertvollen Bestandteil eines gemeinsamen Strebens. Kreative, lustvolle Betätigung verbindet sich mit geistigen Inhalten, und es zeigt sich, dass auch scheinbar eigenmächtige Aktionen von anderen respektiert werden, der persönliche Einsatz gefragt ist und der Ausdruck der eigenen Autorität das Gleichgewicht und die Zusammenarbeit in einem Team sogar fördert. Die Erfüllung eigener Anliegen und die Verwirklichung der eigenen Interessen erlauben es, zu einem vollwertigen und gleichberechtigten Mitglied der menschlichen Gemeinschaft zu werden.

Die Mondknoten in 6/12 – »Existenzachse«

Auf dieser Achse sind die beiden Pole der menschlichen Existenz angesprochen: die konkrete Alltagsebene mit ihren Bedingungen und die Thematik des Jenseits, die Rückverbundenheit zu einem größeren Ganzen.

Im sechsten Haus geht es um die Integration in die Welt, die Auseinandersetzung mit der irdischen Realität, mit all den Dingen und Aktivitäten, die zur Bewältigung der täglichen Notwendigkeiten erforderlich sind. Das zwölfte Haus wiederum bezieht sich auf die Welten jenseits der sichtbaren irdischen Realität. Es steht einerseits für die vorgeburtliche Existenz, andererseits für die Welt, in die ein Mensch nach der Vollendung des Lebens wieder zurückkehrt.

Auf dieser Achse begegnen sich Diesseits und Jenseits, der Alltag und die Traumwelt, der Körper und die Seele und die irdische Realität einer anderen Wirklichkeit. Letztlich geht es auf dieser Achse darum, die Vielschichtigkeit des Menschseins in ihrer Ganzheit zu erfahren. Sich mit den Anforderungen des Alltags auseinanderzusetzen und ein nützliches Mitglied der Gesellschaft zu werden im Sinne des sechsten Hauses, ohne dabei das Wissen um eine andere Ebene, die Verbundenheit mit dem Göttlichen und das Mysterium der Seele, die durch das zwölfte Haus repräsentiert werden, außer Acht zu lassen. Die Betonung dieser Achse ist generell anspruchsvoll in der Deutung – da sie oft in einer Zerrform zum Ausdruck kommt.

Absteigender Mondknoten im sechsten Haus/ Aufsteigender Mondknoten im zwöften Haus

Mitgebrachte Verhaltensmuster:
Diese Menschen sind sehr stark auf das Alltagsleben und die dort vorhandenen Bedingungen ausgerichtet. Sie orientieren sich an den Erfordernissen des Lebens und fragen sich, wie sie ein nützliches Mitglied der Gesellschaft werden können. Ihr Selbstverständnis beziehen sie aus der Tatsache, dass sie gebraucht werden, entsprechend verwenden sie viel Energie darauf, nicht nur das eigene Leben, sondern auch das ihrer Umgebung zu organisieren und zu gestalten. Arbeit be-

deutet ihnen viel, durch ihren Fleiß und Einsatz rechtfertigen sie ihre Existenz, verschaffen sie sich ihre Lebensberechtigung.

Die Vorstellung, unnütz zu sein, keine Aufgabe zu haben schreckt sie. Ohne Auftrag, ohne gezielte Aktivität fühlen sie sich wie in einem luftleeren Raum. Daher sind sie immer auf der Suche nach einer Beschäftigung, wirken manchmal wie Workaholics. Der Dienst am Mitmenschen ist für sie kein leeres Wort, sie bemühen sich immer wieder, die ihnen gestellten Aufgaben bestmöglich zu erfüllen. All ihr Einsatz, der oft mechanisch wirkt, vermittelt ihnen jedoch nicht die erhoffte Befriedigung.

Auch ihr Körper und seine Bedürfnisse erhalten viel Aufmerksamkeit. Er wird als wichtiges Instrument bei der Lebensbewältigung gesehen und erhält entsprechend viel Beachtung. Wenn die eigene Gesundheit gefährdet scheint, wird alles unternommen, um sie wiederherzustellen. Da der Fokus dieser Menschen auf die irdische Realität gerichtet ist, geht jedoch oft die Wahrnehmung für die Seele und deren Bedürfnisse verloren. Die Betonung des Nützlichen und Nötigen und die Konzentration auf die herrschenden äußeren Umstände verhindern den Blick ins Innere.

Karmisches Bild:
Nur durch Nützlichkeit rechtfertigt sich meine Existenz. Das Recht zu leben muss verdient werden. Geschäftigkeit und Aktivität sind alles, was zählt.

Gemachte Lebenserfahrungen:
Schon in der Kindheit zeigen sich diese Menschen äußerst hilfsbereit. Sie setzen sich für andere ein, machen sich nützlich und haben viel Mitgefühl für Schwächere und Hilfsbedürftige. Um deren Belange kümmern sie sich ungefragt und gerne. Mit ihrem ausgeprägten Sinn für das, was getan werden muss, sind sie sich nicht zu schade, überall da Hand anzulegen, wo dies nötig scheint. Dass nicht alle darüber erfreut sind, erstaunt und verletzt sie.

Später suchen sie oft eine Aufgabe, die ihnen ermöglicht, sich sozial zu engagieren, wobei sie gerne freiwillig mehr leisten, als von ihnen erwartet wird. Obwohl sie sich hilfsbereit zeigen, anderen Arbeit abnehmen und sich auch um die unangenehmeren Aufgaben kümmern, finden sie sich doch immer wieder in Situationen, in denen sie sich trotz ihres großen Einsatzes nicht wirklich wahrgenommen fühlen, oder ihr Eifer und Fleiß wenig geschätzt werden. Je mehr sie versuchen, ihre Existenz durch Arbeit zu rechtfertigen, umso weniger scheinen ihre Dienste gefragt.

Immer wieder finden sie sich in der von ihnen gefürchteten Rolle eines Außenseiters. Auch der Versuch, das Alltagsleben berechen- und planbar zu gestalten, erweist sich oft als Sisyphusarbeit. Denn immer dann, wenn sie glauben, endlich einen machbaren Rhythmus gefunden und ihr Umfeld entsprechend ihrer Vorstellungen eingerichtet zu haben, sorgen Ereignisse dafür, dass die gründliche und aufwändige Planung zunichte gemacht wird.

Oft zeigt sich auch, dass trotz bewusster Auseinandersetzung mit der eigenen Gesundheit der Körper immer wieder unverständliche Schwächen zeigt. Das ist für sie ein weiterer Hinweis darauf, dass die irdische Existenz nur durch viel Aufwand und Achtsamkeit zu bewältigen ist.

Entwicklungsschritt:

Hier gilt es, die Aufmerksamkeit von der Außenwelt abzuziehen und der Innenwelt zuzuwenden. Rückzug von den täglichen Pflichten und Aufgaben ist angesagt, die Bereitschaft, sich der Stille zu stellen, mit sich allein zu sein. Letztlich geht es darum, sich für die Stimme der Seele zu öffnen. Anstelle des Handelns will das Sein geübt und gepflegt werden, anstelle der Beschäftigung mit dem Alltag soll die Beschäftigung mit der Welt der Träume, der inneren Bilder, dem Mysterium des Lebens treten.

Es gilt, die Sicherheit der alltäglichen Gewohnheiten zurückzulassen, sich der Erfahrung der vermeintlichen Leere zu stellen, um zu einer anderen Erfahrungsebene vorzudringen. Vertrauen in etwas Größeres und der Mut zur Hingabe an das, was ist, will erlernt werden. Da die äußere Welt so dominant ist und die Bewältigung des Alltags auch in der Gesellschaft eine wichtige Rolle einnimmt, ist in der Regel besonders viel Mut nötig, diesen Schritt bewusst zu wagen und sich nicht von der Angst leiten zu lassen, den Bezug zum Alltag zu verlieren.

Ganzheit:

Ganz entgegen der ursprünglichen Befürchtung zeigt sich, dass der freiwillige Rückzug aus der Welt der Geschäftigkeit nicht in die Einsamkeit führt. Die Bereitschaft, sich der Innenwelt oder der Welt des nicht Fassbaren zuzuwenden, schafft das notwendige innere Gleichgewicht und erlaubt es, sich anschließend viel bewusster und gezielter den Anforderungen des Alltagslebens zu widmen.

In der Stille, der Meditation finden sich wichtige und lange gesuchte Antworten auf den Sinn des irdischen Lebens, und auch die eigene Existenz erhält eine tiefere und umfassendere Qualität, wenn es möglich ist, die Geheimnisse des Mystischen, der geistigen Welt zu ergründen. Letztlich gewinnt durch die Beschäftigung mit der Sprache der Seele auch der Körper an Kraft und Gesundheit. Das Vertrauen in eine andere, geistige Welt erlaubt es, in der realen Welt effizienter und erfolgreicher zu wirken. So entsteht ein neues Erleben von Ganzheit und Heilsein.

Absteigender Mondknoten im zwölften Haus/ Aufsteigender Mondknoten im sechsten Haus

Mitgebrachte Verhaltensmuster:

Diesen Menschen ist die Welt des Jenseits näher und vertrauter als die, in der sie leben. Sie wissen um das »Große Göttliche«, tragen in sich die Erfahrung des Paradieses, einem Ort, an dem sie einfach sein können, sich aufgehoben und mit allem verbunden fühlen. Die reale Welt ist ihnen fremd, scheint unwirtlich, daher ziehen sie sich gerne in ihre Innenwelt zurück, träumen von einem Zuhause, das nicht von dieser Welt ist. In gewisser Weise leben sie auf der Schwelle zum Leben, sehnen sich nach dem Ort, von dem sie einst kamen und sehen kaum ein, warum sie den Schritt in die Wirklichkeit machen sollten. Der geistig-seelische Aspekt ihres Wesens ist ihnen vertraut, der menschlich-physische hat wenig Reiz, scheint nur Beschwernis und Mühsal zu beinhalten.

Ihre innere Haltung gleicht oft der des zu Hause gebliebenen Bruders aus dem Gleichnis des verlorenen Sohnes. Hier hat der Protagonist für die Eskapaden seines Bruders wenig Verständnis, er bleibt lieber im Hause des Vaters – so kann er keine Fehler machen, bleibt rein und unberührt von den Niederungen des Lebens. Entsprechend kann er die Freude des Vaters über die Rückkehr des in seinen Augen fehlgeleiteten Bruders kaum nachvollziehen, fühlt sich in seinem Streben nach Vollkommenheit verkannt.

Wann immer möglich, halten sich solche Menschen daher von der Mühsal des irdischen Jammertales fern, warten darauf, dass sie aus dem, was sie als ihre »Verbannung« erleben, erlöst und wieder heimgeholt werden. Mit der realen Welt können sie sich kaum anfreunden, sie sehen dort vor allem die Dinge, die unvollkommen, hässlich und lästig sind. Auch zum Körper haben sie ein ambivalentes Verhältnis. Dieser ist für sie Symbol ihrer Erdgebundenheit und wird oft als einengend und belastend erlebt.

Karmisches Bild:
Ich bin in einer anderen Welt zu Hause. Ewiges Sein, Liebe und Verbundenheit bedeuten das wirkliche Leben.

Gemachte Lebenserfahrungen:
Oft scheinen diese Menschen nicht wirklich geboren. Als Kinder leben sie in ihrer eigenen für andere kaum zugänglichen Welt, wirken oft abwesend und verträumt. Dem, was die irdische Realität zu bieten hat, können sie wenig abgewinnen, flüchten bei jeder Gelegenheit in die ihnen vertrauten Gefilde. Tagträume und religiöse Bilder sind ihnen näher als die äußere Wirklichkeit, entsprechend gerne suchen sie Orte auf – meist in der Natur –, an denen sie allein sein und sich diesen Vorstellungen ungestört hingeben können.

Je nach individueller Persönlichkeit spielen Natur, Tiere, die Traum- und Fantasiewelt, Musik oder auch Märchen, spirituelle und religiöse Praktiken eine herausragende Rolle in ihrem Leben. Dort suchen sie das Gefühl der Verbundenheit, die Vollkommenheit des Seins, dort können sie dem von ihnen gesuchten Ideal so nahe wie möglich sein. Die Dinge, die mit dem gelebten Alltag zu tun haben, interessieren sie kaum, sie vermeiden den Kontakt mit der hässlichen und schmutzigen Welt, wo immer sie können. Allerdings holt sie diese in meist unschöner Weise immer wieder ein. So macht ihnen oft der Körper zu schaffen, drängen die ungeliebten Pflichten des Alltags, fühlen sie sich immer wieder aus ihrem Paradies herausgeholt und dazu gezwungen, sich mit der in ihren Augen unwirtlichen Realität auseinanderzusetzen.

In gewisser Weise verhalten sie sich wie Parzival auf der Suche nach dem heiligen Gral. So wie Parzival versäumen sie es zunächst, die Leiden des Fischerkönigs (der irdischen Realität) zu sehen, die notwendigen Fragen zu stellen, Mitgefühl zu zeigen – um das Heilige nicht zu verraten. Genau wie Parzival finden sie sich in der Folge aus dem Gralsschloss verbannt – im schmerzlichen Wissen um ihr Versäumnis, voller Angst, dass die Rückkehr ihnen für immer verwehrt sei.

Entwicklungsschritt:

Für diese Menschen geht es darum, sich ganz bewusst und gezielt dem realen Leben und den dort vorhandenen Anforderungen zu stellen. Die Orientierung hin zum Jenseits will ergänzt oder ersetzt werden durch die Hinwendung zum Diesseits. Es gilt, sich mit der eigenen Körperlichkeit anzufreunden, bereit zu sein, sich um die täglichen Aufgaben und Pflichten zu kümmern, auch wenn diese banal scheinen angesichts des viel größeren Zieles. Um diesen Schritt zu tun, ist es oft nötig, sich zunächst für das irdische Leben zu entscheiden, wahrzunehmen dass in dieser Realität ganz bestimmte Bedingungen und Regeln herrschen, die erlernt und anerkannt werden wollen.

Die Haltung, dass all das Irdische letztlich Illusion sei, will vorübergehend ersetzt werden durch die Erkenntnis, dass die vorhandene Umwelt durchaus real ist und Aufmerksamkeit verdient. Dazu gehört die sorgsame Pflege des eigenen Körpers, seiner Bedürfnisse und Schwachstellen ebenso wie die Bereitschaft, den Alltag sinnvoll zu gestalten, eine Tätigkeit zu finden, die es erlaubt, für die eigene Existenz zu sorgen und insgesamt ein nützliches Mitglied der Gesellschaft zu werden. Soziales Engagement kann eine solche Funktion haben, aber auch die bewusste Beschäftigung mit organisatorischen und planerischen Aufgaben, oder die Bereitschaft, sich für Natur und Umwelt zu engagieren.

Ganzheit:

Wenn es gelingt, sich dem alltäglichen Leben und seinen Anforderungen zu stellen, wird schnell deutlich, dass die Verbundenheit mit etwas Größerem dabei nicht verloren geht. Die Bereitschaft, irdisch zu werden, die Aufmerksamkeit all den Kleinigkeiten zu widmen, die für die Bewältigung dieser Realität nötig sind, erlaubt es, die vorhandenen inneren Ideale und Bilder wenigstens teilweise zu verwirklichen.

Die Berücksichtigung dessen, was unvollkommen ist, und die Bereitschaft, die nötige Arbeit zu leisten, um das Vorhandene zu verbessern, ermöglicht es oft, wenigstens einen Teil der Vision in diese Welt zu bringen, hier etwas zu schaffen, was zwar nicht dem vertrauten Jenseits entspricht, das Leben jedoch lebenswert erscheinen lässt. Wenn das irdische Vehikel für die Seele gepflegt wird, die Bereitschaft besteht, das, was ist, als wertvolle Erfahrung des Lebens zu sehen, kann die irdische Existenz zu einem wichtigen und unverzichtbaren Beitrag auf dem geistigen und seelischen Weg werden. Geist, Seele und Körper werden dann zu einer Einheit, in der eines das andere spiegelt und alle zusammen eine Ganzheit bilden.

Planeten auf der Mondknotenachse

Allgemeiner Überblick

Es kann vorkommen, dass sich in einem Horoskop einer oder mehrere Planeten im Bereich der Mondknotenachse befinden. In diesen Fällen erhalten die Planeten eine besonders vielschichtige Bedeutung. Sie sind Werkzeuge der Persönlichkeit, symbolisieren in diesem Zusammenhang ganz spezifische Anteile der Psyche und die damit verbundenen Bedürfnisse, Verhaltensweisen und Qualitäten. Sie suchen nach Erfüllung, wollen ihrer Stellung entsprechend im Horoskop zum Ausdruck kommen, also »gelebt« werden. Ihre Position im Bereich der Mondknotenachse weist jedoch auf eine zusätzliche Bedeutung hin, die über die ganz normalen menschlichen und irdischen Erfahrungen hinausgeht.

Durch ihre Position erhalten diese Planeten eine wichtige Rolle und Funktion im Zusammenhang mit dem Lebensweg. Sie sind untrennbar verbunden mit dem roten Faden der menschlichen Entwicklung, der Absicht des irdischen Daseins, dem Lernprozess der Seele. Sie stellen eine Verbindung her zu Dimensionen jenseits der irdischen Realität, beinhalten gleichermaßen Aufgabe und Geschenk, Möglichkeit und Herausforderung. Mit ihnen umzugehen ist daher anspruchsvoll.

Einerseits sind sie ganz klar als menschliche Ausdrucksmittel zu sehen. Es geht darum, die ihnen zugeordneten Energien ins Leben einzubringen, sie zu erlösen oder freizusetzen und ihre Bedürfnisse zu erfüllen. Andererseits jedoch liegen ihre Wurzeln und damit ein Teil ihrer Energien jenseits des Raumzeitkontinuums, der bewusste Ausdruck der in ihnen vorhandenen Kräfte wird zum Auftrag der Seele, des Selbst. Je nach Position ist die Aufgabenstellung eine andere.

Planeten im Bereich des absteigenden Mondknotens stehen für mitgebrachte Geschichten und »unvollendete« Aufgaben. Sie schaffen eine Verbindung in eine andere Zeit, in andere Welten (oder Existenzen). Sie fordern uns auf, im aktuellen Leben einen angemessenen Ausdruck für sie zu finden, ihre mitgebrachten und blockierten Energien zu erlösen und neue Wege einzuschlagen, das durch sie zur Verfügung stehende Potenzial in der Welt zu verwirklichen.

Planeten im Bereich des aufsteigenden Mondknotens hingegen weisen in die Zukunft, tragen noch unerschlossenes, unbekanntes Potenzial in sich. Dieses gilt es zu entdecken, der in ihnen verborgene Schatz soll gefunden und gehoben werden. Wenn ihr Geheimnis gelüftet, ihre Qualitäten erkannt sind, werden sie zu unverzichtbaren Helfern auf dem Lebensweg. Sie wirken dann oft gleich einem Zauber, der es ermöglicht, auch äußerst schwierige Situationen erfolgreich zu meistern.

In jedem Fall jedoch erhalten diese Planeten eine über ihre Position im Horoskop hinausgehende Bedeutung und Wirkung. Sie sind ständige unsichtbare, aber spürbare Begleiter. An ihnen führt kein Weg vorbei, es ist nicht möglich, sie zu vernachlässigen, ihre Themen nicht zu berücksichtigen. Sie kommen auch in Lebenssituationen zum Zug, in denen sie auf den ersten Blick und entsprechend ihrer Horoskopstellung kaum eine Rolle spielen. Im Urgrund der Psyche jedoch ziehen sie die Fäden, färben das Verhalten, zwingen zur immerwährenden Auseinandersetzung mit den durch sie repräsentierten Themen. Damit erhalten sie in großem Maß schicksalhaften Charakter.

Man hat die Wahl, sich ganz bewusst mit ihren Themen auseinanderzusetzen, die gestellten Aufgaben zu erfüllen, oder durch ihr Wirken immer wieder unfreiwillig auf den richtigen, der Lebensaufgabe entsprechenden Weg gezwungen zu werden. Letzteres ist in der Regel unangenehm und unerfreulich, während Ersteres eine tief befriedigende und erfüllende Qualität beinhaltet.

Wann befindet sich ein Planet auf der Mondknotenachse?

In vielen Beschreibungen werden nur Planeten, die sehr nahe der Mondknotenachse stehen, als Bestandteil ihrer Thematik und damit des Lebensweges gedeutet. Diese Betrachtung deckt sich nicht mit meinen Beobachtungen. Wie bereits im astronomischen Kapitel beschrieben, erhält die Mondknotenachse auch kollektiv und auf das Weltganze bezogen eine besondere Bedeutung – durch die Tatsache, dass in ihrem Bereich Sonnen- und Mondfinsternisse stattfinden. Sonnenfinsternisse sind in einem Abstand bis zu 18° möglich, Mondfinsternisse bis zu 11°. Es scheint daher angemessen, diese Regel auch für Planetenstellungen im Bereich der Mondknotenachse zu benutzen. Als sinnvolle Arbeitsgrundlage dient hier ein mittlerer Abstand von bis zu 15° eines Planeten zur Mondknotenachse. (Grafik 3 im Anhang) Wenn zwischen Mondknoten und Planet ein Zeichen- und/oder Hauswechsel stattfindet, empfiehlt es sich, den Abstand auf ca. 10° zu verringern. Damit wird dem Umstand Rechnung getragen, dass der Planet eine von der Mondknotenthematik leicht abweichende energetische Qualität beinhaltet. Grundsätzlich gilt: Je näher sich ein Planet bei der Mondknotenachse befindet, umso markanter sind die damit verbundenen Erfahrungen und Bilder. Meist haben sie immer dann zwingende Qualität, wenn sich der Planet weniger als 8° an der Achse befindet. Ist der Abstand größer, dann ist die Thematik nach wie vor spürbar, kann jedoch eher vernachlässigt oder verdrängt werden. Damit wird aber eine wichtige Gelegenheit zur Entwicklung versäumt.

Planeten im Aspekt zur Mondknotenachse

Grundsätzlich sind alle Planeten, die einen Aspekt zur Mondknotenachse bilden, Bestandteil der Lebenswegthematik. Sie symbolisieren weitere Fäden im Gewebe des Seins. Die jeweilige Aspektqualität erlaubt eine Aussage über ihre Funktion und Rolle auf dem Lebensweg. In diesem Fall sind jedoch übliche Orben (Abweichungen vom genauen Aspekt*) zu berücksichtigen. So können Planeten, die sich in einem – blau eingezeichneten – Sextil (60°-Aspekt) und/oder Trigon (120°-Aspekt) zur Mondknotenachse befinden (jeweils Sextil zum einen Pol und Trigon zum anderen), als Helfer auf dem Lebensweg gesehen werden. Wann immer sie genutzt werden und zum Zug kommen, fällt es leichter, die gestellten Aufgaben anzugehen, die Ganzheit beider Pole wahrzunehmen und zum Ausdruck zu bringen. Die Themen von

---

* Folgende Abweichungen vom genauen Aspekt können als gültig betrachtet werden: 90° bis 5° Abweichung; 120°/60° bis 3° Abweichung; 30°/150° bis maximal 2° Abweichung.

Planeten, die in einem Halbsextil (30°-Aspekt) und/oder Quincunx (150°-Aspekt) zur Mondknotenachse stehen (ebenfalls beide Aspekte jeweils zu einem Pol), beinhalten eine Aufforderung, einen (An-)Reiz, sich auf den Weg zu machen. Die durch sie symbolisierten Persönlichkeitsanteile und Erfahrungen sind einerseits Ablenkung und Irritation, wenn es darum geht, die gestellten Aufgaben zu erfüllen, und andererseits Anreiz, einen Schritt zu machen, wenn die Tendenz besteht, der Aufforderung des Schicksals auszuweichen.

Eine besondere Funktion haben Planeten, die im Quadrat (90°-Aspekt) zur Mondknotenachse stehen. Diese Planeten sind ähnlich zwingend in Bezug zum Lebensweg wie diejenigen am auf- oder absteigenden Mondknoten. Es ist nicht möglich, ihnen auszuweichen. Sie haben die Qualität von Weichenstellungen, stehen für schicksalhafte Wendungen und oft auch für unvermeidbare Umwege im Zusammenhang mit der Erfüllung der Lebensaufgabe.

Mehr dazu erfahren Sie im Kapitel: Planeten im Quadrat zur Mondknotenachse.

Gut zu wissen: Herrscherthemen

Im Zentrum steht die Thematik des Planeten und alle durch ihn symbolisierten Fähigkeiten, Lebensaspekte und archetypischen Entsprechungen. Daneben können jedoch zwei weitere Aspekte wichtige Zusatzinformationen über die Natur und das Wirken des betreffenden Planeten liefern.

Zum einen gilt – wie auch bei der Zeichenstellung des ab- oder aufsteigenden Mondknoten – die Regel, dass der Herrscherplanet weitere Auskünfte erlaubt. (Tabelle im Anhang) In den meisten Fällen dürfte es sich dabei um dasselbe Zeichen handeln, in dem auch der Mondknoten steht. Wenn der Planet sich zwar im Bereich der Mondknotenachse, jedoch in einem anderen Zeichen befindet, wird auch dessen Herrscher wichtig, erlaubt weitere Informationen in Bezug auf das Wesen des betroffenen Planeten.

Weiter gilt es zu beachten, dass auch der Planet im Bereich der Mondknotenachse über ein Zeichen und damit einen Bereich des Horoskops herrscht. Dieses Zeichen, die darin befindlichen Planeten und
vor allem der angesprochene Häuserbereich erlauben weitere differenzierte Angaben über die Geschichte, die Aufgaben und Themen
des betreffenden Planeten.

In diesem Zusammenhang kommt es recht häufig vor, dass ein Planet, der sich im Bereich des absteigenden Mondknotens befindet, über
den aufsteigenden herrscht, oder ein Planet am aufsteigenden über
den absteigenden. Dies geschieht immer dann, wenn sich der betreffende Planet im Gegenzeichen seines Herrschaftszeichens (im Exil) befindet, also z. B. wenn Neptun (Herrscher über das Fischezeichen) im
Gegenzeichen Jungfrau am aufsteigenden Mondknoten steht, oder
wenn Mars am absteigenden Mondknoten in der Waage steht und
damit über das Zeichen Widder am aufsteigenden Mondknoten
herrscht. In solchen Fällen erhält die Thematik des betroffenen Planeten und das Spiel mit der Polarität der Mondknotenachse eine zusätzliche Bedeutung.

Planeten im Exil bewegen sich sozusagen auf fremdem Territorium.
Das Zeichen, in dem sie stehen, beinhaltet Qualitäten und Eigenschaften, die im Gegensatz zum eigentlichen Wesen des betreffenden Planeten stehen und dadurch nicht ganz so einfach und selbstverständlich zum Ausdruck zu bringen sind. In gewisser Weise verkörpert so
ein Planet im Exil in sich eine ähnliche Polarität wie die ganze Mondknotenachse. Es besteht dann ganz klar die Aufforderung, in Bezug
auf die durch diesen Planeten und das durch ihn beherrschte Zeichen
Lern- und Entwicklungsschritte zu machen.

Dabei geht es einerseits darum, alte Gewohnheiten, die nicht mehr
stimmig sind, zu erkennen und abzulegen, sich jedoch gleichzeitig in
einer anderen, neuen Weise mit der Thematik und Qualität auseinanderzusetzen, die durch diesen Planeten oder das betroffene Zeichen
repräsentiert werden.

Hinweise zu den Deutungstexten

Im Folgenden werden Sonne und Mond – wie in der Astrologie üblich – als Planeten bezeichnet, auch wenn dies astronomisch nicht zutrifft.

Bezogen auf das Thema scheint es stimmiger, bei der Deutung mit dem Mond zu beginnen.

Auch sei darauf hingewiesen, dass es Analogien zwischen den Planeten und den entsprechenden Zeichen gibt (Siehe Kapitel: Die Mondknoten in den Zeichen).

Planeten am absteigenden Mondknoten

Es gibt wohl keine vielschichtigere Thematik als die eines Planeten, der sich im Bereich des absteigenden Mondknotens befindet. Er verkörpert einerseits einen Persönlichkeitsteil im Hier und Jetzt, hat entsprechende Qualitäten, Eigenschaften und Bedürfnisse. Seine Stellung am absteigenden Mondknoten weist jedoch darauf hin, dass er weit mehr beinhaltet als das, was an der Oberfläche erkennbar ist.

Allgemeiner Überblick

Nach dem bereits erwähnten CoEx-Modell von Grof ist ein Planet Teil eines umfassenden Systems, dessen Wurzeln weit in die Vergangenheit zurückreichen, vorgeburtliche Erfahrungen und Familienmythen ebenso berühren wie archetypische und mythische Inhalte. Das karmische Modell besagt, dass ein Planet, der sich im Bereich des absteigenden Mondknotens befindet, eine alte Geschichte mitbringt, eine Erfahrung aus einer anderen Existenz, die unvollendet geblieben ist und nach Erfüllung und Erlösung sucht.

Verschiedene Modelle und Vorstellungen

Die »Offene Gestalt«

In der Gestaltarbeit (nach Fritz Pearls) wird der Begriff »offene Gestalt« für Erfahrungen benutzt, die nicht abgeschlossen sind. Darunter versteht man Geschichten, für die es aus irgendeinem Grund bisher nicht möglich war, eine gute Lösung nach einer schwierigen Erfahrung zu finden, sodass ein offensichtliches Bedürfnis nicht befriedigt wurde, eine Verletzung oder ein Trauma nicht heilen konnte. Pearls ist der Auffassung, dass das Unbewusste in solchen Fällen mit allen Mitteln versucht, die Gestalt zu schließen – also eine Lösung zu finden, das unerfüllte Bedürfnis zu befriedigen oder die bestehende Wunde, das Trauma zu heilen.

Durst ist beispielsweise eine ganz einfache offene Gestalt. Wenn ein Mensch großen Durst hat, richtet sich sein ganzes Streben darauf, etwas zu trinken. Alles andere wird nebensächlich. Man wendet viel Energie auf, sich bewusst etwas anderem (zum Beispiel einer Aufgabe) zu widmen, solange der Durst nicht gestillt ist. Das Unbewusste ist darauf konzentriert, etwas Trinkbares zu finden. Je größer der Durst, umso weniger differenziert ist die Suche. Nur wenn eine andere offene Gestalt noch dringenderen Charakter hat oder lebensnotwendiger ist, kann die Wahrnehmung des Durstes vorübergehend in den Hintergrund treten; das wäre beispielsweise bei starker Müdigkeit oder einer absolut lebensbedrohlichen Situation der Fall. Sobald man trinkt, wird die Gestalt geschlossen – der Drang verschwindet, die Aufmerksamkeit kann sich wieder ganz ohne Anstrengung anderen Dingen zuwenden.

Die meisten offenen Gestalten in der Psyche eines Menschen sind etwas umfassender und langlebiger. Sie beziehen sich auf Kindheitserfahrungen, die aus irgendeinem Grund nicht befriedigend abgeschlossen werden konnten. So kann beispielsweise ein frühes, nie wirklich gestilltes Bedürfnis nach Geborgenheit, bedingungsloser Zuwendung und Akzeptanz zum treibenden und letztlich bestimmenden Faktor sowohl für eine Berufswahl wie auch für die Partnerwahl werden. Das Unbewusste sucht nach Möglichkeiten und Wegen, diese fehlenden Komponenten in irgendeiner Weise zu erfahren.

Wenn das ursprüngliche Bedürfnis jedoch nicht erkannt wird, sucht sich die Psyche eine Art Ersatzbefriedigung. Solche Ersatzbefriedigungen mögen vorübergehend hilfreich sein, stillen jedoch das eigentliche Bedürfnis nicht. Berufliche Anerkennung bringt nicht wirklich ein bleibendes Gefühl von Akzeptanz, hält nur so lange vor, wie Leistung erbracht wird. Und eine Beziehung erfüllt den Wunsch nach Geborgenheit meist nicht in dem unbewusst erhofften Maß. Die Gestalt bleibt also offen, die Suche geht weiter.

Erst wenn es gelingt, dem »ungeborgenen inneren Kind von damals«, das nach Zuwendung hungerte, diese in einer Art zu vermitteln, die ihm und seinem Wesen entspricht, löst sich die innere Spannung, verschwindet der innere Drang. Offene Gestalten dieser Natur sind astrologisch meist an die Planeten Mond und Venus gekoppelt.

Ähnlich, jedoch noch etwas anspruchsvoller, sind offene Gestalten zu werten, die mit traumatischen Erfahrungen verbunden sind. Hier stehen angestaute, blockierte und meist verdrängte Energien im Zentrum der offenen Gestalt. Schmerz und Trauer, die nie geheilt, erlebte Ohnmacht, Wut und Aggression, die nie befreit wurden, sind im Keller des Unbewussten gespeichert. Sie gleichen psychischen »Tretminen«, die dann losgehen, wenn irgendetwas in der Gegenwart an die entsprechenden Themen rührt.

Bei offenen Gestalten dieser Art sind zwei unterschiedliche psychische Reaktionen möglich. Wenn das Unbewusste sie als gefährlich für die eigene (psychische) Gesundheit erachtet, wird es den betroffenen seelischen Bereich gewissermaßen zum Sperrgebiet erklären und alles unternehmen, um Situationen zu vermeiden, die an die bestehende Tretmine rühren. Der Handlungsspielraum wird entsprechend eingeschränkt.

Wenn beispielsweise eine frühkindliche Erfahrung die Konfrontation mit großer Aggression oder Gewalt beinhaltet, diese sehr bedrohlich war, ohne Möglichkeit zu fliehen oder sich zur Wehr zu setzen, kann diese Erfahrung ins Unterbewusste verdrängt werden und aus der Erinnerung verschwinden. Der Bereich der Tretmine wird psychisch abgesperrt, um den Menschen zu schützen. Die betreffende Person wird dann im realen Leben unbewusst alle Situationen meiden, die irgendwie mit Aggression zu tun haben, das bedeutet konsequenterweise, sich selbst auch keine aggressiven Regungen zugestehen. Bringt sie das Leben trotzdem in Umstände, in denen sie Wut oder Aggressionen ausgesetzt ist (auch als scheinbar unbeteiligter Beobachter), geht die innere Tretmine hoch, ist sie für einen Moment zurückgeworfen in die damals erlebte Geschichte – die offene Gestalt übernimmt die gesamte Aufmerksamkeit.

Die Psyche kann jedoch auch eine andere gegensätzliche Taktik im Umgang mit der offenen Gestalt wählen. Sie wendet dann viel Energie dafür auf, die eigene Kraft zu stärken, um dadurch der inneren Bedrohung Herr zu werden. Dann wird kompensatorisch viel Aufmerksamkeit dafür verwendet, die eigene Stärke zu trainieren. Wettbewerbs- und Leistungssituationen werden gesucht, in denen sich der Betreffende immer wieder beweisen kann, nicht mehr Opfer zu werden. Bilder und Erfahrungen solcher Art sind astrologisch vor allem bei starken Themen im Zusammenhang mit den Planeten Mars, Pluto und auch mit Lilith zu erwarten.

So wird die offene Gestalt unbewusst zur treibenden Kraft, die das Verhalten des Menschen maßgeblich prägt. Solange die damalige Erfahrung nicht ins Bewusstsein gebracht, die angestaute Energie nicht befreit und die Gestalt nicht geschlossen wird, ist das Verhalten in den entsprechenden Bereichen zwanghaft und schwer zu steuern.

Planeten im Bereich des absteigenden Mondknotens haben ebenfalls den Charakter von solch »offenen Gestalten«. Diese sind jedoch nicht in der frühen Kindheit entstanden, sondern bereits bei der Geburt vorhanden – also mitgebracht. Das Unbewusste, die Seele, sucht mit allen Mitteln, diese Gestalten zu schließen und die gebundenen Energien zu erlösen. Entsprechend erhalten die Themen dieser Planeten enorm viel Gewicht. Der innere Drang, sich entweder mit diesen Themen auseinanderzusetzen oder sie um jeden Preis zu vermeiden, ist groß, kann aber unter Umständen so zwingend werden, dass andere Faktoren des Horoskops auf der Strecke bleiben.

CoEx-Systeme

Die Thematik von Planeten am absteigenden Mondknoten kann auch gut anhand des CoEx-Modells beschrieben werden. Die durch sie symbolisierten Themen sind Teil der menschlichen Psyche, die durch alle Schichten und Erfahrungsebenen hindurch wirken. Aktuelle Erfahrungen können ihnen ebenso zugeschrieben werden wie Erlebnisse aus der Kindheit. Der rote Faden des CoEx-Systems reicht jedoch über die Geburtserfahrung hinaus, zurück in die Zeit der Schwangerschaft.

Der Planet am absteigenden Mondknoten und das zu ihm gehörige CoEx-System kann jedoch auch Inhalte familiensystemischer Natur umfassen, Bilder aus anderen Existenzen oder archetypisch/mythische Vorstellungen und Erfahrungen. Entsprechend wirken auch im aktuellen, gegenwärtigen Leben immer dann, wenn der entsprechende Planet aktiviert und genutzt wird, die damit in Verbindung stehenden Bilder, Erfahrungen und Reaktionen mit. Für Außenstehende, aber auch für das eigene Verständnis, scheinen die daraus resultierenden Verhaltensweisen daher oft überzogen und rational nicht wirklich nachvollziehbar.

Karmische Erfahrungen

Dieses Modell ist für die Menschen, die sich mit dem Reinkarnationsmodell anfreunden können, am einfachsten nachzuvollziehen. Demnach symbolisieren Planeten am absteigenden Mondknoten Geschichten und Erfahrungen einer anderen Existenz, die dort nicht abgeschlossen werden konnten. Sie werden, wie bereits erwähnt, als »offene Gestalten« von der Seele in die gegenwärtige Existenz mitgebracht, in der Absicht, sie zu erlösen. Diese Erlösung kann ganz unterschiedlicher Natur sein. In gewissen Fällen mag es analog einer offenen Gestalt darum gehen, die in der mitgebrachten Erfahrung gebundenen Energien freizusetzen, ein in dieser anderen Existenz unerfüllt gebliebenes Bedürfnis zu befriedigen, eine unerledigte Aufgabe, einen unvollendeten Prozess abzuschließen.

Im aktuellen Leben werden daher analog zu den normalen offenen Gestalten unbewusst Situationen gesucht und geschaffen, die es ermöglichen sollen, diese zu schließen. Da die offene Gestalt karmischen Charakter hat, ist sie einerseits total unbewusst, das heißt der Erinnerung zunächst nicht zugänglich, und andererseits mit enorm starken Energien besetzt, was zu entsprechend zwanghaftem Verhalten führt.

Es ist aber ebenso möglich, dass das Selbst oder die Seele in Bezug auf den betroffenen Planeten einen sogenannten Polausgleich sucht. Dieser Ansatz geht davon aus, dass es für die Entwicklung des Bewusstseins unerlässlich ist, immer beide Seiten einer Geschichte, beide Pole einer Erfahrung zu kennen. Entsprechend würde eine Tätererfahrung durch eine Opfererfahrung ausgeglichen, oder umgekehrt ein Opfererlebnis durch eines in der Täterrolle. Diese Aussage ist insofern heikel, als sie leicht in einer linear-kausalen Weise interpretiert und damit missverstanden werden kann.

Es geht hier nicht um die alttestamentarische »Auge um Auge, Zahn um Zahn«-Geschichte, sondern vielmehr darum, dass ein Mensch, der zum Opfer von Aggressionen wurde, sich erst dann wirk-

lich befreien kann, wenn er selbst in Kontakt mit seinen Aggressions-
kräften, seiner Wut kommt, indem er erlebt, dass andere auch ihn
fürchten oder sich von ihm bedroht fühlen können. Umgekehrt wird
bereits heute in der Arbeit mit Straftätern angestrebt, dass diese sich
mit ihren Opfern identifizieren, sich mit deren Erleben (Ängsten und
Schmerzen) auseinandersetzen, in der Annahme, dass sie nur so einen
neuen Umgang mit ihrem eigenen Gewaltpotenzial finden können.

Einer dritten Entsprechung folgend kann ein Planet am absteigenden Mondknoten aber auch einfach die Aufgabe beinhalten, in Bezug
auf seine Themen und Inhalte weitere Lern- und Bewusstseinsschritte
zu machen. Da eine Absicht der Seele dahintersteht, erhält der betreffende Planet auch in diesem Fall enorm viel Energie, und die mit ihm
verbundenen Themen und Entsprechungen große Bedeutung im
aktuellen Leben.

Der karmische Ansatz weist jedoch auch auf weitere Faktoren hin,
die im Zusammenhang mit Planeten am absteigenden Mondknoten
zu beachten sind. Da diese Planeten eine Verbindung zu einer anderen Existenz schaffen, beinhalten sie auch alle Erfahrungen, Kenntnisse, Fähigkeiten und Verhaltensmuster dieser Existenz.

Als Metapher mag die Vorstellung dienen, dass sich in der eigenen
Psyche eine Figur (Teilpersönlichkeit) befindet, die aus einer anderen
Welt stammt. Von dort bringt sie ein gelebtes Leben mit, hat Erinnerungen, Prägungen, Glaubenssätze und zeigt daraus resultierende Verhaltensmuster. Diese Verhaltensmuster sind jedoch der Zeit und Kultur angepasst, aus der sie ursprünglich stammen, und unterscheiden
sich deutlich von denen im Hier und Jetzt.

Aus der Perspektive dieses Planeten (dieser Figur) sind gewisse Dinge selbstverständlich und ganz normal, die in der Gegenwart fremd
und unpassend erscheinen. Entsprechend verständnislos reagiert die
Umwelt auf die durch den Planeten symbolisierten Verhaltensweisen
und Ansprüche dieses Menschen. Der Mensch selbst hingegen nimmt
oft nicht wahr, wie unüblich und fremd seine Muster sind.

Am Beispiel eines Klienten lässt sich dies eindrücklich illustrieren.
Er suchte mich wegen Beziehungsfragen auf. In seinem Horoskop
stand die Venus (in der Jungfrau im zweiten Haus) am absteigenden
Mondknoten. Es handelte sich um einen gut aussehenden Mann in
den Dreißigern. Er hatte sich bereits ein ansehnliches Vermögen erarbeitet, besaß eine eigene Firma (Sicherheitstechnologie und Personen-

schutz), die er erfolgreich führte. Nun war er auf der Suche nach einer Partnerin, hatte dafür auch bereits einigen Aufwand betrieben, Inserate geschaltet, Vermittlungsbüros konsultiert.

Gefragt nach seinem Wunschbild, erzählte er, dass er eine ganz romantische Vorstellung habe. Er sehe sich in der Rolle eines Minnesängers und suche eine Burgfrau, die er anbeten und verehren könne. Sie dürfe gerne auch distanziert sein, solange sie ihm gestatte, sie zu verwöhnen. Zu seinem Bild gehörte auch die Vorstellung, dass seine Angebetete keusch und rein sei – die Vorstellung des mittelalterlichen Keuschheitsgürtels schien ihm zu gefallen – auch wenn er zugab, dass dies wohl nicht mehr ganz zeitgemäß sei. Er erzählte weiter, er habe bereits eine Burg gekauft und renoviert, um seiner Zukünftigen einen angemessenen Wohnsitz zu bieten. Nun wisse er nicht, was er noch unternehmen könne, um die Frau seiner Träume zu finden, wolle diesbezüglich Rat von mir.

Auf meine Frage, ob er sich bewusst sei, dass sich eine Frau der heutigen Zeit wohl kaum in die Rolle eines Burgfräuleins einleben könnte, reagierte er verblüfft und verständnislos. Er war der festen Überzeugung, einer Frau alles zu bieten, was deren Herz begehre, sie müsse nicht arbeiten, bräuchte nur in der Burg auf ihn warten und sich verwöhnen lassen.

Die Vorstellung, dass Frauen andere Ansprüche hätten, z. B. eine eigene Karriere suchten, ihre Freiheit leben, sich mit Kollegen und Freunden treffen wollten, lag ihm völlig fern. Auch mit dem Vorschlag, sich im realen Leben umzusehen, Frauen zu fragen, was sie sich denn wünschten und wenigstens in einigen Belangen kompromissbereit zu sein und sich den Bedürfnissen einer möglichen Partnerin anzupassen, konnte er wenig anfangen. Er war nicht bereit, von seinem Bild abzurücken, Abstriche zu machen – umso mehr, als er doch schon so viel Zeit und Geld für die Verwirklichung seiner Vision investiert hatte.

Der Mann verließ meine Praxis etwas frustriert, hatte er sich doch erhofft, Tipps und Ratschläge dafür zu erhalten, wo und wie er seine Angebetete finden könne. Es ist mir nicht bekannt, ob er in der Folge seinen Beziehungswunsch realisieren konnte. Dieses Beispiel zeigt eine Venus am absteigenden Mondknoten, die im Mittelalter lebt und den dort herrschenden Vorstellungen über romantische Liebe folgt. Die Gegenwart war dieser Venus völlig fremd.

Mitgebrachte Fähigkeiten und Talente

Planeten im Bereich des absteigenden Mondknotens bringen jedoch nicht nur unpassende Verhaltensweisen und Muster mit. Sie haben auch mitgebrachtes Wissen, einen reichen Erfahrungsschatz und damit verbundene Fähigkeiten im Gepäck. Diese stehen zur Verfügung, können und wollen genutzt werden.

Entsprechend häufig spielen diese Planeten auch in der Lebensgestaltung ganz allgemein, in der Berufswahl, in Bezug auf gepflegte Hobbys eine nicht zu unterschätzende Rolle. Die Kunst besteht darin, die vorhandenen Fähigkeiten und den Erfahrungsschatz so einzusetzen, dass sie der Gegenwart und den vorgefundenen Bedingungen gerecht werden.

In gewisser Weise gilt diesbezüglich analog all das, was für die Integration eines Menschen nötig ist, der aus einer fremden Kultur stammt. Wenn dieser Mensch die Sprache, die Umgangsformen und Regeln der neuen Kultur kennt und sich in ihr bewegen kann, kommt ihm der mitgebrachte Erfahrungsschatz zugute. Dann kann er die beiden Welten verbinden und das Beste aus ihnen machen.

Im Falle von Planeten am absteigenden Mondknoten geht es anstelle einer anderen Kultur einfach um die Integration eines Persönlichkeitsteils, der aus einer anderen Raumzeit stammt. Dann erweisen sich die mitgebrachten Energien und Fähigkeiten als Gabe und als großes Geschenk.

Schritte zur Erlösung und Integration in die Gegenwart

Die Schritte zur Erlösung und Integration von Planeten am absteigenden Mondknoten klingen ganz einfach, sind in der Realität des entsprechenden Menschen jedoch nicht ganz so leicht zu vollziehen. Mittel und Werkzeuge zur Lösung liegen im Bereich des aufsteigenden Mondknotens. Die durch diesen symbolisierten Qualitäten wollen gezielt und bewusst erlernt und dazugenommen werden. Die Häuserthematik des aufsteigenden Mondknotens verlangt Aufmerksamkeit, die Energien sollen wenigstens teilweise in diesen Bereich verlagert werden.

Das Bild mit der einseitig besetzten Schaukel gilt im Falle von Planeten am absteigenden Mondknoten ganz besonders. So lange die ganze Aufmerksamkeit und Energie diesem Planeten gilt – was normal und verständlich ist, da er ja nach Erlösung und Ausdruck sucht –, ist die Schaukel blockiert, sind weder Bewegung noch Entwicklung möglich. Dann wird immer wieder die frustrierende Erfahrung gemacht, dass alle Anstrengungen und Bemühungen, die Anliegen dieses Planeten zu verwirklichen, nicht die erwartete Wirkung haben und oft in eine Sackgasse führen, anstatt eine Lösung zu bieten. Es ist daher besonders wichtig, sich wenigstens teilweise und vorübergehend vom Drängen des Planeten zu distanzieren und sich um die Aufgabe des aufsteigenden Mondknotens zu kümmern.

Wenn dies möglich ist, geschieht oft eine Art Wunder. Es fällt plötzlich viel leichter, für die Anliegen des Planeten am absteigenden Mondknoten eine geeignete Lösung zu finden und die dort vorhandenen Bedürfnisse zu stillen. Die Integration der Themen des aufsteigenden Mondknotens erlaubt oft auch, die ursprünglichen Geschichten und offenen Gestalten des Planeten am absteigenden zu erkennen. Aus der »objektiven« Perspektive des gegenüberliegenden Pols ist es möglich, zu beobachten und zu verstehen, worum es wirklich geht. Das zunehmend wachsende Gleichgewicht der Mondknotenachse schafft neue Möglichkeiten, die unerlösten Themen zu bearbeiten, die angestauten Energien zu befreien und neu zu nutzen.

Damit steht das volle Potenzial und die Erfahrungen des Planeten am absteigenden Mondknoten im gelebten Leben zur Verfügung. Dann sind weitere Lern- und Bewusstseinsschritte möglich. Die mitgebrachten Themen erweisen sich jetzt als wahre Fundgrube.

Im Falle des oben beschriebenen Klienten (aufsteigender Mondknoten im Zeichen Fische im achten Haus) wäre es darum gegangen, sich von den konkreten, detailbezogenen fixen Vorstellungen darüber, was ihm Liebe und Sicherheit verschaffen könnte (die Burg, der Besitzanspruch auf seine Burgfrau), zu trennen und für das Wagnis einer Beziehung bereit zu sein, die auf seelischer Verbundenheit basiert (Fische, achtes Haus). Die Bereitschaft, sich emotional hinzugeben, neue Träume und Visionen zu entwickeln, ohne zu wissen, wohin diese ihn führten, wäre gefragt gewesen. Die Offenheit sich mit dem Gegenüber und dessen Wertvorstellungen (achtes Haus) auseinanderzusetzen, sich einzufühlen und wenigstens teilweise anzupassen (Fische), hätte weitere Schritte auf dem Entwicklungsweg erlaubt. Und unter diesen Umständen hätte er vielleicht sogar das ersehnte Wunder erlebt und seine Traumfrau gefunden – in einer moderneren Form natürlich.

In der Folge werden alle Planeten am absteigenden Mondknoten, mögliche Geschichten und Verhaltensmuster beschrieben. Es ist dabei klar, dass die Fülle von Entsprechungen, die das Universum bereithält, unendlich ist – und jeder Mensch seine individuelle Geschichte mitbringt.

Die fünf persönlichen Planeten
Mond/Sonne/Merkur/Venus/Mars

Mond

Mitgebrachte Geschichten:
Steht der Mond am absteigenden Mondknoten, existiert in der Psyche eine mitgebrachte Geschichte rund um das Thema Gefühle und Geborgenheit, die Verbindung zwischen Mutter und Kind. Tief im Unbewussten schlummert eine tiefe Angst vor Verlassenheit, Hunger nach Liebe und Zuwendung, Schmerz über einen emotional aufwühlenden Verlust, das Gefühl, nirgends wirklich sicher und geborgen zu sein.

Aus der Kindperspektive sind folgende Erfahrungsbilder möglich: Ein verlassenes, weggegebenes oder ausgesetztes Kind, ein Kind, das von der Mutter nicht den nötigen Schutz erhielt oder misshandelt wurde, oder ein Kind, das aufgrund von Vernachlässigung früh starb. In all diesen Fällen beinhaltet die offene Gestalt mangelnde Geborgenheit, fehlende emotionale Zuwendung – unter Umständen auch fehlende körperliche Nähe und Sicherheit (Mond in der Erde).

Aus der Mutterperspektive wären folgende Erfahrungen denkbar: Der Verlust eines Kindes, zusehen zu müssen, wie dem eigenen Kind etwas Schreckliches zustößt, Verantwortung für den Tod eines Kindes, eine erzwungene Abtreibung, ein unerfüllter Kinderwunsch. Nach einer generelleren Entsprechung wären auch folgende Bilder und Mythen denkbar: Aus einem Steinzeitclan ausgestoßen zu werden, die Heimat verlieren. Auch die Märchen von »Hänsel und Gretel« sowie »Brüderchen und Schwesterchen« spiegeln eine Mondgeschichte.

Oft ist in der Psyche ein stark weiblich orientierter Persönlichkeitsteil vorhanden – auch bei Männern.

Mögliche Kindheitserfahrungen:
In den meisten Fällen ist in der Kindheit eine problematische Mutterbeziehung auszumachen. Die Mutter konnte oder wollte die Bedürfnisse des Kindes nach Nähe nicht erfüllen, wurde als überfürsorglich, vereinnahmend oder unzuverlässig und abweisend erlebt, sodass keine wirklich gesunde Beziehung entstehen konnte. Es kann sein, dass bereits sehr früh eine Rollenumkehr stattfand, das betreffende Kind für seine Mutter, den Vater oder ein Geschwister sorgen musste, anstatt selbst versorgt zu werden.

Typische Verhaltensmuster:
Der große innere Drang nach Geborgenheit und Zuwendung kann auf zwei unterschiedliche Arten zum Ausdruck kommen: Aus einer Kindhaltung heraus wird nach Menschen gesucht, die sich um einen kümmern, die immer wieder beweisen müssen, dass sie da sind, sich sorgen, einen unter keinen Umständen im Stich lassen. Allerdings werden oft auch reale Zuwendungs- und Fürsorgebekundungen von anderen nicht als solche wahrgenommen, da das im Unbewussten mitgebrachte Wunschbild und die sich daraus ergebende Erwartungshaltung auf eine ganz spezifische Art der Fürsorge abzielt, die beispielsweise bestimmte Gesten oder Worte beinhaltet oder ganz konkrete Handlungen und Verhaltensweisen fordert. Von diesen können die Menschen im realen Umfeld nichts wissen, sie sind oft auch nicht zeitgemäß, spiegeln mütterlich-fürsorgliches Verhalten einer anderen Zeit oder Kultur wider.

Deshalb bleibt der Hunger nach Zuwendung und Zärtlichkeit, nach Geborgenheit und Nähe auch dann oft unbefriedigt, wenn in der Realität Menschen bereit sind, Liebe zu geben. Das, was sie anzubieten haben, ist gewissermaßen die »falsche Nahrung«.

Der anderen Entsprechung zufolge wird schon früh allen Menschen gegenüber eine ausgesprochen bemutternde Haltung eingenommen. Sie erhalten völlige Zuwendung, werden umsorgt und beschützt, oft jedoch in einer Weise, die als überbehütend, vereinnahmend oder abhängig machend erlebt wird.

Frauen mit dieser Stellung können auch einen sehr großen Kinderwunsch verspüren. Das Bedürfnis, für ein Kind da zu sein, es zu umsorgen, kann so stark sein, dass sich immer dann, wenn das jüngste Kind langsam selbstständig wird, der Drang nach einer neuen Schwangerschaft bemerkbar macht. Demnach haben sie oft viele Kinder – auch von mehreren Männern. Für diese setzen sie sich dann mit großem Engagement ein. Für solche Frauen haben vor allem Schwangerschaften häufig einen ganz besonderen Zauber. Sie symbolisieren eine Zeit, in der die Verbundenheit zwischen Mutter und Kind besonders groß und umfassend ist.

In einem extremen Fall wurde eine Frau zehnmal Mal schwanger (Mond am absteigenden Mondknoten im achten Haus). Da sie in finanziell sehr beengten Verhältnissen lebte und alleinerziehend war, wusste sie, dass nach dem ersten Kind kein weiteres mehr verantwortbar wäre. Wie unter Zwang brachte sie sich jedoch trotzdem immer wieder in Situationen, in denen sie »ungewollt« schwanger wurde, vergaß, sich zu schützen, oder warf in einem Gefühlsrausch alle Vorsicht über Bord. Immer wenn sie feststellte, dass sie wieder schwanger war, meldete sich zunächst ein unendlich tiefes Gefühl der Befriedigung und Freude über das neue in ihr wachsende Leben. Danach folgte der Schrecken über die Konsequenzen und in der Folge entschied sie sich jedes Mal, unter großem Schmerz und Verzweiflung, das Kind abzutreiben. Obwohl sie in klaren Momenten wusste, wie ungesund, ja zerstörerisch ihr Verhalten war, schien es lange Zeit kaum möglich, diesen Zyklus zu unterbrechen. Erst zu einem späteren Moment gelang es ihr, neue Wege zu finden.

In einzelnen Fällen können Frauen mit Mond am absteigenden Mondknoten unbewusst auch vor dem Muttersein zurückschrecken. Etwas in ihnen (eventuell eine alte Geschichte vom Verlust eines Kindes) erzeugt bereits bei der Vorstellung, Mutter zu werden, Angst und Schrecken. Manchmal hindert sie auch ihr Unbewusstes daran zu empfangen, selbst wenn sie auf der bewussten Ebene durchaus gerne ein Kind hätten.

Oft wird ein Beruf gewählt, für den mütterliche und fürsorgliche Fähigkeiten gefragt sind. Dabei kann es sich um eine Tätigkeit mit Kindern handeln, aber auch um eine Aufgabe, bei der es darum geht, in anderer Weise für Menschen (oder auch Tiere) zu sorgen, sich um deren Wohlbefinden zu kümmern – sei es in Hotellerie und Gastgewerbe, in einer beratenden psychologischen Funktion, in der Betreuung von Hilfsbedürftigen oder auch im Einsatz für Mütter und Familien.

Erlöste Form, Gabe und Fähigkeit:

Wenn es gelingt, mithilfe des aufsteigenden Mondknoten die alte Mondgeschichte zu heilen und zu erlösen, die zwanghaften Verhaltensweisen zu erkennen und aufzulösen, die nicht zeitgemäßen und umgebungsgerechten inneren Bedürfnisse und Erwartungen in eine Form zu bringen, die dem Hier und Jetzt entspricht, steht mit dem Mond am absteigenden Mondknoten ein großes Potenzial an Gefühlsstärke zur Verfügung.

Dann wird es sowohl möglich, in einer gesunden und liebevollen Weise für die Bedürfnisse anderer da zu sein, ohne sie zu bedrängen oder zu vereinnahmen, als auch echte Nähe wahrzunehmen und bedingungslose Liebe für alle Geschöpfe zum Ausdruck zu bringen. Die Kraft des eigenen inneren Kindes zeigt sich in einem natürlichen, zärtlichen und furchtlosen, offenen Verhalten, das durchaus auch Grenzen kennt und respektiert.

Sonne

Mitgebrachte Geschichten:

Diese Stellung weist darauf hin, dass der betreffende Mensch in einem Monat geboren wurde, in dem eine Sonnenfinsternis stattfand. Er trägt damit, neben den eigenen Themen, auch ein kollektives Bild in seiner Psyche – da oft zur Zeit einer Sonnenfinsternis eine wichtige Führungsfigur stirbt, abgesetzt wird oder in einer anderen Weise kollektives Aufsehen erregt. Es mag sich in diesem Zusammenhang lohnen, die Geschehnisse der Zeit rund um die Geburt etwas näher zu untersuchen. Dies erlaubt ein vertieftes Verständnis für die Inhalte der eigenen Psyche.

Wenn sich die Sonne im Bereich des absteigenden Mondknoten befindet, existiert in der Psyche des Menschen eine mitgebrachte, unerlöste Geschichte rund um die Themen Selbstverwirklichung, Selbstbehauptung, Autorität und Vater.

Auf einer meist unbewussten Ebene gibt es eine große Ambivalenz in Bezug auf das eigene Potenzial. Die Angst zu versagen oder der erreichten Position nicht zu genügen, mischt sich mit dem Drang, allen die eigene Stärke und den eigenen Willen beweisen zu müssen.

Mit dieser Stellung sind folgende Erfahrungsbilder möglich: Eine Position von hohem Ansehen, die in einem Desaster endete, Entmachtung aufgrund von Unfähigkeit, Verrat oder Fehlverhalten, Missbrauch der eigenen Autorität für persönliche Belange, Versagen in einer Führungs- oder Herrscherposition, eine aufgrund der Umstände nicht verwirklichte Ambition, Verlust des Vaters oder eines bewunderten Führers.

Das Zeichen der Sonne und dessen Herrscherplanet erlauben dabei, etwas differenziertere Aussagen über die konkrete Position und Bedeutung der Autoritätsfigur.

Märchen und Mythen, die diese Stellung spiegeln: »Des Kaisers neue Kleider«, »Arthus und die Ritter der Tafelrunde«, »König Minos«, »Ikaros«, »Ödipus Rex«.

Meist befindet sich in der Persönlichkeit (auch bei Frauen) ein eher männlich dynamischer Anteil, der ambitioniert ist und Wert legt auf Anerkennung, sich aber auch davor fürchtet, zu viel Macht zu erhalten.

Mögliche Kindheitserfahrungen:
Die Kindheitsgeschichte zeigt häufig eine problematische Erfahrung mit der Vaterfigur. So kann der Vater in entscheidenden Momenten abwesend sein, die ihm zugedachte Rolle nicht erfüllen oder seine Position und das ihm entgegengebrachte Vertrauen missbrauchen. In einigen Fällen kommt es auch vor, dass ein Kind eine unangemessene Machtposition erhält, den Anspruch spürt, die ungelebten Ambitionen des Vaters zu erfüllen oder umgekehrt vom Vater daran gehindert wird, Selbstständigkeit und Autorität zu erlangen. Ein Sohn kann auch anstelle des abwesenden oder enttäuschenden Vaters zum Ersatzpartner der Mutter gemacht werden.

Typische Verhaltensmuster:

Hier ist oft ein enormer innerer Drang vorhanden, sich zu beweisen und zu behaupten, als eigenständige und wichtige Persönlichkeit Anerkennung zu erhalten. Gleichzeitig besteht auch eine große Angst zu versagen, sich zu blamieren, den Anforderungen des Lebens nicht zu genügen. Aus dieser Ambivalenz ergeben sich zwei ganz unterschiedliche Verhaltensmuster, die teilweise auch abwechselnd zum Ausdruck kommen.

Zum einen wird schon früh sehr viel Wert darauf gelegt, von anderen Anerkennung zu erhalten, mit großem Eifer und Einsatz wird eine Position angestrebt, die Ansehen bringt. Dabei existiert eine genaue Vorstellung davon, wie diese Position aussehen sollte. Oft ist ein heimlicher Stolz vorhanden, verbunden mit der Erwartung, dass andere die eigene Größe erkennen und würdigen sollten.

Das diesen Menschen eigene Charisma, ihr unbewusstes Selbstverständnis in Bezug auf die ihnen zustehende Achtung, erlaubt es ihnen meist, sich in den entsprechenden Kreisen zu bewegen, mit Menschen zusammen zu sein, die selbst Macht innehaben, in ihrem Bereich als Autorität gelten. Dabei findet oft ein unbewusster Wettbewerb um Beachtung statt. Andere Autoritätsfiguren, deren Schwächen und Stärken werden genau beobachtet. Menschen, die dem inneren Bild von Führungsqualität nicht genügen, werden entsprechend verachtet, manchmal auch verurteilt für ihr (scheinbares oder reales) Versagen.

Erfüllt jemand hingegen wenigstens teilweise die hohen Ansprüche und Erwartungen, wird dessen Nähe gesucht, bei dieser Person wird dann um Anerkennung der eigenen Fähigkeiten und Qualitäten gebuhlt. Da jedoch das innere Bild von Größe und Bedeutung in der Regel nicht zeitgemäß ist, der jeweiligen Kultur nicht entspricht, kommt es meist früher oder später zu Enttäuschungen. Die von anderen effektiv erhaltene Bestätigung und Anerkennung wird nicht als solche erkannt, da sie nicht dem entspricht, was unbewusst erwartet wurde.

Umgekehrt besteht eine hohe Empfindlichkeit in Bezug auf die scheinbare Abwertung der eigenen Größe, der eigenen Leistung, die Missachtung des eigenen Potenzials, was schnell zu verletztem Stolz und beleidigtem Rückzug führen kann – aus für die Umwelt meist unverständlichen Gründen. Es ist auch möglich, dass solche Menschen durch ihr Können und ihre Ausstrahlung anfänglich einen Kreis von Bewunderern um sich scharen, diese jedoch zu einem späteren

Zeitpunkt durch überhöhte Ansprüche an die Gefolgschaft vor den Kopf stoßen.

Zum anderen existiert zwar ein inneres Wissen um das vorhandene Potenzial, die innere Kraft und Größe, oft auch ein von anderen durchaus wahrgenommenes großes Charisma. Doch all dies scheint wie mit einem Fluch belegt. Eine enorme Angst vor den Folgen des Sichtbar-Werdens wird deutlich. Entsprechend erfolgt immer dann, wenn es darum geht, eine angebotene Position einzunehmen, einen Schritt zu Macht oder Ansehen zu tun, ein inneres Zurückschrecken. Diese Angst vor dem Versagen, vor unabsehbaren möglichen Folgen, wenn die eigene Größe gelebt und sichtbar würde, führt dazu, dass entsprechende Angebote ausgeschlagen werden. Manchmal kommt es auch zu einer Art inneren Sabotage, die den durchaus bewusst angestrebten Erfolg verhindert.

Immer wenn ein solcher Schritt aus scheinbar nicht nachvollziehbaren Gründen scheitert, wird die innere Ambivalenz deutlich. Die Enttäuschung über die nicht erlangte Position mischt sich mit Erleichterung.

Bei Frauen mit dieser Stellung sind oft auch problematische Beziehungen zu finden. So suchen sie zwar einen starken selbstsicheren Partner, hoffen von diesem die ihnen so wichtige Anerkennung ihres eigenen Wesens und die Unterstützung für ihre persönliche Verwirklichung zu erhalten. In der Realität jedoch erweist sich dieser dann in ihren Augen oft als Versager, als unzuverlässig und nicht wirklich integer – ähnlich dem ursprünglich enttäuschenden Vater. Falls der Partner sich als selbstsicher und stark erweist, entsteht häufig eine unbewusste Konkurrenz, ein Wettbewerb um größere Beliebtheit und Anerkennung, was der Beziehung nicht besonders förderlich ist.

Männer wiederum haben oft Mühe mit der Vaterrolle. Sie fühlen sich in einer solchen schnell überfordert und ungenügend, ziehen sich zurück oder meiden gar jede Gelegenheit, in diese Position zu gelangen, oder sie haben umgekehrt Ansprüche und Erwartungen an ihre Kinder, welche diese nicht erfüllen können.

Oft wird ein Beruf gewählt, der in irgendeiner Weise Führungsaufgaben beinhaltet, noch häufiger wird Selbstständigkeit angestrebt. Auf diese Weise lässt sich die Konfrontation mit dem Thema Autorität und Führungsqualität vermeiden. Tätigkeiten, welche die Auseinandersetzung mit Autoritätsfiguren verlangen, sind nur dann unproblematisch, wenn diese keine direkte Machtposition einnehmen und wenn es möglich ist, ihnen auf Augenhöhe zu begegnen.

Erlöste Form, Gabe und Fähigkeit:
Diese Stellung beinhaltet natürliches Charisma und eine starke Ausstrahlung, oft verbunden mit Führungsqualitäten. Wenn es gelingt, diese von den mitgebrachten und nicht zeitgemäßen Zerrformen zu befreien, die inneren Ansprüche und Erwartungen der Realität anzupassen, kann die vorhandene Autorität in einer gesunden und wirkungsvollen Weise zum Ausdruck kommen. Dann zeigt sich ein natürliches Selbstverständnis in Bezug auf die eigene Größe und das eigene Potenzial, das seine Wirkung auf die Umwelt nicht verfehlt und automatisch zu Anerkennung und Ansehen führt.

Nun können mitgebrachte Erfahrungen und vorhandene Qualitäten in vollem Ausmaß zum Ausdruck kommen. Allerdings ist es in diesem Fall auch wichtig, sich mit den inneren Versagensängsten oder der alten mitgebrachten Geschichte auseinanderzusetzen, damit diese sich nicht unbewusst wiederholt.

Merkur

Mitgebrachte Geschichten:
Bei dieser Stellung findet sich in der Psyche eine unerlöste alte Geschichte rund um die Themen Denken, Wissen, Informationsaustausch, Lernen, Verstehen und Verstanden-Werden. Meist besteht eine große Ambivalenz zwischen dem Drang nach Erkenntnis, dem Bedürfnis, sich Wissen anzueignen und dieses ebenso wie die eigenen vorhandenen Kenntnisse auch zum Ausdruck zu bringen, und der Angst vor den Folgen, die das vorhandene Wissen und dessen Nutzung haben könnten.

Mögliche Erfahrungsbilder sind: Versagen in einer Prüfungssituation, Bestrafung für Nichtwissen oder Verfolgung wegen verbotenem Wissen, missbrauchtes Wissen, dramatische Folgen von weitergegebenen Informationen, Verleugnung und Verrat wegen gefährlichem Wissen, eigenständiges Denken führt zu Bedrohung, des Nicht-gehört-Werden mit einer wichtigen Botschaft, Reden oder Schweigen haben gefährliche Konsequenzen, eine falsche oder im falschen Moment gestellte Frage wird bestraft, eine versäumte, verpasste Nachricht.

Je nach Zeichen- und Hausposition des Merkurs sind es ganz unterschiedliche Themenbereiche, die von diesen Bildern und Erfahrungen besonders betroffen sind.

Märchen und Mythen, die diese Stellung spiegeln: »Zwerg Nase«, »Die geheimnisvolle Inschrift«, »Der Name der Rose«, »Der Da Vinci Code«, »Pinocchio«.

Mögliche Kindheitserfahrungen:

Diese Menschen verfügen schon als Kinder über Wissen, das sie eigentlich gar nicht haben können. Sie stellen entsprechende Fragen, erzählen Geschichten oder belehren ungefragt andere über eine Sache, die für sie ganz klar und selbstverständlich ist, bei anderen jedoch Erstaunen und/oder Unbehagen auslöst. So merken sie schon früh, dass sie in irgendeiner Weise anders sind, in ihrer Art zu denken und zu beobachten aus dem Rahmen fallen. Oft werden neugierige Fragen von Eltern abgewehrt, voller Eifer aufgeschnappte und weitererzählte Informationen als Lüge und Fantasie abgetan oder gar bestraft.

Später ergeben sich auch in der Schule immer wieder heikle Situationen. So kann Prüfungsangst zu Versagen führen, vorhandenes Wissen als unwahr oder abgeschrieben beurteilt werden. Es sind auch unangenehme Erfahrungen mit Mitschülern möglich – sei es, dass sie jemand als Streber beurteilen und in der Folge den Kontakt meiden, oder aber, dass interessierte Fragen und Anmerkungen mit Gelächter und abwertenden Bemerkungen bedacht werden. Das natürlich vorhandene Interesse und die Neugier an dem, was in der Welt geschieht, stoßen oft auf Unverständnis oder Ablehnung im nahen Umfeld.

Typische Verhaltensmuster:

Denken, Wissen und alles, was mit sozialen Kontakten zu tun hat, erhalten im Leben dieser Menschen eine ganz außerordentliche Bedeutung. Zum einen verfügen sie über ein für sie ganz natürliches und selbstverständliches enormes Wissen, stellen jedoch schnell fest, dass dieses nicht Allgemeingut ist. Sie müssen erkennen, dass ihre Kenntnisse, ihre Art zu denken und oft auch sich auszudrücken von ihrem Umfeld nicht wirklich geschätzt wird, weil es so anders ist.

Das daraus resultierende Unverständnis hat unterschiedliche Konsequenzen. Da in unserer Gesellschaft viel Wert auf Wissen und Bildung gelegt wird, entwickeln die meisten bereits früh einen ganz besonderen Ehrgeiz, streben nach schulischem Erfolg – den sie trotz teilweise eigentümlicher Erfahrungen meist auch haben. Sie sammeln Abschlüsse und Diplome, zeichnen sich oft durch besondere Begabungen aus, scheinen aber kaum je zufrieden und tun sich oft schwer, ihr Wissen auch wirklich anzuwenden.

Immer dann, wenn es darum geht, das Gelernte umzusetzen, schrecken sie zurück, in der subjektiven Annahme, noch nicht dazu in der Lage zu sein. Sie verkaufen sich daher oft unter ihrem Wert und nehmen mit Erstaunen und auch Frustration zur Kenntnis, wie andere mit einem Bruchteil ihres Wissens und ihrer Fähigkeiten Positionen erreichen, die sie sich selbst nicht zutrauen würden.

Anderen wiederum ist es ein großes Anliegen, ihre Kenntnisse weiterzugeben, sie haben ein starkes Bedürfnis, sich zu erklären, ihren Mitmenschen zu zeigen, wie etwas richtig gesagt, getan und formuliert wird. In ihrem Eifer zu belehren und zu korrigieren verkennen sie leicht, dass ihre eigene Vorstellung von guter Bildung und Wissen sich nicht mit der anderer decken muss. In der Folge erleben sie dann oft, dass sie trotz großem Wissen und vieler Fähigkeiten die von ihnen gesuchte Anerkennung nicht erhalten.

Immer wieder machen sie die Erfahrung, wie ihr Streben nach Verständnis, ihre klugen Anmerkungen und das in ihren Augen umfassende Wissen, das sie erworben haben, auf wenig Anerkennung oder sogar Ablehnung stoßen. Sie werden aus den von ihnen gesuchten Bildungskreisen ausgeschlossen oder von anderen belächelt und nicht wirklich ernst genommen.

Umgekehrt neigen sie unter Umständen auch dazu, die Fähigkeiten und das vorhandene Wissen ihres Umfeldes sehr kritisch zu beobachten, dieses schnell als ungenügend oder mangelhaft zu bewerten. Das Problem liegt in diesem Fall in der Tatsache, dass die eigenen Vorstellungen darüber, wie Wissen angewandt werden sollte, welche Informationen relevant sind, sich nicht mit den gängigen Gepflogenheiten decken.

Wiederum andere wenden sich ganz nach innen, fürchten sich, ihr Wissen zum Ausdruck zu bringen, scheuen davor zurück, ihre Ideen kundzutun oder Fragen zu stellen. Sie sind von der Angst besetzt, ausgelacht oder bestraft zu werden, etwas zu sagen, was unangemessen oder falsch sein könnte. Die Erfahrung, dass sie Dinge anders sehen und verstehen als andere Menschen, andere Gedanken und Fragen haben, lässt sie zu dem Schluss kommen, etwas sei mit ihnen nicht in Ordnung. Wann immer sie den Mut fassen, sich mitzuteilen oder eine Frage zu stellen, erwarten sie unbewusst schlimme Konsequenzen, was dazu führt, dass auch die leiseste Reaktion der Umwelt schnell dahingehend interpretiert wird, das eigene Denken sei falsch und sie würden besser schweigen.

Eine weitere Entsprechung zu dieser Merkurstellung betrifft dessen Analogie zum Thema soziale Integration und Informationsübermittlung. Dementsprechend reagieren diese Menschen immer dann äußerst empfindlich, wenn Informationen weitergegeben werden. Sie haben schnell den Eindruck, dass zu viel oder zu wenig gesagt wird, eine Geschichte nicht oder anders übermittelt werden sollte.

Das Beispiel einer Klientin soll dies illustrieren: Merkur stand in ihrem Horoskop am absteigenden Mondknoten im Zeichen Zwillinge im dritten Haus. Sie hatte ein offenes, kontaktfreudiges Wesen und war bei vielen Menschen beliebt. Sie las viel, hatte zahlreiche Kollegen und Freunde, mit denen sie sich regelmäßig traf. Nur etwas bereitete ihr große Mühe: Wann immer sie den Eindruck gewann, es würde über sie geredet, geriet sie völlig aus der Fassung, befürchtete sie das Schlimmste.

Die Frau war verheiratet, lebte mit ihrer Familie in einem kleinen Dorf und war auch dort gern gesehen. In Absprache mit ihrem Ehemann hatte sie einen Liebhaber, der seinerseits ebenfalls verheiratet war. Die Beziehung war offengelegt und von allen Beteiligten akzeptiert. Eines Tages erschien sie voller Entsetzen in der Beratung: Sie hatte sich mit ihrem Freund im Ausland getroffen und war dort zufälligerweise von einem Dorfbewohner ihrer Gemeinde gesehen worden. Nun stellte sie sich vor, das ganze Dorf würde über sie reden und sie verurteilen – dies trotz der Tatsache, dass ihre außereheliche Beziehung kein Geheimnis war. Ihre Reaktion war von Panik geprägt, sie wirkte wie ein gehetztes Tier auf der Flucht.

Etwas später ergab sich in einer therapeutischen Sitzung ein spontan auftauchendes Bild und danach entfaltete sich eine ganze Geschichte. Sie sah sich in einem mittelalterlichen Dorf, wurde auf einem Karren unter Hohn und Spott der Zuschauer auf den Dorfplatz gefahren, um dort als Hexe verbrannt zu werden. Es zeigte sich, dass jemand im Dorf das Gerücht verbreitet hatte, sie hätte als Hexe gewirkt – was zu ihrer Verurteilung und Verbrennung führte –, obwohl sie unschuldig war. Im Licht dieser inneren mitgebrachten Geschichte wurde die panische Reaktion auf möglichen Klatsch absolut nachvollziehbar. In der Folge gelang es ihr, dieses alte Trauma aufzulösen und sich auch von den damit verbundenen Ängsten zunehmend zu befreien.

Menschen mit dieser Merkurstellung fühlen sich oft zu Positionen und Tätigkeiten hingezogen, bei denen Wissen, Bildung und Informationsübermittlung eine wichtige Rolle spielen. In diesen Bereichen können sie ihre mitgebrachten Kenntnisse bewusst oder unbewusst umsetzen, kommt ihr großer Drang, sich mit den ihnen wichtigen Themen auseinanderzusetzen, zur Geltung. Am besten eignen sie sich für beratende Funktionen, sie verfügen oft auch über ein großes organisatorisches Talent – vorausgesetzt, sie können dabei auf ihre eigene Weise vorgehen.

Erlöste Form, Gabe und Fähigkeit:

Das mit dieser Stellung zur Verfügung stehende Wissen kann dann in mannigfaltiger Form genutzt werden, wenn es gelingt, auch die Informationen der gegenwärtigen Realität miteinzubeziehen. Manchmal handelt es sich um ein außerordentliches Sprach- oder Mathematiktalent, um ein ungewöhnlich gutes Gedächtnis, eine ganzheitlich operierende Intelligenz oder auch um die Fähigkeit, vorhandene Fakten in unüblicher Art zu kombinieren und dadurch unkonventionelle Lösungen zu finden. Um die vorhandenen Gaben in vollem Maß nutzen zu können, ist es jedoch oft auch nötig, die möglicherweise auftretenden inneren Blockaden und Ängste im Umgang mit Wissen zu lösen.

Venus

Mitgebrachte Geschichten:

Bei dieser Stellung finden sich in der Psyche oft unerlöste Beziehungsgeschichten, außergewöhnliche Erfahrungen im Zusammenhang mit Nähe und Distanz, ein ambivalenter Umgang mit Besitz und Wertfragen, meist auch ein Schönheitsverständnis, das erheblich vom üblichen abweicht. Einige der vorhandenen Qualitäten spielen auch bei Männern eine Rolle, obwohl sie üblicherweise Frauen zugeschrieben werden. Das betrifft insbesondere den ausgeprägten Sinn für Harmonie und eine große Verführungsgabe.

Mögliche Erfahrungsbilder mit dieser Stellung sind: Verlust eines geliebten Menschen, tragisches Ende einer großen Liebe, unerfüllte Liebe, Verrat durch oder an einem geliebten Menschen, Verlust von Geld und Gut, eine Tragödie im Zusammenhang mit Besitz und Reichtum, unerlaubte Liebe, tragische Erfahrung mit einer Tochter oder Schwester, problematische Erfahrungen mit Erotik und Sinnlichkeit, Tragödie eines Künstlers.

Märchen und Mythen, die diese Stellung spiegeln: »Tristan und Isolde«, »Romeo und Julia«, »Die kleine Meerjungfrau«, »Der habgierige Reiche«, »Schneewittchen«, »Dornröschen«, »Aschenputtel«, »Frau Holle«.

Mögliche Kindheitserfahrungen:
Diese Menschen zeigen meist bereits als Kinder einen ganz ausgeprägten eigenen Geschmack – sei es in Bezug auf Farben und Formen, im Umgang mit Nahrung oder auch in Bezug auf die Menschen, deren Nähe sie suchen oder meiden.

Oft erleben sie schon im Kindesalter den Verlust von etwas, das ihnen sehr wichtig war – z. B. ein Tier, ein geliebter Gegenstand oder ein nahestehender Mensch. Ihr Schmerz ist meist besonders intensiv. Viele finden sich in Situationen wieder, in denen sie mit Scham in Kontakt kommen, sich entweder ausgesprochen hässlich und unattraktiv fühlen oder mit der Bewunderung von anderen Menschen nicht zurechtkommen. Oft sind auch Erfahrungen vorhanden, bei denen entweder mehr Nähe als gewünscht zugelassen werden musste oder ein anderer Mensch sich den eigenen Liebesbekundungen entzog.

Es kann auch eine Geschichte geben, bei der die Schwester entweder bevorzugt wurde oder ihr etwas zustieß, beides wird oft als eigene Schuld erlebt. Frauen haben oft schwierige Erfahrungen in ihrer Rolle als Tochter, sei es, dass sie sich in Konkurrenz zur Mutter erleben oder ihre Beziehung zum Vater problematisch ist.

Typische Verhaltensmuster:

Die Venus am absteigenden Mondknoten kann mit ganz unterschied-lichen Verhaltensmustern in Verbindung stehen. So verfügen viele Menschen über ein ganz besonderes Geschmacks- und Stilempfinden, das in der Regel erheblich vom Normalen abweicht. Oft fühlen sie sich von Kunst und Kleidung oder von ganz bestimmten Zeitperioden und Kulturen angezogen. Das zeigt sich auch durch das Bedürfnis, in ihrem Leben einen entsprechenden Stil zu pflegen. Manchmal verfügen sie über eine ganz besondere, etwas exotische Schönheit und An-ziehungskraft, derer sie sich jedoch oft nicht bewusst sind oder für die sie sich schämen.

Im Umgang mit Besitz haben sie mehrere, auch sich durchaus widersprechende Verhaltensweisen.

Manche neigen dazu, Dinge zu sammeln, und können sich nur schwer von etwas trennen. Oft ist in diesem Fall eine große (unbe-wusste) Angst vorhanden, etwas Wertvolles zu verlieren, was dazu führen kann, dass sie all das, was ihnen gehört, eifersüchtig hüten. Die Aufforderung etwas wegzugeben oder mit anderen zu teilen wird ent-weder als Missgunst interpretiert oder als Versuch, ihnen etwas weg-zunehmen.

Sie können auch seltsam anspruchslos auftreten, sind wenig ge-neigt, etwas wirklich in ihren Besitz zu nehmen, leben lieber karg und beinahe asketisch. Etwas anzunehmen fällt ihnen schwer, wirklich ge-nießen ebenso – es scheint, als sei ihnen Genuss fremd oder stoße sie ab. Dies gilt selbst dann, wenn sie sich auf der bewussten Ebene durch-aus wünschen, beschenkt oder verwöhnt zu werden. Doch ihr Unbe-wusstes (die darin verborgene, mitgebrachte Geschichte) sorgt in der Regel dafür, dass eine solche Situation gar nicht erst eintrifft oder dass ihre Reaktion auf eine solche Geste beim Gegenüber einen Rückzie-her auslöst.

Umgekehrt können dieselben Menschen sich jedoch äußert freigebig zeigen, andere im Übermaß beschenken, sogar Dinge weggeben, die ihnen viel bedeuten. Ihr diesbezüglicher Überschwang und das Fehlen von Grenzen sorgen dann oft dafür, dass andere die Angebote zwar an-nehmen, sich aber distanzieren oder die gemachten Geschenke miss-achten und abwerten.

Im Beziehungsverhalten sind diese Menschen meist ambivalent. Oft sehnen sie sich nach einer Partnerschaft, sind mit Eifer und Einsatz auf der Suche nach der einen großen Liebe. Die damit verbundene Vorstellung weicht jedoch in der Regel erheblich ab von den gängigen Beziehungsmodellen (siehe auch das Beispiel vom Burgbesitzer). Ihre Partnerwahl ist eigenwillig, geprägt von für Außenstehende nicht nachvollziehbaren Such- und Auswahlkriterien. In der Folge erleben sie immer wieder Enttäuschungen, werden vom scheinbar idealen, geliebten Menschen betrogen, verraten, ausgenutzt und verlassen.

Wenn sie eine Beziehung eingegangen sind, halten sie oft auch dann daran fest, wenn sie nicht mehr stimmig oder gar destruktiv geworden ist. Ihre Loyalität und Treue erhält etwas Absurdes, wenn sie selbst dann, wenn alles gegen eine Weiterführung spricht, unbeirrbar versuchen, ihre »Liebe« zu retten.

Ist die durch die »mitgebrachte Geschichte« verursachte Verletzung allzu schmerzlich, können sie auch jeder möglichen Bindung aus dem Weg gehen. Immer wenn Nähe aufkommt, sich eine mögliche Liebe abzeichnet, entsteht innere Panik, was zum Rückzug und Abbruch der Beziehung führt. Obwohl im Innersten die Sehnsucht nach Liebe und Nähe groß ist, lässt das Unbewusste nichts davon zu – um dem Schmerz eines erneuten Verlustes zu entgehen.

In einigen Fällen sind mit dieser Stellung auch ungewöhnliche Verhaltensmuster im Zusammenhang mit einer Schwester zu beobachten – sei es in Form von übermäßiger Zuwendung oder durch Eifersucht und neidischem Verhalten.

Menschen mit dieser Venusstellung haben oft ein besonderes Faible für Hobbys und Tätigkeiten, die mit Kunst, Schönheit, Mode oder Finanzen zu tun haben. In diesen Belangen zeigen sie häufig eine außergewöhnliche Begabung. Sie können auch einen Beruf wählen, der sie mit Beziehungsfragen in Kontakt bringt oder diplomatische Fähigkeiten beinhaltet, mit denen sie dann brillieren.

Erlöste Form, Gabe, Fähigkeit:

Wenn es gelingt, die vorhandenen Talente im Zusammenhang mit Stil und Geschmacksfragen zu nutzen, können sich erstaunliche Begabungen manifestieren. Im Umgang mit Geld und Besitz kann ein besonderes Gespür entwickelt werden, vorausgesetzt, die geltenden Spielregeln werden erkannt und akzeptiert. Auch der enorme Sinn für Beziehungsthemen kann zu einem Geschenk werden, vor allem dann, wenn die eigene mitgebrachte Beziehungsgeschichte erkannt und erlöst wurde.

Dann zeigt sich eine tiefe Liebesfähigkeit, eine unverbrüchliche Treue, die die vorhandenen eigenen Grenzen und die der anderen respektiert und da, wo nötig, auch eine gesunde Distanz pflegt.

Mars

Mitgebrachte Geschichten:

Der Mars am absteigenden Mondknoten weist auf eine mitgebrachte offene Gestalt im Zusammenhang mit den Themen Durchsetzung, aktives Tun und Aggression hin. In Bezug auf Sexualität sowie andere instinkthafte Triebreaktionen ist eine große Ambivalenz vorhanden, ebenso im Umgang mit Wettbewerbssituationen und Leistungsansprüchen.

Mögliche Erfahrungsbilder mit dieser Stellung: Kampf ums Überleben, kriegerische Ereignisse, Konfrontation mit mörderischer Wut, Ausüben oder Erleiden von Gewalt, Versagen in einer wichtigen Leistungsprüfung, körperliche Schwäche, Kampf mit unfairen Mitteln, Eroberung eines fremden Territoriums, überfallen und überwältigt werden, jagen und gejagt werden, Folterung, Verrat eines Bruders oder Kameraden, triebbestimmte Sexualität, Vergewaltigung, körperliche Misshandlung.

Märchen, Mythen und Bilder, die diese Thematik spiegeln: »David und Goliath«, »Jason und das goldene Vlies«, »Von einem der auszog, das Fürchten zu lernen«, »Siegfried«, »Herkules«, »Der Kampf mit dem Drachen«, »Die glorreichen Sieben«, »Der Samurai«, »Der Wagen« (Tarot).

Meist befindet sich in der Psyche ein klar männlich orientierter, leistungsbewusster Persönlichkeitsanteil – auch bei Frauen.

Mögliche Kindheitserfahrungen:

Bereits in der Kindheit sind wichtige Erfahrungen rund um das Thema Durchsetzung, Aggression und Gewalt zu finden. Dabei gibt es ganz unterschiedliche Szenarien. Situationen, in denen das Kind zum Opfer von Aggressionen anderer wird, Gewalt erleidet, wehrlos einer Bedrohung ausgesetzt ist, aber auch solche, in denen unbändige Wut Schaden anrichtet oder zerstört, ungezügelte Aggression gefährliche Folgen hat oder allzu großer Wagemut zu bedrohlichen Situationen führt.

Das Erleben eigener körperlicher Schwäche, das Versagen in einer sportlichen Prüfung, die Erfahrung von großer Angst – mit und ohne äußeren Anlass – zählen ebenfalls zu den wahrscheinlichen Erfahrungen. Dem gegensätzlichen Pol entsprechend ist auch eine außergewöhnliche Rauflust denkbar, Erlebnisse, bei denen Kameraden und Kollegen als Feinde bekämpft und überwältigt werden mussten. Manchmal sind auch bereits in der Kindheit sexuelle Erfahrungen zu finden, sowohl selbst inszenierte Experimente wie auch das Erleben von sexuellen Übergriffen.

Wenn vorhanden, kann auch ein Bruder Teil einer schwierigen Geschichte sein (Krankheit, Tod, Gewalt).

Typische Verhaltensmuster:

Auch bei dieser Stellung sind teilweise gegensätzliche und widersprüchliche Verhaltensweisen zu beobachten. Meist besteht im Zusammenhang mit den Themen Wut, Gewalt und Aggression eine große Ambivalenz. Es fällt den Betroffenen schwer, einen der Situation angemessenen Umgang damit zu finden. Einerseits ist die eigene Aggressionsenergie blockiert, besteht wenig oder kein Kontakt mit der damit verbundenen Lebenskraft. So können diese Menschen sich dem Leben und anderen gegenüber als wehrlos und ausgeliefert erleben, nicht imstande, das eigene Energiepotenzial, die vorhandene Kraft wahrzunehmen.

Häufig gibt es zunächst keine bewusste Erfahrung von eigenem Ärger oder Wut, stattdessen dominieren Angst und Schmerz, ein ständiges latentes Gefühl von Bedrohung. In einigen Fällen manifestiert sich die blockierte Lebensenergie auch in Form einer Depression.

Ist die mitgebrachte Geschichte sehr traumatisch, kann es auch vorkommen, dass der betreffende Mensch sich als überaus friedfertig, oft auch gelassen erlebt, sich jedoch äußerst schwertut mit Situationen, in denen auch nur ansatzweise Wut oder Gewalt zum Thema werden könnten. Das Unbewusste sorgt dafür, dass Orte, die in irgendeiner Weise die ursprünglichen Bilder lebendig werden lassen könnten, gemieden werden. Wenn der Zufall sie in Situationen führt, welche die innere Tretmine aktivieren, reagieren die Betroffenen oft mit Panik oder einem Gefühl der Lähmung.

Ein Klient mit Mars am absteigenden Mondknoten erzählte, dass er es, wenn irgend möglich, vermeide, über Brücken zu gehen, da er immer dann, wenn er sich in der Mitte befinde, von Panikattacken befallen werde und sich kaum dazu aufraffen könne, weiterzugehen. Zu einem späteren Zeitpunkt tauchte eine Geschichte auf, in der er sich in einer anderen Existenz sah. Er erlebte, wie er von einer Brücke gestoßen wurde und zu Tode stürzte.

Ein anderer Klient beschrieb sich als äußerst harmoniebedürftig und gab an, überhaupt kein Aggressionsproblem zu haben. Der erfahrene Psychologe wirkte souverän und selbstsicher, konnte mit der Beschreibung seines Mars am absteigenden Mondknoten wenig anfangen. Einige Jahre später berichtete er, er wisse nun, worum es bei seiner Marsgeschichte ginge. Er hätte sich eines Abends während einer Fernsehdokumentation über den Vietnamkrieg unvermittelt paralysiert erlebt, während einiger Minuten fand er sich sogar mitten im Geschehen, sah sich selbst in der gewalttätigen Szenerie. Danach wurde ihm bewusst, dass er bisher immer vermieden hatte, Kriegsberichterstattungen zu sehen oder auch darüber zu lesen. Ein tief im Unbewussten verborgener Teil hatte dafür gesorgt, dass die in ihm gespeicherte Geschichte möglichst unberührt blieb.

Bei Frauen mit dieser Konstellation ist oft zu beobachten, dass sie Männern mit typisch männlichen Verhaltensmustern ausweichen, sich von Imponiergehabe und Eroberungsritualen abgestoßen fühlen und äußerst heftig auf Rivalität jeder Art reagieren.

Nach einer anderen Entsprechung sind völlig gegensätzliche Verhaltensmuster zu erwarten. Manche Betroffene scheinen dann ständig kampfbereit, üben und trainieren ihre körperliche und (je nach Marsstellung) geistig-intellektuelle Kraft. Sie haben ein großes Bedürfnis, sich mit anderen zu messen, sich und anderen gegenüber ihre Leistungsfähigkeit zu beweisen. Kampfsportarten aller Art, Leistungssport, aber auch Situationen, die ein Risiko beinhalten, haben eine besondere Anziehungskraft für sie. Wenn sie sich in irgendeiner Form in die Enge getrieben sehen oder in Situationen kommen, die sie nicht beherrschen oder kontrollieren können, neigen sie zu heftigen und teilweise unkontrollierten Wutausbrüchen, können in solchen Momenten sogar für sich und andere zur Gefahr werden.

Oft ist auch ein ambivalentes Verhalten im Zusammenhang mit Sexualität zu beobachten. Ein beinahe asexuelles Leben, die Unterdrückung aller diesbezüglichen Triebe und Impulse, Angst vor sexueller Leidenschaft und damit verbundene Potenz- und Orgasmusprobleme sind ebenso möglich wie ein exzessives und stark triebgesteuertes Sexualverhalten, bei dem die Eroberung (oder Verführung) von anderen zum wichtigen Teil des Lebens wird.

In jedem Fall jedoch unterscheidet sich das innere Bild über die Umstände, die Art und Form, in welcher Durchsetzung und Behauptung sinnvoll und passend sind, deutlich von den im realen Umfeld üblichen Gepflogenheiten. Die Gründe, die zur Anwendung von Gewalt rechtfertigen, die Art und Weise, in der ein Kampf oder Wettbewerb ausgetragen wird, folgen meist Bildern aus anderen Zeiten und Kulturen, entsprechend sind die Reaktionen und Verhaltensmuster oft unangemessen oder unpassend.

Erlöste Form, Gabe und Fähigkeit:

Wegen der zahlreichen Probleme, die mit dieser Stellung möglich sind, wird leicht vergessen, dass diese Marsposition auch positive Fähigkeiten beinhaltet. Wenn es gelingt, den eigenen Umgang mit Aggressionsenergie und Triebkraft in eine der äußeren Realität angemessenen Form zu bringen, steht diesen Menschen enorm viel Leistungskraft zur Verfügung. Sie können dann auf ein inneres Wissen um vielfältige Möglichkeiten, einen Kampf oder Wettbewerb zu gewinnen, zurückgreifen und die in ihrem Körper gespeicherten Erinnerungen von Kraft und Stärke in einer sinnvollen Weise nutzen. Der Ausdruck von Ärger und Aggression erhält dann eine gesunde und konstruktive Form. Dies ermöglicht ihnen, auch anspruchsvollen Herausforderungen zu begegnen und sich in Wettbewerbssituationen zu behaupten. Und nicht zuletzt werden dann auch umfassende und erfüllende sexuelle Erfahrungen möglich.

Die zwei gesellschaftlichen Planeten Jupiter/Saturn

Die Planeten Jupiter und Saturn werden als gesellschaftliche Planeten bezeichnet. Sie bewegen sich deutlich langsamer als die persönlichen Planeten (Mond, Sonne, Merkur, Venus und Mars).

So befindet sich Jupiter ca. ein Jahr, Saturn ca. 2 $^1/_2$ Jahre im gleichen Zeichen.

Sie symbolisieren die sozialen und gesellschaftlichen Regeln und Verhaltensmuster, stehen für das, was in einer Kultur als richtig, sinnvoll und gerecht angesehen wird (Jupiter), beziehungsweise welche Benimmregeln im sozialen Umgang einzuhalten sind, was für Gebote und Gesetze natürlicherweise herrschen, und ganz generell, wie Mann, Frau oder Mensch sich zu verhalten haben, um als anständig, pflichtbewusst und verantwortungsvoll zu gelten (Saturn).

Aufgrund der langsameren Bewegung der beiden, erreicht Jupiter nur ungefähr alle sieben Jahre, Saturn nur etwa alle elf Jahre den Bereich des absteigenden Mondknoten. Dort halten sie sich dann während einer längeren Zeit auf: Jupiter bleibt ca. drei Monate, Saturn kann bis zu 1 $^1/_2$ Jahre dort stehen. Dadurch erlangen die damit verbundenen »mitgebrachten« Geschichten zusätzlich zu den individuellen Themen (die durch die Häuserstellung definiert werden) auch eine soziale und gesellschaftliche, kulturelle Qualität, die bei allen in der entsprechenden Zeit geborenen Menschen ähnlich ist. Letztere wird durch das Zeichen, in dem sich Jupiter und/oder Saturn aufhalten, bestimmt.

Jupiter

Mitgebrachte Geschichten:

Hält sich Jupiter im Bereich des absteigenden Mondknotens auf, findet sich in der Psyche eine mitgebrachte Geschichte rund um die Themen Recht, Gerechtigkeit und Wahrheit. Das Bedürfnis nach Wachstum, Entwicklung und Erfüllung ist mit ganz bestimmten Bildern und Erwartungen belegt, oft ist auch eine intensive Auseinandersetzung in Zusammenhang mit dem Anspruch auf eine gesellschaftliche oder geistige Führungsposition und damit verbundenem Ansehen und Anerkennung vorhanden.

Mögliche mitgebrachte Erfahrungsbilder: Ein geistiger oder weltlicher Führer, der in seiner Position versagt, seine Macht oder seinen Einfluss missbraucht, eine angestrebte, aber nicht erhaltene oder verlorene, angesehene Position, ein Richter oder Herrscher, der ein ungerechtes Urteil fällt, korrumpierte Rechtsprechung, durch Hochstapelei erworbenes oder zu Unrecht verlorenes soziales und gesellschaftliches Ansehen, Verrat am eigenen Glauben, der eigenen Überzeugung, aufgrund des Glaubens verfolgt werden, die unerfüllte Suche nach einem Meister oder Guru, Priesterschaft, die durch Fehlverhalten oder Verrat infrage gestellt ist, Scheitern auf dem Weg zur Wahrheit, verlorener Lebenssinn, unerfülltes Streben nach Bildung und geistiger Nahrung, Völlerei und die Folgen von Übertreibung, Vergeuden von vorhandenen Ressourcen und Möglichkeiten, der Weltenbummler.

Märchen, Mythen und Bilder, die diese Stellung spiegeln: »Zeus«, »Der Himmelsvater und seine Eskapaden«, »Hans im Glück«, »Der sündige Priester«, »Schlaraffenland«, »Propheten«, »Moses auf dem Weg ins gelobte Land«, »Der Hierophant« (Tarot).

Jupiter am absteigenden Mondknoten schafft oft eine starke Verbindung zur christlichen, teilweise auch islamischen Tradition, zu allen Religionen mit missionarischem Charakter, ebenso zur Tradition der Meister-Schüler-Beziehungen.

Mögliche Kindheitserfahrungen:

Menschen mit dieser Stellung haben schon ganz früh klare Vorstellungen über Recht und Unrecht, erleben jedoch oft, dass ihre Sicht der Welt, ihre tiefsten Überzeugungen von anderen nicht geteilt oder unterstützt werden. Sie können sich mit großem Selbstverständnis bewegen, in der Haltung von kleinen Weisen, in der Erwartung, dass die Eltern und Lehrer ihre Meinung ernst nehmen und auch ihre Kameraden ihnen den gebührenden Respekt zollen. Oft erleben sie jedoch, dass die Welt anders funktioniert, als in ihrem klaren Weltbild festgeschrieben, oder dass sie den von ihnen erwarteten Ansprüchen nicht genügen können. Entsprechend oft sehen sie sich mit Ungerechtigkeiten aller Art konfrontiert.

Oft sind auch problematische Erfahrungen mit Lehrern und Priestern vorhanden. Es mag sein, dass diese ihrer Rolle nicht gerecht werden, Einzelne bevorzugen und andere verurteilen – was das vorhandene Gerechtigkeitsempfinden empfindlich trifft. Einige dieser Menschen sind bereits früh auf der Suche nach dem richtigen Glauben, beschäftigen sich mit Religionsfragen und spirituellen Themen – häufig in einer Weise, die von ihren Eltern und ihrem Umfeld nicht geteilt wird.

Typische Verhaltensmuster:
Diese Menschen verfügen in der Regel über einen ausgeprägten und sehr eigen definierten Gerechtigkeitssinn. Sie haben klare Vorstellungen davon, wie die Welt zu funktionieren hätte, was einen guten Menschen ausmacht, welches Verhalten Ansehen und Achtung verspricht. Je nach Stellung von Jupiter und Mondknoten in Haus und Zeichen, sind ganz unterschiedliche Verhaltensweisen zu erwarten. So können diese Menschen brillante Selbstdarsteller sein, ein ungebrochenes Selbstbewusstsein zur Schau stellen, der Umwelt mit einer Haltung begegnen, die mit großem Selbstverständnis davon ausgeht, anderen viel bieten zu können.

Oft wird auf ganz bestimmten Rechten beharrt, ähnlich wie ein hoher Würdenträger, der ganz automatisch davon ausgeht, dass ihm dieser oder jener Vorteil zusteht, er Anrecht auf einen Sonderstatus hat. Großzügiges, joviales und etwas gönnerhaftes Verhalten gehört genauso dazu wie die Erwartung, von anderen Bewunderung, Dankbarkeit und Gefolgschaft zu erhalten. Da dieses Verhalten auf einem alten, mitgebrachten Bild aufbaut, ist es der realen Situation nicht angepasst, wirkt schnell aufgesetzt, übertrieben oder hat etwas leicht Überhebliches.

Es kann aber auch eine starke Betonung der eigenen Rechtschaffenheit vorherrschen. In diesem Fall wird viel Wert darauf gelegt, das Richtige zu tun und zu sagen, sich vorbildhaft zu verhalten, getreu den eigenen Vorstellungen darüber, wie ein ehrenwerter oder gläubiger Mensch zu sein habe. Die Tatsache, dass andere oft dieses Selbstbild nicht teilen, wird als Kränkung erfahren und führt dazu, die eigenen diesbezüglichen Bemühungen zu verstärken.

Aufgrund der Tatsache, dass das mitgebrachte innere Erfahrungsbild eine Figur von umfassender Bildung, Weisheit und hohem geistigen Anspruch beinhaltet, neigen diese Menschen auch dazu, andere zu belehren – in bester Absicht und der Meinung folgend, es sei ihr Auftrag, den richtigen Weg zeigen zu müssen. Auch hier besteht oft eine Diskrepanz zwischen dem durchaus vorhandenen Wissen und der Tatsache, dass dieses wenig mit der realen Welt und den dort herrschenden Bedingungen zu tun hat, vielmehr oft einem anderen Kulturkreis oder einer anderen Zeit entstammt und teilweise etwas weltfremd wirkt.

Im Gegensatz dazu stehen Menschen, die eine Tendenz haben, sich generell verkannt und vom Schicksal vernachlässigt und bestraft zu fühlen. Sie gewinnen schnell den Eindruck, benachteiligt und unfair behandelt zu werden. Sie hadern mit Gott und der Welt wegen der ihnen widerfahrenden Ungerechtigkeiten. Ihr Verhalten gleicht dem eines ohne eigene Schuld verarmten Adeligen oder eines unschuldig verurteilten Priesters und ist geprägt von Bitterkeit oder Selbstzweifeln.

Andere Menschen mit dieser Stellung wiederum sehen sich in der Rolle von Schülern und Jüngern, auf der Suche nach ihrem Lehrer, Meister oder Vorbild. Sie begeistern sich für Menschen, die ihnen gebildet oder weise scheinen oder sich auf einem spirituellen Weg befinden. Ihnen eifern sie nach, versuchen durch treue Gefolgschaft ebenfalls Weisheit und Erleuchtung zu erlangen. Oft kopieren sie das Verhalten ihres Vorbildes und versäumen dadurch, ihren eigenen Weg und Stil zu finden. Früher oder später stellen sie dann enttäuscht fest, dass ihre bewunderte Figur auch Schwächen zeigt, den hohen Ansprüchen, die sie haben, nicht genügt, oder sich die versprochene Entwicklung nicht einstellt. In der Folge verlassen sie ihren Lehrer und machen sich erneut auf die Suche nach dem wahren Meister.

Diese Menschen sind meist in Bereichen und Aktivitäten zu finden, die mit Kultur, Bildung, Rechtsprechung und Politik oder Religion und Spiritualität zu tun haben. In diesen Belangen kommt ihr starkes Streben nach Wahrheit und Gerechtigkeit am besten zum Ausdruck und dort können sie auch ihre mitgebrachten Erfahrungen am effektivsten einsetzen.

Erlöste Form, Gabe und Fähigkeit:

Diese Menschen besitzen ein tiefes inneres Wissen um eine Wahrheit und einen Weg. In ihrer Psyche befinden sich eine Quelle von Weisheit und ein ausgeprägter Sinn für Ethik und Moral. Wenn es ihnen gelingt, das zwanghafte Streben nach einem Weg, der zu einer anderen Existenz gehört, zu überwinden, die vorhandene Bildung und ihr sicheres Gespür für Gerechtigkeit in die reale Welt, in der sie leben, zu übersetzen, erhält ihr Wesen eine ganz besondere Ausstrahlung und Überzeugungskraft. Dann werden sie zu echten Vorbildern für andere, können ihre Fähigkeiten dafür nutzen, anderen den Weg und die Wahrheit zu zeigen, sie etwas zu lehren. Die diesen Menschen durchaus eigene große Strahlkraft und Wirkung kommt dann in einer Form zum Ausdruck, die für sie und ihre Umwelt eine enorme Bereicherung darstellt.

Saturn

Mitgebrachte Geschichten:
Diese Menschen tragen einen strengen Zensor und Kritiker in sich. Sie kennen ihre Schwächen und Fehler nur zu gut und fürchten sich unbewusst davor zu versagen, den eigenen inneren oder durch die Umwelt gestellten Anforderungen nicht zu genügen und dafür bestraft zu werden. Die Themen Pflicht und Verantwortung, Schuld und Sühne, Gesetz und Regeln nehmen in ihrem Leben eine bestimmende Rolle ein.

Mögliche Erfahrungsbilder: Eine Position mit großer Verantwortung, in der versagt wurde, die sich als zu schwer erwies, eine strenge und unerbittliche Autorität, der strafende Gott, eine nicht erfüllte Pflicht, ein gebrochenes oder übertretenes Gesetz, unter der Last der Verantwortung zusammenbrechen, Versagen in einer wichtigen Aufgabe, Absturz aus einer bedeutsamen Stellung, eiserne Selbstdisziplin auf Kosten der Lebensfreude, gefangen sein.

Märchen, Mythen und Bilder, die diese Stellung spiegeln: »Der Alte Mann auf dem Berg«, »Das steinerne Herz«, »Die Schneekönigin«, »Das Leben in Sparta« (Kombination von Saturn und Mars), »Der Eremit« (Tarot).

Saturn am absteigenden Mondknoten schafft auch eine starke Verbindung zur jüdischen und zu asketisch geprägten Traditionen.

Mögliche Kindheitserfahrungen:
Die mit dieser Stellung verbundenen mitgebrachten Geschichten können mit unterschiedlichen Kindheitserlebnissen in Verbindung stehen. So ist es denkbar, dass ein Gefühl der Isolation, des Abseitsstehens oder Ausgeschlossenseins von der Welt schon früh den Eindruck vermittelte, nicht wirklich Teil der Gesellschaft zu sein. Diese Erfahrung kann gekoppelt sein mit einem inneren Gefühl des Versagens, des Nicht-Genügens. Es kann aber auch der Eindruck vorherrschen, durch die eigene Position und Rolle von den anderen getrennt zu werden – z. B. wenn dem Inhaber eines hohen Amtes (Herrscher, Würdenträger, Gelehrter etc.) aufgrund seiner Funktion nicht gestattet ist, sich unter das gewöhnliche Volk zu mischen.

Es könnte aber auch sein, dass die Erfahrung gemacht wurde, schon als Kind für andere verantwortlich zu sein, Pflichten übernehmen zu müssen, die im Normalfall von Eltern getragen werden. Häufig findet schon sehr früh eine intensive Auseinandersetzung mit den herrschenden Gesetzen und Regeln statt, eine Konfrontation mit Autoritätsfiguren. Entweder werden solche gesucht, um Halt und Struktur zu finden, oder man stellt ernüchtert fest, dass sie den Ansprüchen ihrer Position und Funktion nicht wirklich gerecht werden.

Typische Verhaltensmuster:

Die mitgebrachte »offene Gestalt« kann ganz unterschiedliche Verhaltensweisen zur Folge haben. So ist es möglich, dass diese Menschen an sich selbst enorm hohe Anforderungen stellen, die sie mit eiserner Selbstdisziplin zu erreichen versuchen, wenn nötig auch unter Missachtung der eigenen menschlichen Bedürfnisse und (körperlichen) Schwächen. Die große Strenge sich selbst gegenüber verleiht ihnen oft etwas Abweisendes, Distanziertes, wenig Menschliches. Sie sind von dem Anspruch, ihre Aufgabe zu erfüllen, so eingenommen, dass andere Aspekte des Lebens auf der Strecke bleiben, und sie sich oft in einer isolierten und recht einsamen Position wiederfinden.

Ihrem inneren Selbstbild entsprechend, neigen die Betroffenen dazu, sich auch für Menschen in ihrer Umgebung und deren Rechtschaffenheit und Gesellschaftstauglichkeit zuständig zu fühlen. Häufig übernehmen sie (meist ungefragt) die Aufgabe, andere anzuleiten, ihnen klare Regeln und Vorschriften darüber zu vermitteln, was und wie sie etwas zu tun oder zu lassen hätten. Dabei fühlen sie sich für jeden Fehler, den die ihnen Anvertrauten machen, persönlich verantwortlich. So übernehmen sie Pflichten und Lasten, die nicht wirklich zu ihnen gehören, und fühlen sich für Versäumnisse schuldig, die sie letztlich gar nicht beeinflussen konnten.

In ihrem Umfeld finden sich auffällig viele Abhängige, Menschen in einer Kindrolle – die einerseits darauf bauen, dass sie beschützt und gerettet werden, sich jedoch andererseits gegen die Bevormundung zur Wehr setzen. Solche Erfahrungen verstärken das Gefühl des eigenen Versagens, führen entweder zu verdoppeltem Einsatz, manchmal bis zum Zusammenbruch unter der zu großen Last der Verantwortung, oder zu resigniertem Rückzug und Abwendung.

Es ist aber auch denkbar, dass die mitgebrachten Erfahrungsbilder zur unbewussten Entscheidung führten, unter keinen Umständen erneut in eine Rolle zu geraten, die Verantwortung oder mögliches

Scheitern beinhaltet. Entsprechend suchen diese Menschen Positionen ohne eigene Autorität. Sie halten sich peinlich an die Vorschriften der in ihren Augen Zuständigen, fühlen sich oft durch Vorgesetzte und Autoritätsfiguren bedrängt und unter Druck gesetzt, bleiben jedoch in einer Kindrolle und sind nicht bereit oder fühlen sich nicht dazu imstande, für den eigenen Bereich Verantwortung zu übernehmen, die Konsequenzen des eigenen Tun und Lassens zu tragen. Gleichzeitig beurteilen sie mit kritischem Blick das Verhalten der Autoritätsträger, mit denen sie zu tun haben, wobei sie meist enttäuscht feststellen, dass auch diese in ihrer Position nicht wirklich kompetent sind, die ihnen übertragene Verantwortung nicht so wahrnehmen, wie sie von ihnen erwartet hatten.

Als problematisch kann sich auch die Tatsache erweisen, dass diese Menschen eine peinlich genaue Vorstellung darüber haben, wie die Dinge konkret zu sein haben, welche Gesetze, Regeln und Vorschriften befolgt werden müssten. Meist entspricht dieses innere Bild jedoch nicht den äußeren konkreten Gegebenheiten, entsprechend wirkt das diesbezügliche Verhalten auf Außenstehende oft kompliziert, teilweise auch schwerfällig und umständlich.

Die große Affinität zu den Themen Verantwortung, Gesetz und Struktur führt meist dazu, dass diese Menschen Aufgaben suchen, bei denen klare Regeln zu befolgen sind, Normen und Vorschriften eine wichtige Rolle spielen. Hier bieten sich Aufgaben in und mit Behörden und Ämtern an sowie Tätigkeiten, die in irgendeiner Weise Kontrolle und Überprüfung beinhalten. Auch Erziehungs- und Forschungsaufgaben entsprechen dieser Stellung.

Erlöste Form, Gabe und Fähigkeit:

Letztlich verfügen diese Menschen über ein tiefes Verständnis für die Gesetze des Lebens und der Natur und haben einen ausgeprägten Sinn für die Folgerichtigkeit von Abläufen. Wenn es ihnen gelingt, sich von den mitgebrachten Vorstellungsbildern zu befreien und die in der Gegenwart vorhandenen Strukturen wahrzunehmen, können sie ihre Fähigkeit zu strukturieren, einer Idee oder Sache Form zu geben in einer Weise nutzen, die der von ihnen bearbeiteten Sache dient, ihnen erlaubt, ihre große Kompetenz auch sichtbar zu machen. Wenn sie bereit und imstande sind, die Grenzen der eigenen Verantwortung zu erkennen, den starken vorhandenen Willen zur Perfektion und die

Selbstdisziplin in einer gesunden, maßvollen Weise einzusetzen, sind Taten möglich und können Ziele erreicht werden, die hohe Achtung verdienen. Die vorhandene Autorität kann dann in einer kompetenten, natürlichen und Respekt schaffenden Weise zum Ausdruck kommen.

Die drei geistigen Planeten Uranus/Neptun/Pluto

Die geistigen Planeten symbolisieren Energien und Kräfte jenseits der konkreten, sichtbaren Welt. Sie verkörpern einerseits Aspekte des Kollektivs*, andererseits sind sie Träger überpersönlicher Energien, die oft im Zusammenhang mit spirituellen Praktiken und Wegen jeder Art zum Ausdruck kommen.

Sie stehen jenseits unserer Raum-Zeit, daher gelten für sie andere Regeln, sie sind nicht kausal oder logisch. Sie beschreiben drei Wege: Uranus steht für den Weg der Erkenntnis, Neptun für den Weg der Liebe und Pluto für den Weg der Tat und des Willens.

Die Themen und Energien der geistigen Planeten kommen vor allem im Haus sowie durch ihre Aspekte zu persönlichen und gesellschaftlichen Planeten zum Ausdruck. Die Zeichenstellung hat mit den mundanen, kollektiven Entwicklungen zu tun. Die Stellung dieser Planeten im Bereich des absteigenden Mondknotens beinhaltet neben der individuellen auch eine kollektive Qualität – verbindet die Psyche eines Menschen mit Bildern und Erfahrungen der Menschheit in einem bestimmten Zeitraum** und den in dieser Zeit vorhandenen Entwicklungen. Im Horoskop aller Menschen, die innerhalb einer

---

* Dieser Begriff wird hier in einem umfassenden Sinn verwendet. Er bezieht sich auf das kollektive Unbewusste nach C. G. Jung ebenso wie auf die von Rupert Sheldrake erwähnten morphogenetischen Felder. Er beschreibt auch Energien eines jeden Systems oder Kollektivs, also die in einer Gruppe, Familie, einem Volk oder in einer Kultur, aber auch die in der Menschheit als Ganzes wirkenden Kräfte.

** Dieser entspricht einerseits dem Zeitgeist bei der Geburt, betrifft aber auch alle anderen Zeiten, in denen der entsprechende Planet sich im gleichen Zeichen wie bei der Geburt befand. Bei Uranus findet diese Wiederholung in einem Rhythmus von 84 Jahren statt, bei Neptun in einem von ca. 165 Jahren und bei Pluto in einem von ca. 251 Jahren.

Periode jeweils von ca. 1 bis 1 $^1/_2$ Jahren geboren wurden, findet sich derselbe geistige Planet im Bereich des absteigenden Mondknotens. Eine solche Konstellation gibt es ca. alle 14 bis 17 Jahre in unterschiedlichen Zeichen.

Uranus

In Fische: Dezember 1922 – Februar 1924
In Stier: April 1938 – Juni 1939
In Krebs: September 1953 – September 1954
In Waage: Ende September 1968 – August 1969
   (abst. MK teilweise in Jungfrau)
In Schütze: August 1983 – Oktober 1984
In Wassermann: Dezember 1998 – Februar 2000

Mitgebrachte Geschichten:

Diese Menschen tragen in sich ein starkes Streben nach Freiheit und Unabhängigkeit, ein großes Bedürfnis nach individueller Verwirklichung. Sie sind stark verbunden mit Ideen und Ideologien, die den Zeitgeist ihrer Geburt prägten, jedoch auch andere Zeiten, als Uranus sich im gleichen Zeichen befand. Sich in eine gegebene Ordnung einzufügen fällt ihnen schwer, gleichzeitig tragen sie in ihrem Innern eine ganz bestimmte Vorstellung, wie ein freies Leben aussehen sollte.

Mögliche Erfahrungsbilder: Streben nach unerreichbar hohen geistigen Idealen, Freiheit von allen irdischen Bindungen (Uranus in Fische), Unabhängigkeit von finanziellen Verpflichtungen, das Streben nach Eigenständigkeit, unerwartete Änderung der Besitzverhältnisse (Uranus in Stier), auf der Suche nach einem unkonventionellen Familienmodell, Freiheit von familiären Verpflichtungen – Trennung von Familie, Heimat und Clan (Uranus in Krebs), unkonventionelle Beziehungsmodelle, Gleichberechtigung in Beziehungen, Freiheit, die eigenen Ideen in einer Beziehung zu verwirklichen, ungebunden sein von allen Verpflichtungen in einer Beziehung (Uranus in Waage), das Recht auf eine eigene Meinung, Freiheit, den eigenen Vorstellungen und Wegen folgen zu können (Uranus in Schütze), Freiheit des Geistes, Kreativität über alles, uneingeschränkte Möglichkeiten, sich mit neuen Ideen und Erfindungen zu beschäftigen (Uranus in Wassermann).

Märchen, Mythen und Bilder, die diese Stellung spiegeln: »Daniel Düsentrieb«, »Der verrückte Professor«, »Peter Pan«, »Turandot«, »Das Genie«, »Der Narr« (Tarot).
Die Stellung schafft eine starke Verbindung zu buddhistischen und hermetischen Traditionen.

Mögliche Erfahrungen in der Kindheit:

Diese Menschen zeigen in der Regel bereits in der Kindheit ein eigenwilliges Wesen, brauchen Freiheit und gehen gerne ihre eigenen Wege. Sie streben nach eigenem Erleben, erfahren sich anders als die anderen in ihrer Umgebung, haben etwas Wildes und Ungezähmtes. In ihrem Unabhängigkeitsstreben und ihrer Abenteuerlust geraten sie immer wieder in unberechenbare und teilweise auch gefährliche Situationen. Oft finden sich auch Brüche im Verlaufe ihrer Entwicklung, Ereignisse, die ihrem Leben eine unerwartete Wendung geben, z. B. plötzlich auf sich selbst gestellt sein und eigene Wege suchen müssen.

Typische Verhaltensmuster:

Je nach betroffenem Zeichen (und Generation) können sich die mit dieser Stellung verbundenen Muster teilweise beträchtlich unterscheiden. Gemeinsam und damit typisch sind jedoch folgende Verhaltensweisen: Diese Menschen verfügen in der Regel über eine sichere und präzise Intuition, können blitzschnell Zusammenhänge erkennen und kreative Schlüsse ziehen. Allerdings neigen sie in der Folge dazu, diese nach einem inneren Raster zu interpretieren, das die ursprüngliche Erkenntnis verzerrt und sie oft daran hindert, dem ursprünglich richtigen Impuls zu folgen.

Auf ihre Umwelt wirken sie aufgrund ihrer impulsiven Entscheidungen oft unberechenbar und sprunghaft, selbst dann, wenn sie sich anstrengen, ihren ebenfalls eigenwilligen Vorstellungen von Loyalität und Zuverlässigkeit zu entsprechen. Ihr Streben nach Freiheit und Unabhängigkeit hat häufig zur Folge, dass sie sich schwertun mit allen Situationen, in denen es darum geht, verbindlich zu werden, sich wirklich einzulassen.

Dazu kommt ein Drang, alles, was in der Welt geschieht, was sie tun und erleben, gleichzeitig aus einer Beobachterposition zu betrachten, wobei eine innere Stimme die Vorgänge laufend kommentiert und interpretiert – dies nach einem ganz eigenen Muster. Die sich daraus ergebende Distanz sorgt jedoch auch für Probleme, hindert sie daran, am Leben wirklich teilzunehmen, sich in eine Beziehung, einen Job, eine Freundschaft einzulassen oder sich irgendeiner Sache ganz hinzugeben. Immer dann, wenn es darum ginge, zu etwas zu stehen, meldet sich ein Reflex, der sie veranlasst zurückzuschrecken.

Paradoxerweise neigen vor allem jene mit Uranus in einem Yin-Zeichen (Fische, Stier, Krebs) dazu, sich trotz ihrem Streben nach Individualität, erstaunlich konventionell zu verhalten. Die innere Unrast steht im Kontrast dazu und sorgt meist dafür, dass die ihnen wichtigen Aspekte eines traditionellen Lebensmusters, beispielsweise die Verbundenheit (Fische), Sicherheit (Stier) oder Geborgenheit (Krebs), nicht erkannt und in Anspruch genommen werden. Damit haben sie alle Nachteile eines traditionellen Lebens zu ertragen, ohne imstande zu sein, die damit verbundenen Annehmlichkeiten genießen zu können. Das wiederum hat eine große Frustration und vermehrte Rastlosigkeit zur Folge.

Menschen mit Uranus im Bereich des absteigenden Mondknotens zeigen meist ein ambivalentes und teilweise widersprüchliches Verhalten gegenüber den modernen Technologien. So können sie einerseits ein Faible für alle neuen Entwicklungen haben, sich voller Begeisterung mit elektronischen Spielereien beschäftigen, sich ein Berufsfeld suchen, in dem diese eine wichtige Rolle spielen. Ebenso oft ist aber auch ein Unbehagen vorhanden, das unter Umständen zu einer eigentlichen Abneigung führen kann – in diesem Fall werden Geräte und Hilfsmittel technologischer Natur als lästig, unverständlich und unberechenbar erlebt und, wenn möglich, gemieden.

Erlöste Form, Gabe, Fähigkeit:
Grundsätzlich verfügen diese Menschen über eine sichere Intuition, die Fähigkeit, unausgesprochene Ideen und Gedanken ebenso aufzunehmen wie in der Luft liegende Impulse des Zeitgeistes. Sie besitzen ferner eine ausgeprägte kreative Ader, die ihnen erlaubt, unkonventionelle Wege zu gehen und dabei wichtige Erkenntnisse zu gewinnen oder neue Möglichkeiten zu entdecken.

Wenn es ihnen gelingt, sich von den zwanghaften rebellischen Impulsen zu lösen, ihre Sprunghaftigkeit in einem angemessenen Rahmen zu halten, haben sie das Potenzial, in den Bereichen ihrer Lebensaktivitäten echte Erneuerungen und Reformen einzuführen und maßgeblich zu einer fruchtbaren Entwicklung beizutragen. Wenn sie sich von alten Vorstellungen befreien können und bereit sind, in der Gegenwart des Hier und Jetzt zu leben, können sie durch ihren Einfallsreichtum, ihre natürliche Kreativität und ihr spontanes, originelles Wesen enorm viel Lebendigkeit ausstrahlen.

Neptun

In Krebs/Löwe: September 1915 – Oktober 1916
In Jungfrau: Juni 1932 – August 1933
In Waage: Februar 1949 – Juli 1950
In Skorpion: Februar 1966 – Februar 1967
In Schütze: Dezember 1982 – Dezember 1983
   (abst. MK teilweise in Steinbock)
In Wassermann: April 1999 – April 2000

Mitgebrachte Geschichten:
In der Psyche dieser Menschen existiert ein Wissen um tiefe Verbundenheit mit allem, die Sehnsucht nach bedingungsloser Liebe, die Fähigkeit, sich in andere einzufühlen und überall mitzuschwingen. Sie suchen nach einem idealen Leben und haben dabei ihre eigenen Vorstellungen von Paradies und Harmonie.

Je nach Zeichen unterscheiden sich die einzelnen mitgebrachten Erfahrungsbilder: Sehnsucht nach bedingungsloser Akzeptanz, das Ideal eines Volkes (Krebs), der Wunsch nach einem Ort, an dem jeder seinem eigenen Wesen nach in Harmonie lebt (Löwe), das Wissen um das verborgene Göttliche in jedem existierenden Gegenstand, Verbundenheit mit der Natur, Sehnsucht nach Ganzheit und Heilung der Seele (Jungfrau), die Vision einer idealen Beziehung, ein Leben in Schönheit und Harmonie (Waage), Verbundenheit auf tiefster seelischer Ebene, Seelenverwandtschaft, Vision des Eintauchens in andere Welten, heilige Sexualität (Neptun in Skorpion), Vision von Wachstum und Entwicklung, das Licht des Bewusstseins, den Weg zur Erleuchtung kennen und finden (Schütze), die Vision von telepathischer Verbundenheit, Individualität und Ganzheit, die Ideale der Menschheit, des Humanismus, Friede auf Erden (Wassermann).

Märchen, Mythen und Bilder, die diese Stellung spiegeln: »Das Mädchen mit den Streichhölzern«, »Sterntaler«, »Parzival auf der Suche nach dem Gral«, »Die Hohepriesterin« (Tarot), »Die Welt« (Tarot). Diese Stellung schafft eine starke Verbindung zu allen mystischen Traditionen.

Mögliche Kindheitserfahrungen:

Menschen mit Neptun im Bereich des absteigenden Mondknotens verfügen in der Kindheit über eine ausgeprägte Fähigkeit, mit anderen Welten und Realitäten in Verbindung treten zu können. Es kann sich dabei um einen besonderen Sinn für die Natur und die dort vorhandenen Kräfte und Wesenheiten handeln, eine Wahrnehmung, für das einem Menschen oder einer Sache innewohnende Potenzial, ein klares Gespür für die unbewussten Gefühle anderer oder auch um die Fähigkeit, mit anderen Wesen oder Seelen in Verbindung zu treten. Diese mitgebrachte Gabe kann ganz selbstverständlich sein und ist für das Kind schwer von der Wahrnehmung der konkreten Realität zu unterscheiden. In der Folge ist eine Vermischung der verschiedenen Wirklichkeiten möglich, was immer wieder zu Verwirrung führt, da die meisten Menschen die eigene Wahrnehmung als Fantasie, Träumerei oder Hirngespinste abtun.

Es ist auch möglich, dass die mitgebrachte Gabe und Fähigkeit Dinge sichtbar macht, die diese Kinder erschrecken oder Angst auslösen. In einigen Fällen besteht auch eine große Furcht davor, in den Weiten des Alls verloren zu gehen. Oft entsteht ein Konflikt zwischen der durchaus vorhandenen Sehnsucht nach Ganzheit und Verbundenheit mit anderen Welten und der Angst davor, den Anschluss an die reale Welt zu verlieren. Häufig bewegen sie sich im Grenzbereich zwischen Traum und Wirklichkeit, der feinstofflichen und der realen Welt, und sind daher für Erwachsene in ihrem Verhalten unverständlich.

Typische Verhaltensmuster:

Aufgrund der mitgebrachten unterschiedlichen Bilder und der mit den vorhandenen Fähigkeiten verbundenen Erfahrungen ergeben sich ganz verschiedene Verhaltensmuster. So kann sich immer wieder eine große Sehnsucht nach der Vision des Göttlichen oder Mystischen bemerkbar machen, ein tiefes Bedürfnis, sich mit der Schönheit der Natur, der Musik oder der Kunst zu beschäftigen.

Auch die Vision der ewigen Liebe, das Sehnen nach einer tiefen seelischen Verbundenheit mit anderen Wesen kann zum treibenden Faktor werden. Damit verbunden ist oft eine Tendenz, sich in eine eigene Zwischen- oder Traumwelt zurückzuziehen, sich im Extremfall auch zu weigern, ganz in der realen Welt anzukommen.

Eine Klientin erwähnte einmal, in ihrer inneren Wahrnehmung sitze sie auf einer Wolke, betrachte von dort das Geschehen, aber sich damit auseinandersetzen wolle sie nicht. Sie habe kein Interesse.

In ihrem Verhalten zeigen diese Menschen eine Mischung aus Traumtänzertum, Idealismus und Weltfremdheit. Eine unschuldige Naivität mit unbeirrbarem Glauben an das Gute ist ihnen ebenso eigen wie das ständige Leiden an den schwierigen und schmerzlichen Erfahrungen dieser unvollkommenen Welt. Oft geraten sie dadurch in Situationen, in denen sie sich enttäuscht und betrogen sehen, treffen auf Menschen, die ihre Liebe und Hilfsbereitschaft ausnutzen – was sie wiederum darin bestätigt, dass es in dieser Welt nicht viel gebe, was sie attraktiv und lebenswert mache.

Das Streben nach Gleichklang und Mitschwingen, die Fähigkeit, sich intuitiv auf einen anderen Menschen einzustellen, vorhandene Grenzen aufzulösen und das Verbindende, Gemeinsame zu betonen, können auch da zum Hindernis werden, wo es darum geht, die sinnlichen Freuden des Lebens zu genießen, den Unterschied zwischen Ich und Du als Möglichkeit zu Ergänzung und Bereicherung zu erfahren. Gelebte irdische Beziehung wird unter diesen Umständen schwierig und unbefriedigend.

Vor allem in einer vernunftbetonten Welt kann jedoch unbewusst auch eine ganz andere Entscheidung gefällt werden. Dann wird die vorhandene große Sensibilität, der eigene Idealismus und die Wahrnehmung für Feinstoffliches zur Bedrohung, ja sogar als Gefahr für die eigene psychische Gesundheit und Lebenstüchtigkeit erlebt und entsprechend bekämpft. Daraus ergibt sich eine eigentliche Angst vor meditativen Praktiken, ein Kreuzzug gegen alles Irrationale und Mystische, eine starke Betonung der Vernunft und der Ratio. Auf diese Weise werden im Außen die eigenen inneren Geister, aber auch die heimliche Sehnsucht nach einer anderen Ebene oder Welt in Schach gehalten.

Die große Affinität für die unterdrückten Themen zeigt sich in diesem Fall darin, dass meist in der Umgebung Menschen auftauchen, die selbst irrational, chaotisch und hilfsbedürftig sind, ein Suchtproblem haben oder sich auf der Suche nach religiösen und spirituellen Erfahrungen befinden.

Erlöste Form, Gabe und Fähigkeit:
Diese Menschen besitzen eine große Liebes- und Hingabefähigkeit, die Gabe der Imagination und des echten Mitgefühls. Sie können sich sehr gut einfühlen und dadurch alles in einer ganzheitlichen Weise wahrnehmen. Sie tragen in sich eine Vision dessen, was sein könnte, und folgen einem hohen Ideal.

Wenn sie gelernt haben, diese Fähigkeiten in einer gesunden Weise zu nutzen, ohne dabei die reale Welt, die dort vorhandenen Grenzen und Unvollkommenheiten aus den Augen zu verlieren, kann es ihnen gelingen, einen Teil ihrer Vision von Schönheit, Liebe und Harmonie in der Welt zu verwirklichen, sei es in einer kreativ-künstlerischen Weise oder auch durch ein Leben, das von tiefer Verbundenheit mit dem Göttlichen, der Natur und allen Lebewesen geprägt ist. Dann ist das möglich, was in den entsprechenden Lehren als gelebte Mystik oder Weg der Liebe und des Mitgefühls bezeichnet wird.

Pluto

In Krebs: November 1934 – Februar 1936
  (abst. MK teilweise in Löwe)
In Löwe: Februar 1952 – Mai 1953
In Jungfrau: Januar 1969 – April 1970 (abst. MK teilweise in Waage)
In Skorpion: Juni 1985 – August 1986 (abst. MK teilweise in Waage)
In Schütze: November 2001 – Februar 2003

In der Psyche dieser Menschen befindet sich eine mitgebrachte Geschichte im Zusammenhang mit den Themen Willen, Macht, Kontrolle, Gewalt, ein Wissen und Erfahrungen mit enormen Kräften, die auf einer unbewussten, nichtstofflichen Ebene wirken und von dort das Leben steuern. Die kollektiven Prozesse der Menschheit, die Erfahrungen von Zeiten großer Umwälzungen sind ebenso Teil des Unbewussten wie Bilder von Tod und Wiedergeburt, Kampf um Leben und Tod, das Bestehen außerordentlicher Herausforderungen und gefährlicher Abenteuer.

Auch hier unterscheiden sich die mitgebrachten Erfahrungsbilder je nach Zeichen. Sie können unter anderem Folgendes beinhalten: Große seelische Kraft in einer Krise, Vertreibung und Flucht aus der Heimat, die Zerstörung eines Volkes, einer Familie (Krebs), Machtmissbrauch einer Führungspersönlichkeit, die Kraft des gelenkten Willens, der Macht eines anderen ausgeliefert sein, das Gesicht verlieren (Löwe), Zerstörung von Natur und Umwelt, Bedrohung der Lebensgrundlage, die Macht des rationalen Verstandes (Jungfrau), die Macht des Unterbewussten, gefährliche/tödliche Leidenschaften, Wandlung durch Krise und Katharsis, Magie des Begehrens, Abhängigkeit und Ausgeliefertsein (Skorpion), Umbruch und Machtkampf der Kulturen, die Macht des wahren Glaubens, die Eroberung neuer Welten (Schütze).

Märchen, Mythen und Bilder, die diese Stellung spiegeln: »Merlin«, »Faust«, »Dante«, die Mächte der Unterwelt, der Schatz der Nibelungen, »Gevatter Tod«, »Der Magier« (Tarot), »Der Teufel« (Tarot).

Mögliche Kindheitserfahrungen:

Diese Menschen strahlen bereits als Kinder große Intensität aus, selbst wenn sie ganz ruhig sind, haben sie eine Wirkung. Sie beobachten die Umwelt mit äußerster Aufmerksamkeit und nehmen alles, was vor sich geht, wahr. Einige werden von Ängsten oder Albträumen geplagt, erleben Verfolgungen, sehen sich Gefahren ausgesetzt, beispielsweise durch Teufel, Monster, Zauberer oder wilde, gefährliche Tiere, es kann sich aber auch um Kriegs- oder Folterbilder handeln.

Die mitgebrachten starken Eindrücke sind zunächst oft noch sehr lebendig und wirken in den konkreten Alltag hinein. Entsprechend heftig sind die Reaktionen auf Märchen, Bilder oder Geschehnisse, die Ähnliches beinhalten. Panik, Fluchtreaktionen, Wutanfälle oder auch unglaubliche Faszination und eine beinahe zwanghafte Beschäftigung mit solchen Imaginationen ist möglich.

Manchmal sind auch im realen Leben bedrohliche Situationen vorhanden. Es ist aber auch denkbar, dass das mitgebrachte Bewusstsein über die Macht des Willens, die Kraft der Gedanken oder der Wünsche so stark ist, dass bereits im Kleinkindalter versucht wird, mit enormem Aufwand und unter Einsatz aller Kräfte etwas Bestimmtes zu erreichen oder zu erlangen. Wenn dies nicht gelingt, sind Wutausbrüche, großer Zorn oder Verzweiflung die Folge – oft begleitet von zerstörerischem Verhalten, sich selbst oder anderen gegenüber.

Typische Verhaltensmuster:

Die mit dieser Stellung möglichen Verhaltensmuster können sich beträchtlich unterscheiden. Sie beziehen sich jedoch alle in irgendeiner Weise auf mögliche Umgangsformen mit Macht und Gefahr, und auf das im Inneren vorhandene, meist unbewusste Wissen um die enormen Energien, mit denen diese Menschen in Kontakt sind.

So können sie schon sehr früh viel Wert darauf legen, sich selbst und das Umfeld jederzeit unter Kontrolle zu haben. Damit verbunden ist einerseits ein starkes Bedürfnis, immer über alles Bescheid zu wissen, andererseits eine gute Selbstdisziplin und Willenskraft. Diese werden aktiv dafür eingesetzt, ein angestrebtes Ziel zu erreichen und unter allen Umständen in der Position des Stärkeren zu bleiben. Das geht einher mit großem Ehrgeiz und Perfektionsanspruch.

Es ist aber auch möglich, dass die vorhandene Kraft im Sinne von Selbstkontrolle dazu verwendet wird, sich zurückzuhalten, alle persönlichen Regungen unter Verschluss zu halten und so wenig wie möglich von sich zu zeigen, um unangreifbar zu sein. Meist meiden diese Menschen Situationen, in denen sie den Eindruck haben, von anderen abhängig zu sein, und versuchen alles, um ihre Eigenständigkeit zu beweisen.

Umgekehrt jedoch können sie unbewusst Situationen suchen oder kreieren, in denen andere von ihrem Goodwill und Einsatz abhängig sind. Selbst wenn dies in einer dienenden Weise geschieht, verschafft ihnen das Wissen, dass ihre Dienste und ihr Einsatz für andere unverzichtbar sind, das gesuchte Gefühl von Macht und Kontrolle. Entsprechend häufig suchen diese Menschen Tätigkeiten, bei denen sie eine Schlüsselfunktion innehaben, in irgendeiner Weise Krisenmanagement betreiben oder anderen in schwierigen oder anspruchsvollen Lagen behilflich sein können.

Die mitgebrachten Bilder können jedoch auch ein ganz anderes Verhaltensmuster zur Folge haben. Demnach ist eine Angst vorhanden, selbst Macht zu besitzen oder auszuüben. Dann können diese Menschen sich total zurücknehmen, unscheinbar oder gar völlig blockiert scheinen. Die vorhandene starke Energie ist von außen nicht mehr wahrnehmbar. Meist befinden sich unter diesen Umständen jedoch machtvolle Figuren im nahen Umfeld.

Es ist auch möglich, dass das Unbewusste sich dafür entscheidet, lieber eine Opferrolle einzunehmen als Gefahr zu laufen, in einer Täterrolle Macht ausüben zu müssen. Obwohl diese Menschen alles vermeiden, was sie mit Macht und Gewalt konfrontieren könnte, geraten sie dennoch immer wieder in Situationen, in denen sie zum Opfer der Umstände oder anderer Menschen werden. Gerade in diesen Situationen könnten sie aber auch machtvoll reagieren.

Erlöste Form, Gabe und Fähigkeit:
Wenn es den Betroffenen gelingt, sich der ihnen innewohnenden großen Kraft bewusst zu werden und zu lernen, diese in einer konstruktiven Weise zu nutzen, sind sie die geborenen Krisenmanager, können in heiklen Situationen auf ihre nahezu unerschöpflichen Energiereserven zurückgreifen und dadurch Dinge vollbringen, die normalerweise unmöglich scheinen.

Ihr ausgeprägter Sinn für Machtverhältnisse, ihr sicheres Gespür für Machtmissbrauch und Übergriffe kommt ihnen dann zugute, wenn es ihnen gelingt, ihre Wahrnehmung von den mitgebrachten Wertungen und Reaktionsimpulsen zu differenzieren. Dann können sie zum Vorbild für einen integren und klaren Umgang mit Kraft und Macht werden und ihre seelische und geistige Stärke in einer sinnvollen, dem Leben dienenden Weise nutzen.

Zwei wichtige Spezialfaktoren: Chiron/Lilith

Chiron

Chiron ist kein Planet im eigentlichen Sinn, vielmehr ein 1977 entdeckter Himmelskörper, der sich in einer Umlaufbahn zwischen Saturn und Uranus bewegt. Er steht für die Verbindung zwischen den Gesetzen des Himmels und jenen der Erde, symbolisiert sowohl das Wissen um die menschlichen Schwächen als auch um das Göttliche.

Chiron bringt, wo immer er im Horoskop steht, den Menschen in Kontakt mit einer mitgebrachten ungeheilten Wunde, einem seelischen Schmerz, einer Geschichte, die in einer anderen Zeit oder Ebene liegt und keine Erlösung oder Heilung fand. Meist ist es nicht möglich, den mit seiner Stellung verbundenen Schmerz und die oft damit einhergehende Verzweiflung rational zu erklären. Entsprechend vermeiden viele Menschen zunächst ganz natürlich alle Situationen, in denen sie in Kontakt mit ihren Chironthemen kommen könnten. Gleichzeitig symbolisiert Chiron jedoch auch eine mitgebrachte Gabe, ein Talent, das zur Verfügung steht und ohne größere Anstrengung genutzt werden kann. Dieses beinhaltet heilende Fähigkeiten, mit denen viel Gutes bewirkt werden kann – im Umgang mit anderen. Damit stellt Chiron ein Paradox dar. Seine Gabe, das vorhandene Talent will genutzt werden, im Leben zum Ausdruck kommen. Die damit verbundene persönliche Empfindlichkeit und der oft ausgelöste Schmerz sind jedoch schwer zu ertragen. Viele dieser Chiron-Entsprechungen haben damit Parallelen zu den Themen, die dem absteigenden Mondknoten zugeordnet werden – unabhängig davon, ob Chiron in einem Aspekt zur Mondknotenachse steht oder nicht.

Befindet sich Chiron im Bereich des absteigenden Mondknotens, verstärkt sich diese Thematik um ein Vielfaches. Sie wird zum unvermeidbaren Thema auf dem Lebensweg. Einerseits existiert ein tiefes Wissen um die eigene Verwundbarkeit, ist ein tiefer seelischer Schmerz vorhanden. Ungleich anderen traumatischen Erfahrungen ist er schwer zu fassen, kaum erklärbar und so groß, dass das Bewusstsein den Kontakt nicht zulässt. Gleichzeitig ist jedoch auch eine enorme innere Heilkraft vorhanden, eine umfassende Weisheit in Bezug auf die irdische Existenz, die damit verbundenen, schicksalhaften Erfahrungen und Wege der Seele.

Die damit einhergehenden konkreten Geschichten und Bilder unterscheiden sich teilweise beträchtlich, je nachdem, in welchem Zeichen Chiron steht. Sie beinhalten jedoch immer eine Geschichte von der Qualität eines Mythos, eines schicksalhaften Geschehens, sodass es letztlich nicht möglich ist, eine klare Schuld oder ein Fehlverhalten auszumachen, da, wo die verschiedenen Umstände sich zu einer unvermeidbaren Tragödie verdichteten.

Oft dauert es recht lange, bis es möglich wird, sich den Themen des Chiron am absteigenden Mondknoten zu stellen. Zu gegebener Zeit kann es vorkommen, dass irgendeine Erfahrung überraschend und schockartig eine nicht nachvollziehbare, heftige innere Reaktion auslöst. Eine Welle von Schmerz, Leid und Verzweiflung überflutet das Bewusstsein, ein Gefühl von absoluter Hilflosigkeit – dann gibt es nichts weiter zu tun als zu versuchen, die Erfahrung auszuhalten. Dabei zeigt sich jedoch, dass inmitten des erlebten Schmerzes paradoxerweise auch ein Licht auftaucht – das Bewusstsein von unendlichem Frieden und großer geistiger Klarheit. Das ist der Moment, in dem sich die mit Chiron verbundene Weisheit und spirituelle Heilkraft manifestiert.

Bei Chiron ist es in der Regel auch unter Zuhilfenahme des aufsteigenden Mondknotens kaum möglich, die vorhandene Wunde wirklich zu heilen, sie ist zu sehr mit dem Urschmerz des menschlichen Daseins verbunden. Je mehr es jedoch gelingt, die mitgebrachte Erfahrung ins Leben einzubeziehen, den vorhandenen Schmerz, die Zweifel zu ertragen und als Teil der eigenen Existenz zu akzeptieren, umso mehr zeigt sich der mit der Chironthematik ins Leben mitgebrachte Heiler. Dann kommen die vorhandenen Gaben immer umfassender zum Tragen, steht eine große Weisheit und tiefe innere Gelassenheit und Akzeptanz zur Verfügung.

Lilith

Bei Lilith handelt es sich um einen errechneten Punkt – ähnlich dem Mondknoten.* Der Name Lilith bezieht sich auf den jüdischen Mythos über die erste Gefährtin von Adam. Diese weigerte sich beim Geschlechtsakt »unten zu liegen«, symbolisch gedeutet, sich ihm zu unterwerfen. Lilith floh und versteckte sich in den Tiefen des Roten Meeres. Zur Strafe wurde sie dämonisiert. Lilith wird teilweise auch mit der Schlange im Paradies in Verbindung gebracht.

Meiner Meinung nach symbolisiert dieser Mythos den Übergang vom Matriarchat zum Patriarchat, die Ablösung der Dominanz des Weiblichen durch die des Männlichen. Dies steht im Zusammenhang mit der Polarität der irdischen Existenz und dem immer wieder notwendig werdenden Energieausgleich zwischen den Polen und ist ein an sich natürlicher Prozess.

Lilith verkörpert damit die Macht und Kraft der Großen Göttin, des Urweiblichen. Deren Zeit als Herrscherin war abgelaufen. Ihre Weigerung, sich dem Männlichen (Gott) zu unterwerfen, führte zu ihrem selbst gewählten Exil und ihrer Verbannung aus dem kollektiven Be-

---

* Als Lilith (auch schwarzer Mond oder Große Göttin) wird der zweite Brennpunkt der (leicht elliptischen) Mondumlaufbahn um die Erde bezeichnet. Die Projektion dieses Brennpunkts auf die Ekliptik (den Tierkreis) bestimmt die Stellung der Lilith im Horoskop.

wusstsein, und damit zu einer zunehmenden Dämonisierung der mit ihrem Wirken verbundenen Themen, Kräfte und Bilder.

In unserer Zeit scheint die Zeit des Exils abgelaufen, entsprechend tauchen die mit der Großen Göttin verbundenen Themen des Urweiblichen, die damit in Verbindung stehenden Energien und Bilder im kollektiven Bewusstsein wieder auf – spielen eine zunehmend wichtigere Rolle im menschlichen Leben. Damit gewinnt auch die Stellung der Lilith im Horoskop an Aufmerksamkeit. Sie symbolisiert den Bereich (Haus) und die damit verbundenen Themen (Aspekte zu Planeten) – und zeigt damit an, wo und wie die Energien des Urweiblichen, der Großen Göttin, im Leben wirken und ins Bewusstsein drängen. Ihre Position im Horoskop zeigt auch, wo der betreffende Mensch mit Bildern und Mythen des Matriarchats in Kontakt kommt, wo die entsprechenden »Erfahrungen und Geschichten« seine Psyche prägen.

Befindet sich Lilith am absteigenden Mondknoten, ist dies ein Hinweis darauf, dass sich starke matriarchale Bilder und Erfahrungsinhalte in der Psyche manifestieren. Da der absteigende Mondknoten für »offene Gestalten« steht, haben diese Bilder oft die Qualität von schwierigen Erfahrungen. Die in der Zeit des Matriarchats vorhandenen Zerrformen – dazu gehört der Umgang mit dem Männlichen oder die dunklen und gefährlichen Seiten der Großen Göttin – erhalten in diesem Zusammenhang besondere Kraft, wirken in den Tiefen des Unbewussten und prägen entsprechend das Verhalten im Umgang mit diesen Themen. Als dunkle und bedrohliche Seiten der Großen Göttin können folgende Eigenschaften gesehen werden: Sie ist rücksichtslos, verschlingt oder bedroht ihre Kinder, verachtet, kastriert oder opfert das Männliche, sie ist eine magische Verführerin, die sich holt, was sie begehrt. Sie verfügt über starke sinnliche, erotische, magnetische Kräfte, die sie auch anwendet. Sie fordert absolute Unterwerfung unter ihre Macht, bestraft jeden mit Vernichtung und Tod, der ihr nicht gehorcht.

Je nach Stellung der Lilith im Zeichen sind andere Facetten und Bilder der Großen Göttin zu erwarten. So kann sie als Amazone und Jägerin (Widder, Schütze) auftreten, als unantastbare heilige Jungfrau oder die jungfräuliche Göttin Artemis (Jungfrau), in der Dreiheit der Mondgöttinnen (Krebs), als Herrin der Meere (Fische), der Unterwelt (Skorpion), als Herrscherin über die Natur und Fruchtbarkeit (Stier), als Herrin der Berge (Steinbock), als große Verführerin (Löwe), aber auch als Athene, Sophia, Justizia (Zwillinge, Waage, Wassermann) oder als Aphrodite Urania (Wassermann).

Im Zusammenhang mit diesen Rollen, den Bildern und Mythen, die dem Aspekt des Urweiblichen zugeordnet werden, sind tief in der Psyche Erfahrungsinhalte vorhanden. Sie prägen von da aus das Verhalten in der Realität. Es gibt dabei eine magische Anziehung und unerklärbare Faszination für Frauen, Situationen und Geschichten zu finden, welche die mitgebrachten Bilder spiegeln. Oft wiederholen sich in gewisser Weise einige der Mythen in symbolischer Form im aktuellen Leben (z. B. Verführbarkeit, Begehren, Bedrohung durch das Weibliche, Überschattung durch eine machtvolle weibliche Gestalt).

Bei Frauen können sich diese Bilder im eigenen Leben verwirklichen oder aber im Umgang mit einer machtvollen Frauenfigur zeigen. Bei Männern finden sich meist einschlägige Erfahrungen im Zusammenhang mit wichtigen Frauen in ihrem Leben. Die Frauenbilder sind in der Regel machtvoll, oft brechen sie gängige Tabus, nehmen sich, was sie wollen, weigern sich, gängige Weibchenrollen zu übernehmen, riskieren dabei, verleugnet, verfolgt und verdammt zu werden.

Es ist aber auch möglich, dass Frauen, die diese Bilder verkörpern, verabscheut, verurteilt und mit allen Mitteln bekämpft werden. Oft unternehmen Menschen mit Lilith am absteigenden Mondknoten wahre Kreuzzüge gegen die aus ihrer Sicht im Weiblichen lauernden dunklen und dämonischen Kräfte.

Das Unbewusste sucht jedoch letztlich durch solche Erfahrungen neue Wege zu finden, wie die unerlösten alten Bilder in einer der Gegenwart angemessenen Form zum Ausdruck kommen können.

Es ist wichtig, dass sich weder die männlichen noch die weiblichen Energien dem jeweils anderen Pol unterordnen, sondern in einer fruchtbaren, kreativen und machtvollen Weise zusammenwirken.

Auch hier gilt, wenn möglich, die uralten Bilder ins Bewusstsein zu integrieren, die dort vorkommenden Inhalte zu erlösen und zu versöhnen – dann verfügen diese Menschen über eine große innere Kraft. Die Große Göttin mit all ihrem Potenzial, die Energien des Urweiblichen (die Kraft der Natur, magnetische, magische Energien) stehen zu ihrer Verfügung, nähren sie und geben ihnen inneren Halt und Kraft. Dadurch sind sie tief verbunden mit dem Mysterium des Werdens und Vergehens, dem Schaffen und Zerstören von Leben, dem ewigen Zyklus des Lebendigen.

Planeten am aufsteigenden Mondknoten

Allgemeiner Überblick

Auch Planeten im Bereich des aufsteigenden Mondknotens haben eine mehrschichtige Qualität. Diese unterscheidet sich maßgeblich von jener der Planeten am absteigenden Mondknoten. Sie sind zwar ebenso wie letztere Teile der Persönlichkeit und als solche Werkzeuge der Psyche. In Bezug auf die Lebenswegthematik des Mondknotens hingegen sind sie Bestandteil der Lernaufgabe, beinhalten vorerst unerschlossenes, für die zu machenden Entwicklungsschritte jedoch unverzichtbares Potenzial. Dieses will erkannt und dann in die Persönlichkeit, ins Leben integriert werden.

Der Vorgang kann am besten mit einer Metapher umschrieben werden: Ein Held befindet sich auf Schatzsuche, eine Heldin auf dem Weg zu einer großen Herausforderung. Um den Schatz zu finden, die Prüfung zu bestehen, brauchen sie zwingend die Unterstützung eines Hilfsmittels. Dieses befindet sich in einem Tempel auf dem Gipfel eines Berges. Held und Heldin müssen also zunächst den Berg besteigen, das Werkzeug dort finden und an sich nehmen. Nur im Besitz und mit der Unterstützung dieses Gegenstandes ist die ihnen gestellte Aufgabe lösbar. Ist das Hilfsmittel gefunden, öffnet es alle Türen. Dann können selbst die anspruchsvollsten Aufgaben mit vergleichsweise wenig Aufwand bewältigt werden.

Auf die Erfahrung eines Menschen übertragen bedeutet dies: Die Planeten am aufsteigenden Mondknoten sind dem Betreffenden zunächst unvertraut und fremd. Es gilt, einen Zugang zu den ihnen zugeordneten Themen zu finden, ihre Qualitäten kennenzulernen und in die Persönlichkeit zu integrieren. Dies ist mit Arbeit verbunden, setzt eine Entscheidung voraus – erfolgt nicht automatisch und selbstverständlich.

Projektion als Lernmöglichkeit

In der Regel werden all die Faktoren und Energien der eigenen Persönlichkeit auf die Umwelt und andere Menschen projiziert, die aus irgendeinem Grund (noch) nicht als eigene wahrgenommen werden. Dabei handelt es sich meist um Aspekte der Psyche, die eine Schattenqualität haben. Sie mögen Themen beinhalten, die aufgrund von traumatischen Erfahrungen verdrängt wurden, oder Eigenschaften und Verhaltensweisen, die aus persönlichen oder kulturellen Gründen nicht akzeptabel sind, deren Existenz daher verneint oder unterdrückt wird.

Projektionen können aber auch als Möglichkeit dienen, etwas zu begreifen. So erfahren Kinder in der Regel einiges über ihre Themen (die in ihrem Horoskop angelegt sind), indem sie diese weitgehend auf ihre Eltern und die Umgebung projizieren. Sie beobachten, wie Eltern, Geschwister und andere Menschen sich unter bestimmten Umständen verhalten, und lernen ein in dieser Welt übliches Verhalten.

In Bezug auf den Mond im Horoskop werden beispielsweise alle Frauen beobachtet, die sich in irgendeiner Weise als Mutterarchetyp eignen – allen voran natürlich die eigene Mutter. Das Verhalten dieser Frauen – soweit es in Resonanz zu den eigenen Mondthemen steht – wird dann als Modell für ein fürsorgliches, mütterliches Verhalten gesehen und in die eigene Psyche integriert.

Sind die beobachteten und selbst erlebten Verhaltensmuster konstruktiver Art, entsteht in der Psyche eine sichere Basis fürs Leben in Bezug auf Geborgenheit und emotionale Zuwendung. Sind die erfahrenen oder beobachteten Verhaltensweisen verzerrt oder destruktiv, prägen auch diese das spätere Verhalten. Entweder werden die wahrgenommenen Muster weitergeführt, sowohl im Umgang mit sich selbst wie auch mit anderen, oder sie werden verdrängt, das heißt, es findet keine Integration in die eigene Psyche statt. Dies geschieht, wenn die Erfahrungen sehr destruktiv und traumatisch sind. Die (Mond-)Themen werden dann zur »offenen Gestalt« mit allen Konsequenzen.

Wenn sie weiterhin projiziert werden, sucht das Unbewusste meist zwanghaft ein besseres Modell, das die problematischen Erfahrungen ausgleichen könnte. Solange diese jedoch verdrängt bleiben, finden sich in der Realität nur Varianten des bereits Erfahrenen. Andere konstruktivere und befriedigendere Verhaltensweisen werden gar nicht erkannt oder uminterpretiert. Erst die Bewusstmachung der ursprünglichen, traumatischen Erfahrung öffnet die Wahrnehmung für bessere Entsprechungen und setzt einen konstruktiven Lernprozess in Gang.

Ähnliche Prozesse sind auch bei den anderen Planeten zu beobachten: Im Zusammenhang mit der Sonne geht es um die Vaterfiguren, die Art und Weise, sich zu verwirklichen und zu behaupten; mit Venus um Frauen, Schwestern und Freundinnen, den Umgang mit Nähe und Distanz, die Art, wie Beziehung hergestellt wird; mit Mars um Männer, Brüder und Freunde, den Umgang mit Aggressionen, die Frage, wie und unter welchen Umständen Durchsetzung erlaubt ist.

Da Planeten am aufsteigenden Mondknoten für unerschlossenes Potenzial stehen und Inhalte der Psyche symbolisieren, die es zu erlernen gilt, werden sie in den meisten Fällen nicht nur in der Kindheit, sondern zunächst auch im Erwachsenenleben projiziert. Das Unbewusste sucht nach möglichen Modellen, die zeigen können, wie mit den dort vorhandenen Energien und Themen umgegangen werden kann.

Im Unterschied zu anderen Horoskopfaktoren und Stellungen handelt es sich hier jedoch meist um »positive« Projektionen, das heißt, das Unbewusste orientiert sich an den Qualitäten des entsprechenden Planeten und sucht nach Vorbildern für das schlummernde Potenzial. Häufig werden Menschen und Situationen gesucht, die die Energien des Planeten am aufsteigenden Mondknoten aktiv zum Ausdruck bringen, diese quasi »verkörpern«. Über diese Projektionen lernt man die Qualitäten und Eigenschaften des Planeten kennen.

Entsprechend der Lebenswegthematik der Mondknotenachse kann im Laufe des Lebens diesbezüglich eine graduelle Veränderung der Erfahrung beobachtet werden. Zunächst ist einfach die Affinität, die Anziehung für Menschen groß, die Eigenschaften zum Ausdruck bringen, die erlernt werden sollen. Oft werden Freunde und Partner gesucht, in deren Horoskop der Planet (oder das von ihm beherrschte Zeichen) betont ist, der sich im eigenen Horoskop am aufsteigenden Mondknoten befindet. Diese Menschen werden meist bewundert. Ab und zu macht sich aber auch Frustration und Ärger darüber bemerkbar, dass sie sich in einer Weise verhalten, die einem selbst zunächst unmöglich und fremd erscheint.

Da es darum geht, diese Eigenschaften und Qualitäten selbst zu erlernen und zu leben, wird die Thematik schon bald drängender und zwingender. Immer häufiger sehen sich die Menschen unbeabsichtigt in Situationen, in denen sie entweder in einer immer markanteren Weise mit dem entsprechenden Thema konfrontiert werden oder sich selbst dazu gedrängt fühlen, die bisher projizierte Energie und Haltung einzunehmen. Das Selbst, die Seele sorgt auf diese Weise dafür, dass die für den Lernschritt nötigen Erfahrungen nicht umgangen werden. Sobald die Bereitschaft vorhanden ist, sich in die entsprechende Richtung zu bewegen und zu entwickeln, lässt der innere Druck nach.

Planeten als Lernaufgabe

Wenn Planeten als Teil der Lernaufgabe am aufsteigenden Mondknoten stehen, gilt es alle ihnen zugeordneten Themen und Persönlichkeitsaspekte bewusst und aktiv ins eigene Leben zu integrieren. Letztlich geht es darum, das Urprinzip des Planeten und dessen Energien zu kennen und Wege zu finden, diese in vielfältiger Weise zum Ausdruck zu bringen. Hierfür ist zunächst die Bereitschaft nötig, sich mit den durch diesen Planeten symbolisierten Themen auseinanderzusetzen, sie kennenzulernen. Dies geschieht anfangs meist durch Beobachtung im Außen (bewusste Projektion), durch klares Erkennen seiner Entsprechungen. Weitere Schritte beinhalten dann erste eigene Anstrengungen, die zu erlernenden Verhaltensweisen umzusetzen. Dies kann durchaus in einfacher Form geschehen.

Es scheint, als ob die Seele selbst ungeschickte »Gehversuche« als solche erkennt, den Menschen dabei unterstützt und dafür sorgt, dass sie keine weiteren Probleme verursachen. Meist stellen die Betroffenen erstaunt fest, dass ihre diesbezüglichen Verhaltensweisen, selbst wenn sie weit davon entfernt sind, wirklich gekonnt und der Situation angemessen zu sein, von der Umgebung toleriert werden und keine nachteiligen Konsequenzen haben. Solche Erfahrungen sind typisch für Planeten am aufsteigenden Mondknoten.

Dies ist die einzige Stellung im Horoskop, die auch dann eine positive Erfahrung mit einem Planeten möglich macht, wenn die Ausdrucksweise unbeholfen und wenig elegant ist. Umgekehrt kann das Schicksal relativ unerbittlich dafür sorgen, dass ein Mensch, der nicht bereit ist, seine Lernaufgabe in Angriff zu nehmen, wieder »auf den rechten Weg« – seinen Weg – gebracht wird. In solchen Fällen sind auch schmerzliche, problematische und schicksalhafte Erfahrungen möglich. Diese erweisen sich im Nachhinein oft als Fingerzeig, als Weichenstellung in Bezug auf den weiteren Lebensweg.

Mit der entsprechenden Bereitschaft wächst im Laufe der Zeit die Erfahrung in Bezug auf die zu erlernende Thematik, der Planet am aufsteigenden Mondknoten wird immer vertrauter, der Umgang sicherer. Ganz entsprechend der Tatsache, dass die Mondknotenachse den roten Faden des Lebenswegs symbolisiert, bleibt der Planet jedoch ein Leben lang eine Lernaufgabe. Es ist immer wieder eine bewusste Entscheidung nötig, seine Themen in Angriff zu nehmen, ihm einen Platz im eigenen Leben einzuräumen. Im Unterschied zu Planeten am absteigenden Mondknoten wird der Ausdruck derer am aufsteigenden nie selbstverständlich und automatisch.

Planeten als Helfer auf dem Weg

Wann immer ein Mensch sich die Mühe macht und entscheidet, sich ganz bewusst der Anliegen und Themen des Planeten am aufsteigenden Mondknoten anzunehmen und seine Energien zum Ausdruck zu bringen, ist unmittelbar danach eine überraschend positive Erfahrung möglich. Es scheint, als ob das Selbst die Persönlichkeit stärkt, das Schicksal den gemachten Schritt belohnt. Wie in der Metapher von Held und Heldin beschrieben, können die Planeten am aufsteigenden Mondknoten (dies gilt in ähnlicher Weise auch für die Häuserthematik des aufsteigenden Mondknotens, das Zeichen und dessen Herrscher) in allen schwierigen Lebenslagen zu wichtigen Helfern werden, unabhängig davon, worum es geht. Gerade im Umgang mit anderen anspruchsvollen Horoskopthemen, bei Krisen oder größeren Umwälzungen im Leben lohnt es sich, ganz bewusst die Aufmerksamkeit auf diese Themen und Energien zu richten, sich daran zu erinnern, welche Möglichkeiten und Qualitäten der Planet am aufsteigenden Mondknoten beinhaltet, um dann gezielt die Entscheidung zu treffen, diese aktiv zu nutzen.

Ab und zu kann der Einsatz dieser Planeten sogar wie ein Zauberspruch wirken, indem er einen unerwarteten Ausweg oder eine überraschende Lösung für ein Problem zeigt. Dies gilt selbst dann, wenn astrologisch scheinbar kein Zusammenhang zwischen der kritischen Situation und dem Planeten am aufsteigenden Mondknoten besteht.

In der Folge werden die den Planeten am aufsteigenden Mondknoten zugeordneten Themen und Lernschritte beschrieben. In einer differenzierten Deutung gilt es, dabei auch die Zeichenthematik, die Aspekte und vor allem die durch die Herrschaft des Planeten mit einbezogenen Themen zu berücksichtigen.

Die fünf persönlichen Planeten
Mond/Sonne/Merkur/Venus/Mars

Mond

Hier geht es darum, bewusst den Zugang zum Inneren Kind und zu den eigenen Gefühlen zu finden und diesen Ausdruck zu verleihen. Auch die Frage, was nötig sei, um sich in der Welt wohlzufühlen, Geborgenheit zu finden, erfordert gezielte und bewusste Aufmerksamkeit.

Lern-Projektionen:

Oft spielt die reale Mutter ebenso wie alle Frauenfiguren, die den inneren Archetyp der Mutterfigur verkörpern, eine wichtige Rolle im Leben. In der Kindheit sind zwei unterschiedliche Erfahrungen möglich. Entweder wird die Nähe und Verbundenheit mit der Mutter gesucht und sie gilt als Vorbild für mütterliche, fürsorgliche Eigenschaften und Tugenden. Oder aber die reale Mutter kann nicht alle vorhandenen Bedürfnisse und Anliegen befriedigen. Dann wird eine Sehnsucht nach Erfüllung aktiviert, und Fragen, wo und wie es möglich sei, die gewünschte Nähe und Geborgenheit zu finden, tauchen auf.

Meist ist auch später eine große Vorliebe für Menschen vorhanden, die fürsorgliche Qualitäten zeigen und sich nicht scheuen, ihre Gefühle und Bedürfnisse offen zu zeigen. Auch kleine Kinder oder Menschen, die der Welt mit der unbeschwerten Haltung eines vertrauensvollen Kindes begegnen, können immer wieder eine wichtige Rolle im eigenen Leben spielen. Oft geht eine ganz besonders starke Anziehung von Menschen mit einer Krebsbetonung oder einer dominanten Mondthematik aus. Zu einem späteren Zeitpunkt kann auch die Wohnsituation oder die Auseinandersetzung mit der Frage, wo Heimat zu finden ist, zu einer immer wieder auftauchenden und Aufmerksamkeit fordernden Thematik werden.

All diese Erfahrungen haben zum Ziel, die Auseinandersetzung mit den Gefühlen, der Geborgenheit sowie den eigenen emotionalen Qualitäten in Gang zu setzen.

Lernschritte – Integration:

Hier sollte man sich dem eigenen Gefühlsleben zuwenden, sich mit den dort vorhandenen Bedürfnissen befassen und Wege finden, diese zu befriedigen. Es geht immer wieder auch darum, sich nicht zu scheuen, die eigenen Gefühle und Bedürfnisse zu zeigen, ohne Angst davor zurückgewiesen, belächelt oder abhängig zu werden. Ferner gilt es (auch für Männer), sich der eigenen mütterlich/fürsorglichen Fähigkeiten bewusst zu werden und sich in entsprechenden Situationen dafür zu entscheiden, diese auch einzusetzen und zu nutzen. Die Beschäftigung mit Wohnfragen und Häuslichkeit, Arbeit in einem Bereich, in dem Kinder und Mütter, Gefühle, Geborgenheit und Wohlbefinden eine wichtige Rolle spielen, kann auf diesem Weg hilfreich sein.

Einmal integriert, geht es darum, immer wieder ganz bewusst der eigenen Gefühlswelt Ausdruck zu verleihen, mutig zu den eigenen Emotionen zu stehen und sich auch nicht vor der Konfrontation mit den Bedürfnissen und Gefühlen anderer zu scheuen. Dann macht sich eine zunehmende innere Zufriedenheit bemerkbar, ein inneres Aufgehobensein, das kaum erschüttert werden kann.

Sonne

Hier geht es darum, sich der eigenen Ziele und Absichten im Leben bewusst zu werden. Die Fragen: »Wer bin ich?« und »Was will ich?« tauchen in diesem Zusammenhang auf. Die wahre eigene Identität will gefunden und bewusst zum Ausdruck gebracht werden. Darüber hinaus gilt es, mutig und gezielt die Verwirklichung des eigenen Selbst in Angriff zu nehmen, sich nicht zu scheuen, das eigene Ich sichtbar werden zu lassen und den eigenen Willen zum Ausdruck zu bringen.

Lern-Projektionen:

Meist spielen Vaterfiguren aller Art im Leben eine wichtige Rolle. Die Beziehung zum leiblichen Vater hat ebenso große Bedeutung wie jene zu allen anderen männlichen Figuren, die in irgendeiner Art einen väterlichen Archetyp verkörpern. Dies kann später auch auf Vorgesetzte übertragen werden. Hier werden Menschen gesucht, die über eine selbstverständliche Autorität verfügen, oft einen im positiven Sinn patriarchalen Führungsstil pflegen. Generell haben Menschen, die Selbstsicherheit und Selbstbewusstsein ausstrahlen, eine ganz besondere Anziehungskraft. Oft handelt es sich dabei um Menschen, in deren Horoskop das Zeichen Löwe besonders betont oder die Sonne stark gestellt ist. Es mag vorkommen, dass zwar das Selbstverständnis, mit dem diese Menschen ihren Platz einnehmen und sich zum Ausdruck bringen, bewundert wird, dieses jedoch ab und zu auch in Frustration umschlägt, wenn andere ihren natürlichen »Egoismus« zur Schau stellen.

Zu einem späteren Zeitpunkt dürfte das Leben immer wieder für Situationen sorgen, in denen sich die Frage nach dem eigenen Ich stellt, nach der Absicht des Lebens gefragt wird oder die Aufforderung erfolgt, sich selbst mehr einzubringen, mehr von sich zu zeigen. All diese Erfahrungen haben zum Ziel, die Auseinandersetzung mit dem eigenen Ich und dessen Verwirklichung zu fördern, den Mut zur Behauptung des eigenen Wesens zu finden.

Lernschritte – Integration:

Bei dieser Stellung geht es darum, sich ganz bewusst mit dem eigenen Wesenskern, der Absicht des Lebens auseinanderzusetzen. Die eigene Identität will gefunden und ausgedrückt werden. Es gilt, sich in der

Welt zu behaupten, sich für die eigenen Anliegen und Absichten einzusetzen, den eigenen Willen zu zeigen und generell sichtbar und fassbar zu werden. Die natürliche innere Quelle des Seins und die damit verbundene Strahlkraft will gefunden und gelebt werden, der Mut zur eigenen Autorität und Autonomie ist gefragt.

Die Beschäftigung mit Themen und Aufgaben, in denen es darum geht, mit Eigenem sichtbar zu werden, eine gespielte oder gelebte Führungsrolle innezuhaben, können wichtige Lernschritte auf dem Weg bedeuten. Aber auch die Auseinandersetzung mit der Sonne und ihren Eigenschaften, die Beschäftigung mit charismatischen Figuren, das Studium der Lebensgeschichte von Persönlichkeiten, die ihre Lebensziele realisierten, kann hilfreich sein.

Einmal integriert, geht es immer wieder darum, den Mut zu haben, sich selbst in der Welt zu zeigen, alle zur Verfügung stehenden Fähigkeiten und Talente gezielt und bewusst zum Ausdruck zu bringen und die ursprüngliche, innerste Intention für das Leben zu verwirklichen.

Merkur

Bei dieser Stellung besteht die Lernaufgabe darin, das eigene Denken und die Fähigkeit, Informationen aufzunehmen und zu verarbeiten, besser auszubilden. Die eigenen Wahrnehmungs- und Lernmuster wollen erkannt, das zur Verfügung stehende Wissen genutzt und weitergegeben werden. Ferner soll gelernt werden, in einer Weise mit anderen zu kommunizieren, dass diese verstehen, worum es geht. Relativ häufig befindet sich neben Merkur auch die Sonne im Bereich des aufsteigenden Mondknotens. Dann besteht zusätzlich die Aufforderung, die eigenen Ideen, Impulse und Absichten zu kommunizieren, und durch Gestik, Wort und Schrift für andere fassbar und sichtbar zu werden.

Lern-Projektionen:
Intellektuelle Menschen, die viel wissen, interessiert und neugierig Fragen stellen und gerne kommunizieren, sind gute Modelle, um die Merkurfunktion zu studieren. Wahrscheinlich besteht auch ein großes Interesse an den verschiedenen Medien (Bild, Ton, Schrift), an allem, was dazu dient, den Geist anzuregen und zu nutzen. Oft zeigt sich ei-

ne Faszination für die verschiedensten Wissensgebiete. Steht Merkur in einem Yin-Zeichen, ist auch eine starke Affinität zu Menschen mit analytischem Verstand, mit wissenschaftlichen Interessen und Funktionen denkbar.

Meist sind in der Umgebung Menschen anzutreffen, in deren Horoskop die Zeichen Zwillinge und Jungfrau betont sind, oder der Planet Merkur eine besondere Stellung aufweist. Ab und zu mag es vorkommen, dass sogenannte Kopfmenschen, die in brillanter Weise mit Informationen und Wissen umgehen, nicht nur faszinieren, sondern auch einen gewissen Unmut auslösen – vor allem dann, wenn sie sich als begabte Erzähler und gute Redner erweisen, schnell und effizient die vorhandenen Tatsachen erkennen, beschreiben und nutzen können.

Später im Leben dürften diese Menschen immer wieder in Situationen geraten, in denen sie dazu aufgefordert werden, ihre Gedanken und Ideen zu formulieren, wenn es gilt, in Kontakt mit anderen zu treten und Informationen weiterzugeben.

Lernschritte – Integration

Hier geht es um das eigene Denken und darum, die Fähigkeiten zu differenzieren, zu analysieren und zu kombinieren. Die Werkzeuge des eigenen Verstandes wollen erkannt, trainiert und bewusst genutzt werden. Die Bereitschaft, eigene Überlegungen anzustellen, sich mitzuteilen und anderen zuzuhören, ist gefragt. Die Herausforderung zur Diskussion sollte angenommen werden.

Lerntraining, der Besuch von Kommunikationskursen und Diskussionsforen sowie die Beschäftigung mit verschiedenen Wissensgebieten kann dabei genauso hilfreich sein wie alle Aktivitäten, die Geschicklichkeit und Kombinationsgabe erfordern oder organisatorische Aufgaben beinhalten. Journalismus, präzise Beschreibungen von Abläufen und Vorgängen, das Erteilen von Kursen, das Erarbeiten von Lehrgängen oder auch Schreiben eines Tagebuches können gute Instrumente im Training der eigenen Merkurfunktion sein.

Aber – selbst wenn diese Merkurfähigkeiten gut ausgebildet und integriert wurden, gilt es immer wieder, eine innere Hürde oder Hemmung zu überwinden, sich bewusst dafür zu entscheiden sich mitzuteilen, die eigenen Ideen zu formulieren und dem eigenen Intellekt den ihm zustehenden Platz im Leben einzuräumen.

Venus

Bei dieser Stellung steht einerseits die Auseinandersetzung mit dem Selbstwert, die Schulung eines eigenen Geschmacks- und Stilempfindens, andererseits die Beschäftigung mit den eigenen Beziehungsbedürfnissen, das Training einer echten Beziehungsfähigkeit im Vordergrund. Es ist wichtig herauszufinden, wie viel Nähe in welcher Weise bekömmlich ist und wie die eigene Sympathie gezeigt werden kann. Das Spiel um die Balance zwischen Geben und Nehmen sollte geübt werden.

Lern-Projektionen:

Mit dieser Stellung umgibt man sich gerne mit Menschen, die Stil haben und Harmonie und Schönheit ausstrahlen. Neben einem Faible für Kunst empfinden die Betroffenen auch große Bewunderung für all diejenigen, die in natürlicher Weise ihre Sinnlichkeit zum Ausdruck bringen. Steht die Venus in einem Erdzeichen, ist oft auch ein starkes Interesse an finanziellen Belangen und Eigentumsfragen vorhanden.

Auch Liebesgeschichten, erotische Szenen oder partnerschaftliche Fragen üben eine besondere Anziehungskraft aus. Häufig wird die Nähe von Menschen gesucht, die ihre Zuneigung offen zeigen, durch ihren Charme und ihre liebevolle Art andere bezaubern.

Daneben erhalten auch diejenigen, die selbstsicher wirken, um ihren Wert wissen und ganz selbstverständlich und natürlich ihren Geschmack, ihre Vorlieben und Abneigungen zum Ausdruck bringen, viel Aufmerksamkeit. Ab und zu mag dabei ein gewisser Neid aufkommen, weil anderen etwas leichtfällt, was einem selbst so schwierig erscheint. Oft finden sich in der nahen Umgebung Menschen mit einer Betonung der Zeichen Stier und Waage oder einer stark gestellten Venus im Horoskop.

Später im Leben sorgen dann Umstände dafür, den eigenen Geschmack immer mehr zum Ausdruck zu bringen, selbst zu wählen, anstatt andere zu fragen. Auch Situationen, in denen partnerschaftliche Nähe oder das Eingehen einer Beziehung gefragt sind, sowie der gesunde Austausch des Gebens und Nehmens, werden zum Thema.

Lernschritte – Integration:

Alles, was der Schulung des eigenen Geschmacks und Stils förderlich ist, gehört bei dieser Stellung zur Lernaufgabe. Es gilt, sich immer wieder zu fragen, was dem eigenen Schönheitsempfinden entspricht, welches die Dinge sind, die als persönlich wertvoll erachtet werden. Darüber hinaus soll eine bewusste Entscheidung gefällt werden, solche Dinge auch in Besitz zu nehmen, sich etwas Schönes zu gestatten, sich zu verwöhnen, aber auch verwöhnen zu lassen (für Menschen mit dieser Stellung keine einfache Sache). In einem nächsten Schritt geht es dann um den Mut, auf andere zuzugehen, die eigene Sympathie und Zuneigung zu zeigen und sich auf eine Beziehung einzulassen.

Die Beschäftigung mit dem eigenen Körper, der eigenen Sinnlichkeit, bewusstes und genussvolles Essen, die Freude an schönen Farben und Materialien sind Möglichkeiten, um sich mit der eigenen Venus vertraut zu machen. Eigene kreativ-künstlerische Aktivitäten jeder Art entsprechen der Venusthematik ebenso wie Tätigkeiten, bei denen es um Verschönerung, Design oder partnerschaftliche Themen geht.

Alle Handlungen, die den eigenen Selbstwert stärken oder dazu beitragen, das eigene Beziehungsverhalten zu üben, gehören zu wichtigen Lernschritten. Auch wenn die eigene Venusfunktion geübt und im Leben integriert ist, wird es wohl immer wieder eines inneren Anstoßes bedürfen, um dem eigenen Geschmack und Schönheitssinn zu vertrauen und die eigene Liebesfähigkeit bewusst sichtbar zu machen.

Mars

Bei dieser Stellung besteht die Aufforderung, sich mit den eigenen Trieben, Impulsen und Aggressionsthemen zu beschäftigen. Es geht um die Bereitschaft, sich einer Auseinandersetzung zu stellen, sich zu verteidigen oder auch durchzusetzen. Die eigene Handlungsfähigkeit sowie das dem eigenen Wesen entsprechende Verhalten in Konflikt- oder Wettbewerbssituationen wollen bewusst erkannt und geübt werden.

Lern-Projektionen:

Diese Menschen umgeben sich gerne mit solchen, die impulsiv und spontan sind, Konfrontationen mit anderen nicht scheuen – manchmal sogar im Sinne eines Sportes suchen und genießen. Körperlich aktive Personen mit sportlichen Ambitionen, aber auch die Zielstrebigen und Ehrgeizigen, die sich meist lustvoll dem Wettbewerb stellen und sich nicht durch Konflikte verunsichern lassen, üben meist eine besondere Anziehung aus. Manchmal zeigt sich die Thematik des Mars am aufsteigenden Mondknoten auch in einer Faszination für Waffen aller Art, für Kriegs- oder Detektivgeschichten oder einer besonderen Vorliebe für Hunde.

In der nahen Umgebung finden sich oft Menschen, in deren Horoskop das Widderzeichen oder der Planet Mars besonders betont sind; in Ausnahmefällen auch das Skorpionzeichen. Manchmal besteht eine seltsame Ambivalenz, bei der starke und durchsetzungsfähige Menschen zwar bewundert werden, sich aber gleichzeitig ein leises Unbehagen meldet, eventuell gar Unmut darüber, dass diese, ohne Rücksicht auf andere, tun, was sie wollen, oder sich das nehmen, was sie brauchen.

Später im Leben geraten diese Menschen immer häufiger in Situationen, in denen ihnen nichts anderes übrig bleibt, als sich zur Wehr zu setzen oder sich einem Kampf oder Konflikt zu stellen. Dabei erleben sie, dass ihre Wut und ihr Ärger sie zu Handlungen veranlassen, die sie sich im Normalfall nicht zugetraut hätten.

Lernschritte – Integration:

Hier geht es zunächst und vor allem darum, die Aufmerksamkeit auf die eigenen Aggressions- und Triebimpulse zu richten. Körperliche Bewegung jeder Art erlaubt es, die eigenen Energien bewusst zu spüren. Insbesondere sportliche Betätigung kann dann den eigenen Willen aktivieren, etwas zu erreichen oder in einem Wettbewerb zu gewinnen.

Die Wahrnehmung für die Auslöser von Ärger und Wut, wie diese sich zeigen und wie man damit umgeht, gehören ebenfalls zur Lernthematik. Auch die Durchsetzungskraft soll geprobt werden.

Viele Menschen mit dieser Stellung machen dabei die erstaunliche Erfahrung, dass die anderen sich auch bei einem Wutausbruch nicht von ihnen abwenden, sondern – im Gegenteil – den Ärger respektieren. In vielen Fällen wird auch dann das erwünschte Ziel erreicht, wenn Versuche, den eigenen Willen kundzutun, nicht sehr geschickt erfolgen.

Neben Kampfsportarten sind Kurse in Konfliktmanagement, Willenstraining sowie alle Aktivitäten, die Risikofreude, Durchsetzung und Mut zum Handeln erfordern, gefragt. Auch sogenannte typische Männerberufe können dabei behilflich sein, die eigene Marsthematik kennenzulernen und zu schulen. Auch wenn diese schließlich vertraut und ins Leben integriert ist, wird immer wieder eine bewusste und mutige Entscheidung nötig sein, die vorhandenen Energien auch zu nutzen.

Die zwei gesellschaftlichen Planeten Jupiter/Saturn

Jupiter

Mit Jupiter am aufsteigenden Mondknoten will Selbstvertrauen in jeder Form geübt werden. Vertrauen in die eigenen Fähigkeiten und Möglichkeiten gehören ebenso dazu wie das Sich-Einlassen auf eine innere Führung und die Gewissheit, dass auch die anderen die eigenen Intentionen, Taten und Wünsche billigen und unterstützen. Großzügigkeit und Toleranz sich selbst und anderen gegenüber sollen geübt werden. Ferner geht es auch darum, den Sinn für das, was einem selbst wahr und richtig scheint, zu schulen, um anschließend der inneren Stimme zu folgen.

Lern-Projektionen:

Menschen mit dieser Stellung haben oft eine besondere Bewunderung für Personen, die im Leben etwas erreicht haben, Ansehen genießen und es verstehen, die Umwelt mit ihrem überzeugenden Auftreten für sich einzunehmen. Führungsfiguren aus Politik, Gesellschaft, aber auch aus religiösen, spirituellen oder philosophischen Bereichen haben ebenfalls eine starke Wirkung, werden oft zum Vorbild genommen. Häufig besteht auch ein besonderes Interesse für Rechts- und Glaubensfragen, fremde Kulturen oder höhere Bildung – wobei zunächst das Zutrauen für eigene diesbezügliche Aktivitäten fehlt.

Entsprechend sind diese Menschen oft im Gefolge von selbstsicher auftretenden und in ihrem Bereich etablierten Menschen zu sehen. Deren Selbstvertrauen und Selbstverständnis fasziniert sie, kann aber auch ein leises Unbehagen auslösen. Häufig finden sich im Umfeld viele Personen mit einer starken Betonung des Schützezeichens oder des Jupiters.

Später im Leben sehen sich diese Menschen immer öfter mit Situationen konfrontiert, in denen sie selbst aufgefordert sind, Raum einzunehmen, andere von etwas zu überzeugen, eine Führungsposition innezuhaben. Sie finden sich ungewollt in Stellungen wieder, in denen ihre Leitung erwartet wird, und es darum geht, die eigene Sichtweise zu äußern.

Lernschritte – Integration:
Hier soll Vertrauen in sich selbst und die eigenen Fähigkeiten gewonnen werden. Dazu gehört, sich bewusst etwas zuzutrauen, den Mut zu haben, etwas zu fordern, die eigene Person wichtig zu nehmen. Überzeugendes und selbstsicheres Auftreten sollen geschult werden, selbst wenn dies dabei zunächst eher als Rolle wahrgenommen und entsprechend dargestellt wird. Darüber hinaus gilt es, sich zur eigenen Meinung zu bekennen, sich einen Platz in der Gesellschaft zuzugestehen, die eigenen Rechte zu kennen und sich für diese einzusetzen. Auch sollte das innere Verständnis für Moral und Ethik geschult werden, die Fähigkeit selbst zu beurteilen, ob etwas rechtens und sinnvoll ist.

Reisen, die Beschäftigung mit fremden Kulturen, höherer Bildung sowie Rechts- und Gesellschaftsthemen können dazu beitragen, sich über die eigenen Möglichkeiten bewusst zu werden und Lernschritte in Bezug auf die eigene Jupiterthematik zu machen. Aber auch Motivationstraining, Führungsschulung oder ganz einfach die Entscheidung, sich wichtig zu nehmen, sich die Erlaubnis zu geben, Ansprüche zu haben und diese auch zu vertreten, helfen dabei, die Jupiterenergien wahrzunehmen und sich zu eigen zu machen.

Es ist auch erforderlich, Bewunderung und Unterstützung von anderen anzunehmen und sich in der Rolle eines Vorbildes zurechtzufinden. Auch wenn der Lern- und Integrationsprozess schon fortgeschritten ist, wird es wohl immer wieder Mut brauchen, sich zur eigenen Größe zu bekennen und sich das Recht zu nehmen, den eigenen Weg zu gehen, die eigene Wahrheit zu vertreten.

Saturn

Hier steht die Aufgabe, Verantwortung zu übernehmen, im Zentrum. Es geht darum, die eigenen Grenzen zu erkennen und zu wahren, die eigenen Kompetenzen zu schulen und auch in einer entsprechenden Funktion einzusetzen. Saturn am aufsteigenden Mondknoten weist auf die Bedeutung von bewusster und gezielter Disziplin hin, wenn es darum geht, in einem Bereich Meisterschaft zu erlangen. Darüber hinaus besteht die Aufforderung, die eigenen inneren hohen Ansprüche wahr- und ernst zu nehmen und die Arbeit nicht zu scheuen, die notwendig ist, diese zu erfüllen.

Lern-Projektionen:

Gerade bei Saturn, dessen Qualitäten häufig an andere delegiert werden, sind die Lernprojektionen besonders deutlich, dauert es auch etwas länger, bis die Bereitschaft vorhanden ist, die entsprechenden Lernschritte zu machen.

Meist fühlen sich Menschen mit dieser Stellung zu strengen, disziplinierten und ordnungsbewussten Personen, die ihnen Grenzen setzen, Forderungen an sie stellen, sie dazu bringen, auch ungeliebte Aufgaben in Angriff zu nehmen, hingezogen. Sie suchen (oft unbewusst) Autoritätsfiguren, die klare Regeln und Strukturen vorgeben, ihnen auch Vorschriften machen in Bezug auf ihr Verhalten. Menschen, die bereit sind, für ihre Ziele etwas zu leisten, solche, die über klar definierte Grenzen verfügen, fähig und offen dafür sind, Verantwortung zu übernehmen, werden bewundert, ihre Nähe wird gesucht, sie erhalten eine Vorbildfunktion. Häufig ist in deren Horoskop eine starke Betonung des Steinbockzeichens oder des Saturns zu finden.

Nach einer anderen Projektionsvariante wird auch viel Wert darauf gelegt, sich anderen gegenüber in einer Autoritätsfunktion zu befinden. So wirken sie entweder aufgrund ihres Amtes, als Arm des Gesetzes oder strahlen selbst eine geradlinig, integre Autorität und Rechtschaffenheit aus.

Später geraten diese Menschen immer wieder in Situationen, in denen es gilt, selbst Verantwortung zu übernehmen, Aufgaben anzugehen, die nur mit Ausdauer und Selbstdisziplin bewältigt werden können. Das Leben macht auch hier deutlich, wo die eigenen Grenzen sind, die es zu respektieren gilt – unter Umständen auch durch körperliche Probleme.

Lernschritte – Integration:

Im Vordergrund steht zunächst die Schulung von Disziplin in jeder Form. Eine klare Tagesstruktur, bewusst diszipliniertes Vorgehen beim Erledigen einer Aufgabe können dabei ebenso behilflich sein wie die Einhaltung von (selbstgesetzten) Regeln und Geboten.

Hier geht es darum, zwischen Wichtigem und Unnötigem zu unterscheiden, Prioritäten zu setzen und wenn erforderlich, auch auf etwas zu verzichten. Strategisches Denken und sorgfältige Planung des eigenen Vorgehens wollen geübt werden. Auch das Übernehmen von ganz bestimmten Pflichten kann das Training von Saturnqualitäten unterstützen, ebenso alle Tätigkeiten, für die Ordnung, klar definierte Abläufe und das Einhalten von Vorschriften eine wichtige Rolle spielen. Die Beschäftigung mit Gesetzen, wissenschaftliches Arbeiten, das Überwachen von bestimmten Prozessen, das Einhalten von Ordnung sowie Aktivitäten, die Ausdauer und Konzentrationsfähigkeit schulen, können ebenfalls Lernschritte ermöglichen.

Ferner geht es darum, im Rahmen der eigenen Kompetenzen eine Position einzunehmen, die Verantwortung beinhaltet. Wichtig ist, nicht nur sich selbst zu strukturieren, sondern auch andere anzuleiten. Auch sollte man sich Führungsqualitäten aneignen und zu einer echten, glaubhaften Autorität werden, zu der auch Achtung vor sich selbst und der Respekt vor anderen gehören.

Auch wenn es zunehmend leichter fällt, sich selbst für die Saturnthemen zuständig zu fühlen, wird es doch immer wieder Überwindung und einer Willensentscheidung bedürfen, wenn es darum geht, bestimmte Aufgaben oder eine Rolle zu übernehmen, die Pflichten und Verantwortung mit sich bringen.

Die drei geistigen Planeten
Uranus/Neptun/Pluto

Da sich die geistigen Planeten während einer längeren Zeit im Bereich des aufsteigenden Mondknotens befinden, ist auch hier neben der individuellen eine Zeitgeistthematik zu beachten. Aussagen über den individuellen Aspekt dieser Stellung sind anhand der Häuserthematik des aufsteigenden Mondknotens und der Stellung des Zeichenherrschers im Horoskop möglich.

Uranus

In Widder: Juli 1930 – Dezember 1931
In Zwillinge: Februar 1946 – März 1947
In Löwe: Mai 1961– Juni 1962 (aufst. MK teilweise in Jungfrau)
In Skorpion: Dezember 1975 – Dezember 1976
In Steinbock: Februar 1991 – April 1992

Hier ist Mut zum Ausgefallenen, Ungewöhnlichen gefragt. Es gilt, die eigene Kreativität zu schulen, sich von vorgegebenen Mustern und Gewohnheiten zu befreien, etwas Neues auszuprobieren, Experimentierfreude zu entwickeln. Das, was die eigene Individualität ausmacht, soll erkannt und der entsprechende Weg dann gegangen werden.

Lern-Projektionen:
Diese Menschen sind von allem Außergewöhnlichen, Ausgefallenen fasziniert. Sie bewundern alle, die unabhängig, freiheitsliebend und individualistisch durchs Leben gehen und suchen die Nähe von Personen, die geistige Anregung, Abwechslung und Inspiration versprechen. Oft besteht auch ein besonderes Interesse für die Freiheits- und Unabhängigkeitsbestrebungen von gewissen Völkern oder Gruppierungen, für ausgefallene Ideen, Erfindungen und Modeströmungen. Generell erhalten Themenbereiche, die für die jeweilige Zeit ungewöhnlich sind oder als exotisch gelten, viel Aufmerksamkeit. Häufig finden sich im näheren Umfeld auch Personen mit einer starken Betonung des Wassermannzeichens oder des Uranus.

Meist sorgt auch das Schicksal dafür, dass das Leben immer wieder eine unerwartete Wendung nimmt, Situationen auftauchen, die bisherige Denkmuster und Vorstellungen sprengen und kreative, einfallsreiche Lösungen verlangen.

Lernschritte – Integration:
Bei dieser Stellung steht die Aufforderung im Vordergrund, aus den bestehenden Gewohnheiten auszubrechen und mit unüblichen Verhaltensweisen und Lebensformen zu experimentieren. Dabei mag es zunächst einfach darum gehen, den Mut zu haben, im Alltag etwas zu verändern, etwas Neues auszuprobieren. Die Beschäftigung mit ungewöhnlichen Hobbys, eine ausgefallene Tätigkeit oder ein Beruf, in dem immer wieder neue Situationen zu Kreativität und Flexibilität auffordern, können dabei behilflich sein.

Uranische Qualitäten beinhalten unter anderem auch die folgenden Bereiche: Astrologie, moderne Technologie, Elektronik, experimentelle Wissenschaften, Raumfahrt, verschiedene Erkenntniswege. Die Beschäftigung mit solchen Themen schult die eigene Uranusthematik. In einem nächsten Schritt geht es darum, sich von den gängigen Lebensweisen und den damit verbundenen Verhaltensmustern so weit zu befreien, dass es möglich wird, dem ureigensten Wesen und der eigenen Individualität Ausdruck zu verleihen.

Immer wieder ist jedoch angesagt, sich mutig für die eigene Unabhängigkeit zu entscheiden und den Mut zu haben, der eigenen Intuition, den eigenen kreativen Impulsen zu folgen und sie umzusetzen.

Neptun

In Löwe: April 1924 – Juni 1925
In Jungfrau: Dezember 1940– Januar 1942
(aufst. MK teilweise in Waage)
Im Skorpion: August 1957 – Oktober 1958
(aufst. MK teilweise in Waage), Januar – März 1958 und
September/Oktober 1958 in KON mit Jupiter
In Schütze: Februar 1974 – Juni 1975
In Steinbock: Januar 1991 – April 1992 (in KON mit Uranus)

Hier will die Hingabefähigkeit geschult werden, das Vertrauen in etwas Größeres, das Wissen um die Verbundenheit mit allem. Es geht auch darum, sich mit der inneren Bilderwelt, der Traumwelt, der Imagination auseinanderzusetzen, sich zu öffnen für Visionen und den Mut zu haben, einem inneren Ideal zu folgen.

Lern-Projektionen:

Oft fühlen sich diese Menschen vom Mystischen angezogen, von der Welt des Unsichtbaren, Unfassbaren und Irrationalen ebenso wie von religiösen Themen. Idealistische Personen jeder Art faszinieren, ob es sich um solche handelt, die naiv und unschuldig durch die Welt gehen, oder um jene, die einem spirituellen Ideal folgen – im Vertrauen darauf, von etwas Höherem geführt und geleitet zu werden.

Künstler jeder Art, denen es gelingt, in ihren Werken einer Vision Ausdruck zu verleihen, werden bewundert. Verträumte, hilflos erscheinende oder leicht chaotische Menschen, die scheinbar in einer anderen Welt leben, sich jedoch immer irgendwie zu helfen wissen oder von anderen Hilfe erhalten, werden mit skeptischer Aufmerksamkeit beobachtet. Meist besteht auch eine große Affinität zu Suchenden jeder Art und den geistigen Idealen der entsprechenden Zeit.

Häufig sind im näheren Umfeld Personen anzutreffen, in deren Horoskop das Zeichen Fische oder Neptun eine wichtige Rolle spielt. Diese dienen als Modell, um mit der eigenen Neptunthematik in Kontakt zu kommen.

Früher oder später im Leben werden Menschen mit dieser Stellung in Situationen geraten, in denen es nicht möglich ist zu handeln, bestehende Grenzen auflösen oder in denen Erfahrungen gemacht werden, die rational nicht mehr erklärbar sind, z. B. wenn Begegnungen mit anderen Dimensionen stattfinden. Dann sind Vertrauen und Hingabe gefragt. Es gibt Dinge, die dem Verstand nicht zugänglich und durch den Willen nicht steuerbar sind – dies gilt es zu akzeptieren.

Lernschritte – Integration:

Zunächst einmal ist eine Annäherung an die Welt des Nichtfassbaren und Unerklärlichen angesagt. Die Klangwelt der Musik, die Welt der Bilder und Träume und der dort vorhandene Reichtum sollen erkundet, die eigenen Sehnsüchte und Ideale kennengelernt und ernst genommen werden. Als Lernschritt kann auch eine intensive Auseinandersetzung mit der Idee oder Tatsache, dass alles mit allem in Verbindung steht, gesehen werden. Die Beschäftigung mit der Bedeutung von Ewigkeit und Jenseits ist wichtig. Meditative Praktiken können weitere Hilfsmittel auf dem Lernweg sein. Gegebenenfalls gilt es auch, der Sehnsucht nach fernen Ländern zu folgen, dem Wunsch nach dem Erkunden der Ozeane, dem Entdecken der Schönheit der Welt unter Wasser nachzugeben … Letztlich geht es darum, immer mehr der eigenen Imagination nachzuspüren und darauf zu vertrauen, dass intuitives Folgen der Stimme der Seele und die Bereitschaft, sich dem Strom des Lebens hinzugeben, großen Reichtum bringen.

Wahrscheinlich ist aber auch dann, wenn schon viele Male erfahren wurde, dass es sich lohnt zu vertrauen, immer wieder Überwindung nötig, sich ganz hinzugeben, ohne etwas zu tun.

Pluto

In Krebs: November 1925 – Mai 1927
In Löwe: Juni 1943 – Juni 1944
In Jungfrau: Juli 1960 – August 1961 (aufst. MK teilweise in Löwe)
In Waage: Februar 1977 – Juni 1978
In Skorpion: November 1993 – Dezember 1994
(aufst. MK teilweise in Schütze)

Hier ist es wichtig, mit dem eigenen Machtpotenzial in Kontakt zu kommen, bereit zu sein, die eigene Macht und ihren Effekt auf andere zu erkennen und ernst zu nehmen. Es geht um den Mut, intensiv zu leben, den Blick in die eigene Tiefe und die eigenen Abgründe nicht zu scheuen, um auf diese Weise zur inneren Quelle der Lebensenergie vorzudringen. Das Potenzial der Urkraft des Lebens, die Macht eines fokussierten Willens, einer klaren Intention sollen erkannt werden, um dann gezielt Wege suchen zu können, mit diesen Energien im Leben zu wirken.

Lern-Projektionen:

Menschen mit Pluto am aufsteigenden Mondknoten sind oft im Umfeld von Machtzentren anzutreffen oder befinden sich an Orten oder in Umständen, die gerade eine Transformation durchmachen. Machtvolle Führungsfiguren, graue Eminenzen oder Personen, die in irgendeiner Weise eine große Wirkung auf andere haben oder die Fäden ziehen, üben eine starke Faszination auf sie aus. Sie haben auch ein sicheres Gespür für Machtverhältnisse. Politische Fragen können sie ebenso interessieren wie die Machtzirkel in Wirtschaft, Wissenschaft oder Religionen (je nach Zeichen).

Bei Krisen unterstützen sie gerne die Menschen, die versuchen, diese zu meistern. Gewinnen sie jedoch den Eindruck, dass jemand seine Machtposition missbraucht, schlagen sie sich tendenziell auf die Seite der Schwächeren. Sie haben auch eine Vorliebe für Übergangssituationen jeder Art, dramatische Geschichten um Leben und Tod, Tabus und Geheimnisse.

Meist sind in ihrem nahen Umfeld Menschen mit einer Betonung des Skorpionzeichens oder des Pluto anzutreffen. Es geht in diesem Fall darum, zu erkennen, dass die eigenen Energien die Resonanz zu solchen Themen und Vorfällen herstellen.

Später im Leben geraten diese Menschen häufig in Situationen, in denen sie gezwungen werden, ihre eigene Macht anzuwenden, wenn sie sich nicht untreu oder von den Ereignissen überrollt werden wollen. Sie finden sich ungewollt in der Rolle des Täters, der Person, die über das Geschehen oder über andere bestimmt.

Lernschritte – Integration:

Zunächst geht es darum, ein neues und gesundes Verhältnis zum Thema Macht zu finden. Das eigene entsprechende Potenzial, die Fähigkeit, etwas auszulösen oder zu bewirken, will erkannt und anerkannt werden. Es gilt, die Angst vor möglichem Machtmissbrauch, Übergriffen und schlimmen Folgen zu überwinden und zur Einsicht zu kommen, dass es manchmal nötig ist einzugreifen, Kontrolle auszuüben, etwas aufzudecken oder auch zu zerstören, um etwas Wichtigeres zu retten oder zu ermöglichen.

In diesem Zusammenhang lohnt es sich, die Vorgänge und Zyklen in der Natur zu studieren, Einblick zu nehmen in die Gesetze des Lebens und Sterbens und das Wirken der Lebenskraft. Es soll ein Ver-

ständnis dafür entwickelt werden, wie nahe Leben und Tod beieinan-
derliegen, dass in der Regel nur die Form zerstört, verbrannt oder gewandelt wird, und das, worum es geht, die eigentliche Energie, die
Essenz (des Seins) jedoch erhalten bleibt.

In einem nächsten Schritt soll die Willenskraft geschult werden
ebenso wie die Fähigkeit, entschlossen und hartnäckig ein Ziel zu verfolgen, und wenn nötig allen Anfechtungen und Angriffen zu wider-
stehen. Mentaltraining oder asiatische Kampfsportdisziplinen können
dabei hilfreich sein, aber auch alle Aufgaben, die äußerste Konzentration und Selbstkontrolle verlangen. Das Verhalten bei Gefahr, und der
beste Umgang damit, gehören auch zu dem Themenbereich.

Letztlich geht es darum, ganz bewusst die eigene Macht zugunsten
des Lebens einzusetzen. Die Absicht der Seele in diesem Leben will
mit aller zur Verfügung stehenden Energie verfolgt werden und
zum Ausdruck kommen. Dabei zeigt es sich, dass immer dann, wenn
der Mut vorhanden ist, sich einer großen Herausforderung zu stellen,
sich einer nicht stimmigen Sache zu verweigern, und, wenn nötig,
auch die Kontrolle zu übernehmen und bedrohlich zu wirken, die
Umwelt erstaunlich positiv reagiert und die eingenommene Position
respektiert.

Zwei wichtige Spezialfaktoren: Chiron/Lilith

Chiron

Chiron am aufsteigenden Mondknoten fordert dazu auf, sich dem
Paradox des menschlichen Lebens zu stellen. Wichtig ist, die eigene
Schwäche und Verwundbarkeit zu erkennen und zuzulassen, um
dadurch auch mit der eigenen Heilkraft und Weisheit in Kontakt zu
kommen. Erst wenn der eigene Schmerz, die eigenen Zweifel, das
Wissen um die eigene Unvollkommenheit akzeptiert werden, kann
aus der Fülle und Tiefe der Seelenkraft geschöpft werden.

Auf der Projektionsebene sehen sich diese Menschen zunächst oft
dem Leiden anderer ausgesetzt, kommen in Situationen, in denen sie
nicht imstande sind zu helfen oder sonst irgendwie zu handeln. Sie
sind gezwungen, dem Ablauf des Geschehens hilflos zuzusehen.

Gleichzeitig gibt es eine große Bewunderung für Menschen, die in irgendeiner Form heilend wirken, sei es in ihrem ganz alltäglichen Umfeld oder in einem entsprechenden Beruf.

Der Schritt zu Chiron am aufsteigenden Mondknoten erfordert besonders viel Mut. Es geht darum, sich dem eigenen inneren Schmerz zu stellen, der Angst zu versagen, Fehler zu machen oder durch ein unerbittliches Schicksal in eine ausweglose Situation zu geraten. Selbstzweifel, Sinnkrisen und auch die einer Depression ähnliche »dunkle Nacht der Seele« wollen mit Chiron am aufsteigenden Mondknoten riskiert werden – im Vertrauen darauf, dass gleichzeitig auch die Erlösung, das Wachstum und die Heilung warten. Die Tarotkarte des Gehängten zeigt etwas von der Haltung, die mit dieser Stellung verbunden ist.

Lilith

Menschen mit Lilith am aufsteigenden Mondknoten sind aufgefordert, sich mit der Urkraft des Weiblichen, mit der Macht und den Geschichten der Großen Göttin auseinanderzusetzen. Hier ist es von Bedeutung, die Kraft der Wünsche und des Begehrens kennenzulernen und zu respektieren, sich mit den Gesetzen und Zyklen der Natur zu beschäftigen und sich diese zum Vorbild für den eigenen Weg, das eigene Leben zu nehmen.

Auf der Projektionsebene sehen sich diese Menschen häufig im Umfeld von starken, charismatischen Frauen, die unabhängig und eigenständig sind und durch ihre besondere Ausstrahlung faszinieren. Oft ist ein großes Interesse für die Mythen und Mysterien des Weiblichen, der Göttinnen, des Matriarchats vorhanden. Die Beschäftigung damit ist allerdings zunächst mit der Gefahr verbunden, dass dadurch viele gängige Weltbilder und Grundannahmen erschüttert werden können.

Dabei werden bestehende Tabus gebrochen, finden Dämonisierungen statt, geht es darum, sich den tief in der kollektiven Psyche gelagerten Bildern und Erfahrungen im Zusammenhang mit urweiblichen und matriarchalen Themen zu stellen und die damit verbundenen Ängste mit diesen Bildern zu konfrontieren.

Schließlich gilt es, sich mit einer anderen Perspektive gegenüber dem Leben auseinanderzusetzen, die Gültigkeit der Naturgesetze und der großen Lebenszyklen ebenso anzuerkennen wie die Macht und die Kraft, die der Natur innewohnen. Etwas poetisch ausgedrückt besteht mit dieser Stellung die Aufforderung, sich – ob Mann oder Frau – in den Dienst der Großen Göttin zu stellen, die nährenden, kreativen, schöpferischen und formgebenden Kräfte zu nutzen, aber auch bereit zu sein, etwas zu zerstören, abzuschneiden, auszustoßen oder zu verlassen, wenn die Zeit gekommen ist.

Lilith am aufsteigenden Mondknoten folgt unbeirrbar ihrem Weg, ihrer Bestimmung, rücksichtslos, klar und unerbittlich, aber auch fürsorglich, stärkend und befruchtend.

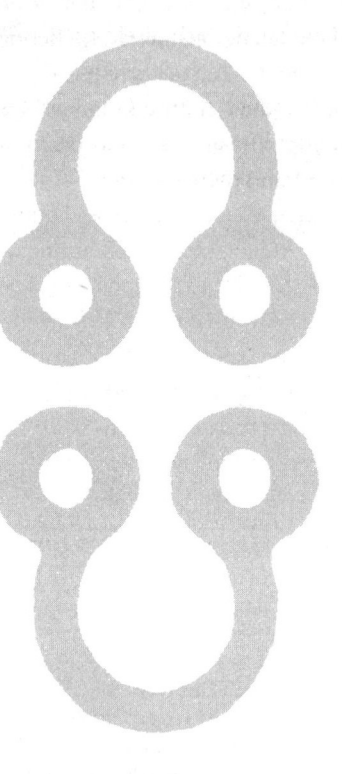

Planeten im Quadrat zur Mondknotenachse

Allgemeiner Überblick

Neben den Planeten, die sich direkt im Bereich der Mondknotenachse befinden, verdienen auch diejenigen, die im Quadrat (90°-Winkel) dazu stehen, besondere Aufmerksamkeit. Der 90°-Winkel zwischen zwei Planeten oder Punkten, also ein Quadrat, hat generell die Qualität einer Krise. Abgesehen von der Tatsache, dass die beiden vom Aspekt betroffenen Planeten in einer Spannung zueinander stehen, welche es kaum erlaubt, beiden gleichzeitig gerecht zu werden, symbolisiert der 90°-Aspekt auch einen kritischen Punkt in einem Entwicklungsprozess. An diesem Punkt fallen wichtige Entscheidungen, werden die Weichen gestellt für die Zukunft.

Je nach Entwicklungsphase (Begriff aus der zyklischen Astrologie*) geht es um mehrere Fragen: Schafft hier etwas Neues, das im Begriff ist zu wachsen und sich zu entwickeln, den Durchbruch? (Zunehmen-

---

* Die zyklische Astrologie achtet vor allem auf die Beziehung zwischen zwei Planeten, definiert sie als Phasen eines Zyklus, der mit der Konjunktion der beiden beginnt und mit der nächsten endet. Sie orientiert sich dabei am für alle sichtbaren Neumondzyklus. Als Neumond wird die genaue Konjunktion von Sonne und Mond definiert. Dieser Moment hat die Qualität einer himmlischen Hochzeit, eines Impulses, einer Samenlegung. Nach dem Neumond beginnt ein Zyklus von 29 $^1/_2$ Tagen. Er wird durch die Zweiteilung in eine zunehmende und eine abnehmende Phase unterteilt, durch die Vierteilung in vier jeweils durch ganz spezifische Prozesse (analog der vier Jahreszeiten) bestimmte Phasen. Die gängige Aufteilung in acht Zyklusphasen (siehe auch Dane und Leyla Rudhyar – Sonne/Mondzyklen) beschreibt jede der Phasen mit ihren ganz besonderen Entwicklungsthemen und Eigenschaften. Ca. 1 $^1/_2$ bis 2 Tage nach Neumond erscheint am Abendhimmel die schmale Sichel des zunehmenden Mondes. Diese wächst und rundet sich dann bis zum Vollmond. Nach Vollmond kehrt sich der Prozess um, die abnehmende Phase beginnt. Ca. 1 $^1/_2$ bis 2 Tage vor dem nächsten Neumond verschwindet der zuletzt nur noch als feine Sichel am Morgenhimmel wahrnehmbare Mond. Die sogenannte Dunkelmondphase beginnt, das Mysterium der himmlischen Hochzeit. Diese zyklische Betrachtung kann auch für alle anderen Planetenbeziehungen untereinander angewandt werden. Sie beschreibt diese als Teil eines Entwicklungsprozesses.

des Quadrat im Zyklus – Durchbruchskrise, Handlungskrise). Welche der in einem Prozess geschaffenen und erworbenen Qualitäten haben weiter Bestand, sind bewusst, bedeuten echte Substanz? Und welche Themen und Elemente haben ausgedient, ihre Funktion erfüllt oder ihre Bedeutung verloren? (Abnehmendes Quadrat – Infragestellungskrise, Bewusstseinskrise).

Quadrate und Krisen

Da die Mondknotenachse selbst für einen Entwicklungsweg und die damit verbundenen Prozesse steht, ist es sinnvoll, die Stellung von Planeten, die im Quadrat zu ihr stehen, aus einer zyklischen, entwicklungsorientierten Perspektive zu betrachten. Diese Planeten stehen immer sowohl zum aufsteigenden wie auch zum absteigenden Mondknoten im Quadrat. Sie befinden sich daher in jedem Fall an einem kritischen Punkt. Man muss sich also mit zwei Themen gleichzeitig auseinandersetzen, Entscheidungen fällen, Weichen stellen.

Aufgrund der je gegensätzlichen Zyklusphase unterscheidet sich jedoch die spezifische Aufgabe und Fragestellung (Grafik 4 im Anhang).

Ist ein Planet (im Quadrat) rechts der Mondknotenachse, so bewegt er sich zyklisch gesehen vom absteigenden Mondknoten Richtung aufsteigenden; d. h. er befindet sich in Bezug auf die mitgebrachten Themen des absteigenden Mondknotens in der Handlungskrise – dann ist er in Bezug auf diejenigen des aufsteigenden in der Bewusstseinskrise.

Befindet er sich hingegen links der Achse, bewegt er sich also vom aufsteigenden Mondknoten Richtung absteigenden, ist es genau umgekehrt: In Bezug auf die Thematik des aufsteigenden Mondknotens findet eine Handlungskrise statt, in Bezug auf die des absteigenden eine Bewusstseinskrise.

Im ersten Fall (Planet rechts der Mondknotenachse, auf dem Weg vom absteigenden zum aufsteigenden) geht es darum, in Bezug auf die Themen des absteigenden Mondknotens aktiv zu werden und die nötigen Schritte zu machen, um die mitgebrachten Themen ins aktuelle Leben zu integrieren (Handlungskrise). Der Schwerpunkt des

Bewusstwerdungsprozesses hingegen bezieht sich auf die Lernaufgabe des aufsteigenden. Der innere Prozess mit seinen Themen steht nun im Vordergrund. Es gilt, innere Klarheit über die in dieser Welt anstehenden Aufgaben zu gewinnen, um sich dann zu fragen, wie die mitgebrachten Fähigkeiten in einer Weise ins Hier und Jetzt eingebracht werden können, die der Lernaufgabe gerecht wird.

Im zweiten Fall (Planet links der Mondknotenachse, auf dem Weg vom aufsteigenden zum absteigenden) bezieht sich die Aktivität auf die Aufgabe des aufsteigenden Mondknotens, es geht darum, sich gezielt für die dort anstehenden Lernschritte zu entscheiden und entsprechend die Weichen des Lebens zu stellen (Handlungskrise). Gleichzeitig ist im Sinne eines inneren Bewusstwerdungsprozesses eine intensive Auseinandersetzung mit den mitgebrachten Themen des absteigenden Mondknotens angesagt. Es gilt, die diesbezüglichen Muster zu erkennen und zu verstehen – um sich dann von den alten, nicht mehr gültigen Bildern und Gewohnheiten zu befreien und den Kern der gemachten Erfahrung ins aktuelle Leben zu integrieren.

Tatsächlich dürften die durch die Planeten im Quadrat zur Mondknotenachse symbolisierten Lebensthemen und Persönlichkeitsaspekte immer wieder Anlass sein für kritische Fragen und Momente. Sie werden zum Dorn im Fleisch, zwingen zur Auseinandersetzung mit dem Lebenssinn, der Absicht des Daseins. Die Beschäftigung mit ihren Themen ist unvermeidlich. Sie bringen Verunsicherung, Zweifel und Fragen, fordern eine Entscheidung – deren Konsequenzen für den weiteren Lebensweg nicht unerheblich sind. So stellen die mit den Planeten in dieser Stellung in Verbindung stehenden Erfahrungen die Weichen für den Lebensweg – nicht nur einmal, sondern immer wieder. Umso wichtiger ist es in diesem Zusammenhang, sich über den eigenen Weg Klarheit zu verschaffen, über die Absicht des Lebens ebenso wie über die mitgebrachten Fähigkeiten und Gewohnheiten.

Nur dann können Entscheidungen gefällt werden, die im ureigensten Sinn des Wortes »sinnvoll« sind, dem Leben dienen, uns auf dem Weg voranbringen. Es besteht jedoch immer auch die Gefahr, sich in die durch diese Planeten symbolisierten Themen zu verbeißen und dadurch die eigentliche Aufgabe zu vergessen und zu versäumen. Insofern ist der Mythos von Odysseus eine gute Metapher für die Bedeutung von Planeten im Quadrat zur Mondknotenachse.

Die Irrfahrten des Odysseus

Im Krieg gegen Troja hatte sich Odysseus gegen die Götter versündigt. Sie verweigerten ihm daher nach dem Fall der Stadt die direkte Heimfahrt in sein Land und zu seiner geliebten Frau Penelope. Auf seiner Fahrt wurden er und seine Gefährten durch Gefahren unterschiedlichster Art immer wieder vom Weg abgelenkt und an Orte verschlagen, die sie nicht angesteuert hatten.

Dort warteten neben Gefahren auch Aufgaben, Prüfungen und Verlockungen auf Odysseus, die es zu bewältigen und zu bestehen galt. Gleichzeitig ging es für ihn darum, inmitten all der Abenteuer sein wirkliches Ziel, die Heimkehr, nicht aus den Augen zu verlieren. In einem Fall – als ihn ein Schiffbruch zur Insel Ogygia der Nymphe Kalypso führte – drohte genau dies zu geschehen. Im Zusammenleben mit Kalypso vergaß er vorübergehend seine wahre Aufgabe, sein Streben, sein Amt, seine Gattin. Erschreckt »erwachte« er eines Tages, erinnerte sich und machte sich erneut auf den Weg.

Menschen mit Planeten im Quadrat zur Mondknotenachse befinden sich in Bezug auf ihren Lebensweg in der gleichen Situation wie Odysseus. Das Schicksal, die Seele (die Götter) lassen es nicht zu, dass der direkte Weg vom absteigenden Mondknoten zum aufsteigenden genommen werden kann. Es ist nicht möglich, sich ohne Weiteres an die Lernaufgabe des aufsteigenden Mondknotens zu machen, die dort wartenden Qualitäten zu integrieren.

Zuerst gilt es, den »Umweg« über den Planeten im Quadrat zu nehmen, sich mit den durch diesen symbolisierten Themen und Aufgaben auseinanderzusetzen. In einem weiteren Schritt ist dann eine bewusste Entscheidung gefordert.

Der Fokus will erneut auf die Themen des aufsteigenden Mondknotens, dessen Anliegen und Ziel gerichtet werden, sodass die Lebensreise fortgesetzt werden kann.

Gut zu wissen: Der Unterschied zwischen Planeten im Quadrat zur Mondknotenachse und Planeten am absteigenden Mondknoten

Planeten im Quadrat zur Mondknotenachse haben eine ähnlich zwingende Qualität wie jene am absteigenden Mondknoten. Die durch sie symbolisierten Themen erhalten im Leben eine dominante und bedeutende Funktion. Die ihnen zugeordneten Erfahrungen sind schicksalhaft, unausweichlich und unvermeidbar.

Daher haben viele der im Kapitel »Planeten am absteigenden Mondknoten« erwähnten Themen, Erfahrungen und Aufgaben grundsätzlich auch für sie Gültigkeit. Es besteht jedoch ein maßgeblicher Unterschied. Diese Planeten beinhalten keine »offenen Gestalten« und keine mitgebrachten Geschichten. Sie schaffen keine Verbindung in eine andere Existenz oder Dimension. Die Erfahrungen mit diesen Planeten beziehen sich auf das aktuelle, biografische Leben. Da sie jedoch eine so dominante und zwingende Bedeutung haben, spielen Kindheitserfahrungen, die damit verbundenen Prägungen und Muster eine nicht zu unterschätzende Rolle.

Wenn sich die Planeten im vierten Quadranten (Häuser 10 bis 12) befinden, können Erfahrungen, die in der Zeit der Schwangerschaft gemacht wurden, mitberücksichtigt werden. Stehen sie in den Häusern 4 und 8, handelt es sich um Familienthemen systemischer Natur. Die so erhaltenen Prägungen und Muster werden oft in beinahe zwanghafter Weise wiederholt. Letztlich geht es jedoch darum, sich dieser Planeten anzunehmen und die ihnen zugeordneten Themen und Qualitäten in einer gesunden Weise zum Ausdruck zu bringen. Das heißt, auch sie müssen ähnlich wie die Planeten am absteigenden Mondknoten von unbrauchbaren und wenig sinnvollen Mustern (aus der Kindheit) befreit und in einer möglichst dem aktuellen Leben angepassten Form gelebt werden.

Darüber hinaus stellt sich den Betroffenen immer wieder zusätzlich die Aufgabe, sich bewusst für einen weiteren Schritt auf dem Lebensweg zu entscheiden, selbst wenn dies bedeutet, dass die Aufmerksamkeit (vorübergehend) von den betreffenden Planeten weg, hin zum ursprünglichen Lebensweg und seinen Themen gelenkt wird. Dabei ist jedoch zu beachten, dass diese Planeten, unabhängig von ihrer besonderen Rolle in Bezug auf den Lebensweg, auch Bestandteile der menschlichen Persönlichkeit sind und als solche nach Erfüllung und Ausdruck im Leben verlangen. In der Folge werden die mit den Planeten im Quadrat zur Mondknotenachse verbundenen Themen und Aufgaben kurz beschrieben.

Die fünf persönlichen Planeten Mond/Sonne/Merkur/Venus/Mars

Mond

Hier spielt die Befriedigung der emotionalen Grundbedürfnisse, der Umgang mit der eigenen Gefühlswelt und deren Ausdruck eine besonders wichtige Rolle. Emotionale Kindheitsprägungen, Erfahrungen mit der Mutter und Mutterfiguren in der Kindheit, haben einen besonders starken Effekt, die damit verbundenen Verhaltensmuster (und Projektionsbilder) teilweise zwanghaften Charakter.

Letztlich gilt es, sich in einer gesunden und angemessenen Weise mit den eigenen Emotionen auseinanderzusetzen, sich um die Befriedigung der damit verbundenen Bedürfnisse zu kümmern, ohne sich dadurch von anderen Aufgaben und Themen im Leben ablenken zu lassen. Wichtig ist auch, sich nicht so stark auf die Erfüllung der kindlichen oder mütterlichen inneren und äußeren Anliegen zu fokussieren, damit die Lernaufgabe des aufsteigenden Mondknotens nicht versäumt wird.

Sonne

Hier spielt die persönliche Verwirklichung, das Erreichen der eigenen Lebensziele, der Ausdruck des eigenen Wesens im Leben eine bedeutende Rolle. Kindheitserfahrungen mit dem Vater, dem Verhalten von Vaterfiguren im Allgemeinen, aber auch Pubertätserfahrungen, und die daraus resultierenden Verhaltens- (Projektions-) oder auch Kompensationsmuster, haben oft eine große Bedeutung, manchmal auch mit zwanghaftem Charakter.

Hier stellt sich die Aufgabe, einen gesunden und konstruktiven Weg zu finden, das Ich/Ego im Leben zum Ausdruck zu bringen, die damit verbundenen Anliegen und Bedürfnisse in einer angemessenen Form zu erfüllen, ohne in die narzisstische Falle zu geraten und die ganze Aufmerksamkeit nur der eigenen Person und deren Wirkung auf andere zu widmen. Letztlich geht es darum, sich als bewusstes und eigenständiges Wesen im Leben zu verwirklichen, ohne dabei die von der Seele stammenden Absichten zu vernachlässigen.

Merkur

Hier spielt die Auseinandersetzung mit Denken und Lernen, der Umgang mit Informationen und Wissensfragen, die Kommunikation mit anderen in Bezug auf den Lebensweg eine nicht zu unterschätzende Rolle. Kindheitserfahrungen im Zusammenhang mit Spracherwerb, Schule, Geschwistern und sozialen Kontakten sind in diesem Zusammenhang wichtig. Die in dieser Zeit erworbenen Verhaltensmuster und Gewohnheiten haben oft unbewusst einen zwanghaften, oft auch kompensatorischen Charakter.

Hier geht es darum, einen gesunden, der eigenen Persönlichkeit und den Umständen angemessenen Umgang mit Wissen zu finden, sich in einer dem eigenen Wesen angepassten Weise zum Ausdruck zu bringen und ein gesundes, natürliches Verhalten im sozialen Umfeld zu erlernen. Heikel ist eine Tendenz, sich so sehr in Fragen über das Denken, Lernen und Informationserwerb zu verstricken, dass andere Aspekte des Lebens auf der Strecke bleiben. Wichtig ist auch, bei all den attraktiven und interessanten Möglichkeiten rund um das Thema Wissen, die eigentliche Aufgabe des aufsteigenden Mondknotens nicht aus den Augen zu verlieren.

Venus

Steht Venus im Quadrat zur Mondknotenachse, erhalten Beziehungsfragen ebenso wie die Themen Besitz und Werte im Leben eine herausragende Bedeutung. Erfahrungen der Kindheit in Bezug auf den Umgang mit Nähe und Distanz, auf Sinnlichkeit und Erotik, Erlebnisse

rund um Besitz, im Zusammenhang mit dem eigenen Geschmacks-
und Schönheitsempfinden, und die daraus resultierenden Prägungen
und Verhaltensmuster sind meist besonders markant, haben oft kompensatorischen und zwanghaften Charakter.

Die Aufgabe besteht hier darin, sich von den ungesunden und von
den der eigenen Natur wenig entsprechenden Gewohnheiten und
Verhaltensweisen zu befreien und einen natürlicher Umgang mit den
eigenen Vorlieben und Abneigungen zu finden. Dann kann das Beziehungsverhalten so gestaltet werden, dass es den persönlichen Bedürfnissen ebenso angepasst ist wie der jeweiligen Situation.

Die Gefahr dieser Stellung besteht darin, sich so sehr auf die eigenen
Wünsche und das eigene Begehren, die Erfüllung der sinnlichen Bedürfnisse und den Wunsch nach Sicherheit und Nähe zu konzentrieren, dass andere für die eigene Entwicklung wichtige Lebensaspekte zu
kurz kommen. Insbesondere gilt es, immer wieder die Beschäftigung
mit Beziehungsthemen und Wertfragen vorübergehend zurückzustel-
len und die Aufmerksamkeit bewusst den durch den aufsteigenden
Mondknoten symbolisierten Lernschritten zuzuwenden.

Mars

Bei dieser Stellung richtet sich im Leben viel Energie auf die Themen
Aggression, Durchsetzung, Leistung und Wettbewerb. Kindheitserfahrungen in diesem Zusammenhang, Erlebnisse mit Brüdern oder Männern im Allgemeinen, Prägungen in Bezug auf Aktivität, Sexualität,
Wut und Ärger haben einen besonders starken Effekt auf das spätere
Verhalten im Umgang mit diesen Themen. Eine Art Besessenheit sich
zu beweisen und zu behaupten kann ebenso daraus resultieren wie
eine dauernde Angst vor Aggressionen und eine Hemmung, sich für
die eigenen Anliegen aktiv einzusetzen.

Hier geht es darum, Möglichkeiten zu finden, sich Konfrontationen
und Konflikten angemessen zu stellen, sich da, wo es wichtig ist, zu
behaupten und die eigenen Werkzeuge zur Durchsetzung zu nutzen.
Auch ein gesundes und natürliches Verhältnis zur eigenen Sexualität
und Triebhaftigkeit gilt es zu realisieren. Schwierig wird es dann, wenn
die Beschäftigung mit Aggression, Leistung und Wettbewerb zwanghaft wird und deswegen andere Persönlichkeitsbedürfnisse und Le-

bensbereiche vernachlässigt werden. Letztlich geht es darum, sich im eigenen Leben zu behaupten, wo nötig den Kampf nicht zu scheuen, sich jedoch immer wieder dem eigentlichen, tieferen Lebensziel – den Themen der Mondknotenachse – zuzuwenden.

Die zwei gesellschaftlichen Planeten Jupiter/Saturn

Jupiter

Hier steht die Auseinandersetzung mit Vorbildern unterschiedlicher Art, das Bedürfnis nach Fortschritt und Wachstum, der Drang, in der Welt Bedeutung zu erlangen, im Vordergrund. Gesellschaftliche Prägungen, das was Eltern, soziales Umfeld und gegebenenfalls Religion als erstrebenswert, Erfolg versprechend oder der geistigen Entwicklung förderlich erachten, spielen in diesem Zusammenhang eine besonders wichtige Rolle. Das Streben wird von der Haltung bestimmt, dass jeder, der sich »richtig« verhält, dafür belohnt wird, Erfolg und Anerkennung erlangt.

Die Aufgabe besteht jedoch darin, den eigenen Weg zum Erfolg, die eigene Wahrheit, den persönlichen Lebenssinn und die innere Zufriedenheit zu finden – anstatt zwanghaft den Glaubenssätzen des Umfelds zu folgen. Heikel wird es, wenn der Fokus auf persönliches Weiterkommen und Anerkennung den Blickwinkel so verengt, dass andere Aspekte des menschlichen Lebens dabei auf der Strecke bleiben. Es ist auch wichtig, neben dem irdisch Sinnvollen die Absicht des Selbst im Auge zu behalten, im Wissen darum, dass das, was in der Welt Erfolg bringt, nicht unbedingt dem seelischen Wachstum förderlich ist.

Saturn

Hier liegt der Schwerpunkt auf den Themen Disziplin, Struktur und Kompetenz. Im Zentrum stehen dabei die in der Kindheit erlebten Erfahrungen und Prägungen im Umgang mit Grenzen, Regeln und Verantwortung. Das diesbezügliche Verhalten der Eltern hat dabei ebenso viel Bedeutung wie die in der Gesellschaft herrschenden

Grundsätze. Da es generell nicht leichtfällt, Saturnqualitäten in einer gesunden Weise zu integrieren, ist bei dieser Stellung damit zu rechnen, dass ein Mensch länger beim absteigenden Mondknoten verharrt und die Ansprüche der Gesellschaft und die in ihr vorhandenen Regeln und Gesetze zunächst als einengend und hinderlich erlebt. Zu einem späteren Zeitpunkt kann sich diese Haltung ins Gegenteil verkehren. Große Strenge mit sich selbst, ein zwanghaftes Bedürfnis nach Ordnung und Struktur – immer den Prägungen entsprechend – können dann überhandnehmen. Hinzu kommt in dieser Phase die Neigung, andere zu belehren, sich für deren angemessenes Verhalten zuständig zu fühlen. Hier besteht die Gefahr, sich nur noch mit der Einhaltung von Regeln zu beschäftigen, alles zu tun, um den persönlichen Ehrgeiz zu befriedigen oder auch stur auf Verhaltensnormen zu beharren – auf Kosten von individueller Freiheit und Lebensfreude.

Die Aufgabe aber wäre, ein gesundes Verhältnis zu Gesetzen und Grenzen zu finden, echte Selbstverantwortung zu lernen, die eigene Autorität zu finden. Dabei sollte jedoch die durch den aufsteigenden Mondknoten symbolisierte, übergeordnete Lernaufgabe nicht vergessen werden.

Die drei geistigen Planeten Uranus/Neptun/Pluto

Uranus

Bei dieser Stellung steht das Streben nach Individualität und persönlicher Freiheit im Zentrum. Allerdings stehen zunächst die durch den Zeitgeist vorgegebenen Ideale im Vordergrund ebenso wie die Prägungen durch das Verhalten der Eltern in Bezug auf ihre individuelle Entwicklung, der Verwirklichung ihres geistigen Strebens.

Schwierig wird es, wenn die vorgegebenen Verhaltensmuster blind übernommen werden. Auch eine völlig gegensätzliche Haltung ist möglich: Sich von allen Vorgaben zu befreien und grundsätzlich gegen alles zu rebellieren – ohne zu überprüfen, ob ein bestimmtes Verhalten der eigenen individuellen Persönlichkeit entsprechen könnte. Die Aufforderung liegt jedoch darin, den ureigensten Weg zu finden, unabhängig von den Vorgaben anderer, die eigene Erkenntnisfähigkeit zu trainieren, bereit zu sein, Lebens- und Verhaltensmuster (im Haus des Uranus) zu finden, die dem eigenen Wesen entsprechen.

Dabei gilt es im Auge zu behalten, dass die persönliche Freiheit da endet, wo es um die Anliegen des Überpersönlichen geht, den von der Seele vorgegebenen Weg.

Neptun

Hier geht es um die Auseinandersetzung mit Idealen und Visionen, dem Bedürfnis nach Ganzheit und grenzenloser Verbundenheit. Leitbilder des Zeitgeistes, unerfüllte Sehnsüchte und Träume der Eltern dürften in diesem Zusammenhang eine ebenso bedeutende Rolle spielen wie Prägungen religiöser Natur oder frühe Erfahrungen mit der Welt des Unfassbaren.

Auch bei Neptun ist ambivalentes Verhalten zu erwarten. Entweder wird beinahe zwanghaft alles vermieden, was solche Themen und Erfahrungen beinhalten könnte, während das Unbewusste durch Träume oder mysteriöse Ereignisse immer wieder eine Auseinandersetzung erzwingt. Oder das ganze Streben richtet sich darauf, einer Vision zu folgen, die inneren Ideale zu verwirklichen (auch in einer späteren Lebensphase möglich).

Heikel wird es dann, wenn die Realität vernachlässigt oder gar verleugnet wird zugunsten der Illusion eines irdischen Paradieses. Die Kunst besteht darin, die Vision der eigenen Seele zu finden, die Fähigkeit zu Hingabe, Mitgefühl und absichtsloser Liebe zu schulen, dabei aber im Auge zu behalten, dass der irdische Weg auch Aufgaben bereithält, die wenig mit paradiesischen Vorstellungen zu tun haben, ja sogar eine Konfrontation mit dem banal alltäglichen, den menschlichen Schwächen erfordert.

Pluto

Hier geht es um die Auseinandersetzung mit Macht und Ohnmacht, den großen kollektiven Wandlungsprozessen der Menschheit. Ereignisse in der Welt zum Zeitpunkt der Geburt – insbesondere solche, die Machtmissbrauch oder lebensbedrohliche Situationen beinhalten, sind wichtig. Aber auch die Themen, die zu jener Zeit einen kollektiven Geisteswandel durchmachten – weil bisherige Formen sich als nicht mehr brauchbar erwiesen und neuen Platz machen mussten – haben in diesem Zusammenhang eine maßgeblich prägende Qualität. Die Affinität zu den entsprechenden Themen kann auch hier in ambivalenter Form zum Ausdruck kommen. Die Auseinandersetzung mit Angelegenheiten, welche die eigenen Macht- und Kontrollmechanismen und die vorhandenen inneren Prägungen in Gang setzen, kann zwanghaft vermieden werden, während gleichzeitig Erfahrungen und Lebenssituationen diese immer wieder aktivieren.

Es ist aber auch (teilweise in einer späteren Phase) möglich, dass das Erforschen der inneren Kraft und der Drang, diese zu nutzen, zum bestimmenden Lebensthema wird. Dann werden unbewusst Bereiche und Situationen gesucht, in denen große Herausforderungen und Krisen die gesamten Energien in Anspruch nehmen. Hier haben Dramen und Tabus aller Art eine enorm starke Anziehungskraft.

Die Aufgabe besteht hier darin, die eigenen Willensenergien, die inneren Abgründe und Ängste zu erkennen, zur Quelle der eigenen Kraft vorzudringen, diese dann jedoch in den Dienst der eigentlichen Absicht des Selbst zu stellen, sie für die nächsten Schritte auf dem Lebensweg zu nutzen.

Zwei wichtige Spezialfaktoren: Chiron/Lilith

Chiron

Bei dieser Stellung ist die Auseinandersetzung mit den Aspekten der Psyche angesagt, die den tiefsten Schmerz und die größten Zweifel beinhalten. Es gilt, sich der Tatsache zu stellen, dass es im Leben Situationen gibt, in denen es nicht möglich ist zu handeln. Dann muss man die Dinge so akzeptieren, wie sie sind, ohne zu resignieren und in der Verzweiflung zu verharren. Man sollte sich bewusst machen, dass vieles nicht erklärbar ist und Schuldzuweisungen und Urteile die Situation nur verschlimmern. An diesem Punkt wird auch die andere Seite des Chiron zugänglich, die Gnade der Erlösung, der Heilung. Hier ist darauf zu achten, sich nicht länger als nötig mit Erfahrungen, die Stationen und Prüfungen auf dem Lebensweg darstellen, aufzuhalten oder darin stecken zu bleiben.

Lilith

Steht Lilith im Quadrat zur Mondknotenachse, ist die Auseinandersetzung mit den Mythen der Großen Göttin, der Urkraft des Weiblichen mit allen Facetten wichtiger Bestandteil des Lebensweges. Diese Stellung weist darauf hin, dass es wohl immer wieder Ereignisse gibt, durch die das Leben eine gänzlich unerwartete Wendung nimmt, das Rad des Schicksals sicht- und spürbar gedreht wird und die großen Zyklen über den eigenen Weg bestimmen.

Hier wirken Kräfte, über die man keine Kontrolle hat. Die Magie der Sexualität, Tabubrüche, tief greifende und erschütternde Erfahrungen mit der Natur können ebenso Teil dieser Station sein wie das Erleben der eigenen Rücksichtslosigkeit, das Berührt- und Überschattet-Werden durch unglaublich starke Energien. Solche Erfahrungen haben eine weichenstellende Qualität, sie wollen respektiert und ins Leben integriert werden, dürfen jedoch nicht vom weiteren Weg abhalten.

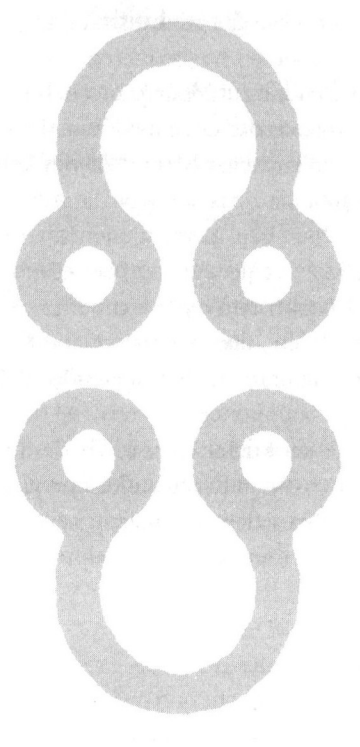

Zusammenfassung

1. Die Mondknotenachse als Entwicklungsweg

Die Mondknotenachse gibt Hinweise auf den Entwicklungsweg eines Menschen. Ihre Themen symbolisieren den roten Faden des Lebensweges, geben ihm eine Richtung, beschreiben eine meist zunächst unbewusste Motivation, die aus tiefer liegenden Schichten der Psyche heraus das Verhalten eines Menschen bestimmt. Die Mondknotenachse symbolisiert die Absicht der Seele, des Selbst, den individuellen Aspekt eines Menschen, der jenseits des normalen, menschlichen Bewusstseins liegt. Da der Antrieb von einer Ebene jenseits der Persönlichkeit stammt, haben die mit der Mondknotenachse verbundenen Erfahrungen oft eine schicksalhafte, zwingende Qualität, sind rational nicht erklärbar, durch den persönlichen Willen nicht beeinflussbar.

Alle mit der Mondknotenachse in Verbindung stehenden astrologischen Faktoren haben in Bezug auf diesen Weg eine wichtige Funktion. Sie bringen neben den »normalen« auch überpersönliche Qualitäten mit, schaffen Kontakt zu Themen, die jenseits des üblichen Erfahrungshorizonts liegen und für den Entwicklungsweg eines Menschen eine maßgebliche Rolle spielen. Zeichen und Haus der beiden Mondknoten bestimmen den Weg, geben die Richtung vor. Die Herrscherplaneten über den ab- und aufsteigenden Mondknoten symbolisieren entsprechend ihrer Stellung im Horoskop die Persönlichkeitsaspekte und Themen, die auf diesem Weg wichtig sind. Planeten auf der Mondknotenachse beinhalten eine Thematik, die über die menschliche Erfahrungsebene hinausgeht. Planeten im Aspekt zur Mondknotenachse beschreiben Persönlichkeitsanteile und Qualitäten, die ebenfalls eine große Bedeutung auf dem Entwicklungsweg haben.

Oft nehmen auch andere Horoskopfaktoren (Planeten, Achsen etc.) die Thematik der Mondknotenachse auf, betonen und verstärken die damit verbundenen Entwicklungsschritte und Qualitäten. Es kann auch vorkommen, dass Konstellationen im Horoskop im Widerspruch zu Mondknotenthemen stehen, in eine ganz andere Richtung weisen. Sie symbolisieren irdisch-menschliche Anteile der Psyche, die zwar zum Ausdruck kommen wollen, jedoch die Gefahr in sich bergen, vom eigentlichen Weg (des Selbst) abzulenken. Wenn solche Themen zu viel Aufmerksamkeit erhalten, der Lebens- und Lernweg deswegen sogar verlassen wird, sorgt in der Regel das Schicksal (das Selbst) früher oder später für eine Korrektur.

2. Kombination und Synthese der verschiedenen Faktoren

Auf der irdischen Erfahrungsebene, innerhalb unseres Raumzeitkontinuums, kann zunächst unterschieden werden zwischen »mitgebrachten«, sich an der Vergangenheit (anderen Existenzen) orientierenden Qualitäten, Prägungen und Verhaltensmustern (alles, was mit dem absteigenden Mondknoten in Verbindung steht) und zu erlernenden, noch unerschlossenes Potenzial beinhaltenden, sich auf die Zukunft beziehenden Faktoren (alles, was mit dem aufsteigenden Mondknoten zu tun hat). Auf der linear ausgerichteten Ebene des Lebensweges besteht die Aufgabe darin, die mitgebrachten Themen von alten, nicht mehr tauglichen Mustern zu befreien und in einer der Gegenwart angemessenen Weise zum Ausdruck zu bringen, sich die Fähigkeiten und Qualitäten der potenziellen Faktoren anzueignen und diese ins Leben, in die Persönlichkeit zu integrieren.

Gelingt dies, ist ein Bewusstseinsschritt möglich. Die Perspektive verschiebt sich um eine Dimension – eine neue ganzheitliche Wahrnehmung wird möglich. Dann hat man alle mit der Mondknotenachse in Verbindung stehenden Faktoren gleichermaßen zur Verfügung: sie im Leben bewusst einzusetzen und zu nutzen und damit alle möglichen Lernerfahrungen zu machen, die Absicht der »Seelenreise« auf der Erde im größtmöglichen Maß zu erfüllen – darin liegt die eigentliche Aufgabe. Dann entsteht Ganzheit, ist Leben in der Gegenwart, im Hier und Jetzt umfassend möglich.

3. »Der Weg ist das Ziel«

Letztlich jedoch zeigt die Mondknotenachse wie kein anderer Horoskopfaktor auf, dass es nicht darum geht, ein bestimmtes Ziel zu erreichen, etwas zu vollbringen, das einmal geschafft, nun für immer zur Verfügung steht. Sie beinhaltet vielmehr eine »Lebensaufgabe« – also eine Lernaufgabe –, die so lange existiert wie das Leben.

Entsprechend sind immer wieder neue Erfahrungen und Bewusstseinsschritte möglich, stellen sich (zum gleichen Thema) immer wieder neue, anspruchsvollere Aufgaben, zeigen sich immer wieder neue Aspekte, sind neue Erkenntnisse und Lernschritte möglich. Derselbe Weg – zu verschiedenen Zeiten und in verschiedenen Entwicklungsstufen gegangen – zeigt sich immer wieder neu. Für die Mondknotenachse gilt deshalb der Satz: Der »Weg ist das Ziel«, in vollstem Ausmaß.

Anhang

Grafik 1: CoEx-System nach Stanislav Grof

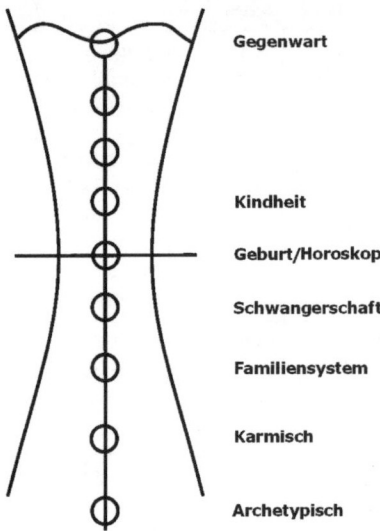

Gegenwart

Kindheit

Geburt/Horoskop

Schwangerschaft

Familiensystem

Karmisch

Archetypisch

Grafik 2: Der Entwicklungsweg der Mondknoten

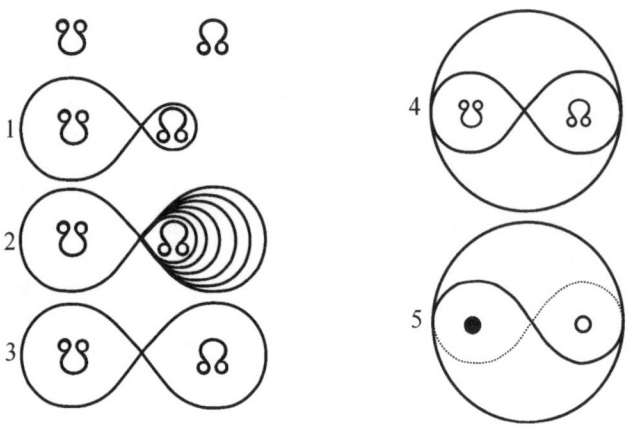

Tabelle: Astrologischer Überblick

Analogien und Unterschiede in Stichworten

Zeichen	Element/ Kreuz	Herr- scher	Qualität	Haus	Themen
Widder	Feuer Kardinal	Mars +	spontan, impulsiv, abenteuer- lustig	1. Haus	sich der Welt zeigen, Auftre- ten, Persona, Anfänge
Stier	Erde Fix	Venus –	beharrlich, bewahrend, sammelnd, sinnlich, materiell	2. Haus	Sicherheit, Werte, Talen- te, Körperlich- keit, Raum nehmen
Zwillinge	Luft Verän- derlich	Merkur +	neugierig, interessiert, kontakt- freudig	3. Haus	soziale Kon- takte, Lernen, Geschwister, Nahverkehr
Krebs	Wasser Kardinal	Mond	fürsorglich, gefühlvoll, kindlich	4. Haus	Heimat, Zuhause, Geborgenheit, Verwurzelung
Löwe	Feuer Fix	Sonne	strahlend, großzügig, Aufmerk- samkeit erheischend	5. Haus	Selbstdarstel- lung, Bühne, Spiel, Spaß, eigene Werke
Jungfrau	Erde Verän- derlich	Merkur – Chiron	vernünftig, ordentlich, sorgfältig, achtsam	6. Haus	Arbeitsumfeld, Alltag, Gesundheit, Existenz- bewältigung
Waage	Luft Kardinal	Venus +	diploma- tisch, aus- gleichend, Harmonie suchend / schaffend	7. Haus	Begegnung, Beziehung, Partnerschaft, Feindschaft, das Du, Projektion

Zeichen	Element/ Kreuz	Herr- scher	Qualität	Haus	Themen
Skor- pion	Wasser Fix	Pluto Mars –	tiefgründig, intensiv, kontrollie- rend	8. Haus	Macht/ Ohmacht, gesellschaft- liche Werte, Tod, Erbe
Schütze	Feuer Verän- derlich	Jupiter +	freiheits- liebend, begeisternd, überzeugt	9. Haus	Kultur, Bil- dung, Reisen, Wahrheit, Glauben, Recht
Stein- bock	Erde Kardinal	Saturn –	verantwor- tungs- bewusst, ernst, geduldig, ausdauernd	10. Haus	Rolle/Funk- tion in der Öffentlichkeit, Status, Berufung
Wasser- mann	Luft Fix	Uranus Saturn +	originell, individuell, unabhängig	11. Haus	Freunde, Gleichgesinn- te, soziale Ideale
Fische	Wasser Verän- derlich	Neptun Jupiter –	sensibel, durchlässig, unfassbar, mystisch	12. Haus	Rückzug, innere Welt, Jenseits, Träu- me, Alleinsein

Grafik 3: Planeten auf der Mondknotenachse

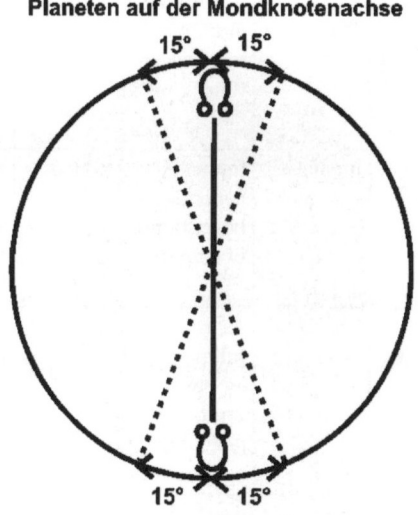

Grafik 4: Planeten im Quadrat zur Mondknotenachse

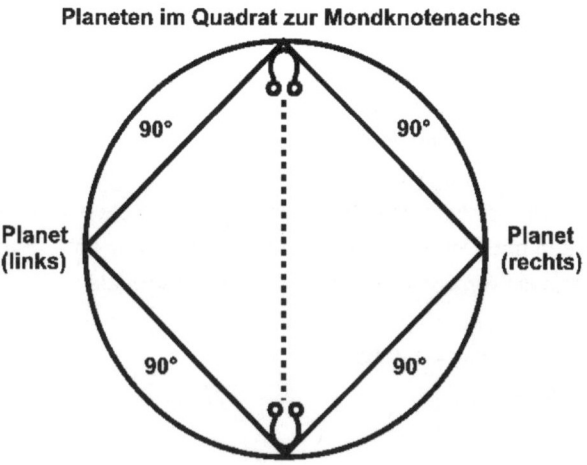

Über die Autorin

Verena Bachmann, 1950 geboren, ist seit über 30 Jahren Astrologin und gibt psychologisch-astrologische Beratungen. Als Ausbildungsleiterin in der SFER (Schule für Erwachsene), einer Astrologie-Schule, hält sie Seminare und gibt Workshops. Außerdem arbeitet sie als freie Mitarbeiterin bei der *Astrodata AG* und ist Autorin bei *Astrologie Heute*. Zusammen mit Claude Weiss hat sie das Buch *Pluto. Eros, Dämon und Transformation* verfasst, erschienen 1989 bei Astrodata.

Weitere Informationen unter:
www.astrodata.ch
www.sfer.ch